江边广场一隅

江边游船码头

小城嘉荫的俄罗斯风格建筑

嘉荫市区的民用建筑

江堤上的恐龙标志碑

风光旖旎的嘉荫中俄界河

嘉荫英烈园

嘉荫革命烈士纪念碑

抗联三军五师攻克佛山县城纪念碑

佛山—萨基博沃国际通道

马连站—拉宾国际通道

通河镇—加里宁诺国际通道

北征中的抗联三军五师

嘉荫月亮湾

龙江渔曲

中国第一龙乡——嘉荫冰排美景

嘉荫县革命老区发展史

嘉荫县老区建设促进会　编

黑龙江教育出版社

图书在版编目（CIP）数据

嘉荫县革命老区发展史 / 嘉荫县老区建设促进会编
. -- 哈尔滨 : 黑龙江教育出版社，2021.5
ISBN 978-7-5709-2215-4

Ⅰ．①嘉… Ⅱ．①嘉… Ⅲ．①嘉荫县－地方史 Ⅳ.
①K293.54

中国版本图书馆CIP数据核字(2021)第078449号

顾　　问　于万岭
丛书主编　杜吉明
副　主　编　白亚光　张利国　李树明　李　勃

嘉荫县革命老区发展史
Jiayinxian Geming Laoqu Fazhanshi

嘉荫县老区建设促进会　编

责任编辑　李中苏　高　璐
封面设计　朱建明
责任校对　杨　彬
出版发行　黑龙江教育出版社
地　　址　哈尔滨市道里区群力第六大道1305号
印　　刷　哈尔滨博奇印刷有限公司
开　　本　787毫米×1092毫米　1/16
印　　张　19.75
字　　数　250千
版　　次　2021年5月第1版
印　　次　2021年5月第1次印刷
书　　号　ISBN 978-7-5709-2215-4　　定　价　48.00元

黑龙江教育出版社网址：www.hljep.com.cn
如需订购图书，请与我社发行中心联系。联系电话：0451-82533097　82534665
如有印装质量问题，影响阅读，请与我公司联系调换。联系电话：0451-51789011
如发现盗版图书，请向我社举报。举报电话：0451-82533087

总 序

在举国欢庆新中国成立70周年前夕，中国老区建设促进会王健会长请我为《全国革命老区县发展史》丛书作序，作为一名在老区战斗过并得到老区人民生死相助的老兵，回首往事，心潮澎湃，感慨万千，深感义不容辞，欣然应允。

中国革命老区，是以毛泽东为代表的中国共产党人在领导人民推翻帝国主义、封建主义和官僚资本主义三座大山，争取民族独立和人民解放伟大斗争中建立的革命根据地，在这片红色的土地上，诞生了无数可歌可泣的革命英雄儿女，为后人树起了一座不朽的丰碑。她是新中国的摇篮，是党和军队的根。

在艰苦卓绝的战争年代，老区人民把自己的命运与中华民族的命运紧紧地联系在一起，与中国共产党和人民军队的命运紧紧地联系在一起，他们生死相依，患难与共。我曾亲历过战争年代，并得到过老区红哥红嫂的救助，切身感受到发生在身边的一幕幕撼天动地的革命故事，在那极其艰难的条件下，老区人民倾其所有、破家支前，不怕艰难困苦，不怕流血牺牲。"最后一碗米送去做军粮，最后一尺布送去做军装，最后一件老棉袄盖在担架上，最后一个亲骨肉送去上战场"，这是当时伟大的老区人民为建立新中国做出巨大牺牲的真实写照，它将永远镌刻在中国共产党、中国人民解放军、中华人民共和国的历史丰碑上。他们的光辉业绩永载史册，他们的革命精神必将影响一代又一代的革命新人，造就一代又一代的民族脊梁。

在社会主义革命和建设时期，革命老区和老区人民响应党的号召，面对落后的面貌、脆弱的经济、恶劣的生态环境，他们本色不变，精神不丢，自力更生，艰苦奋斗，干一行爱一行。始终坚持"革命理想高于天"，自觉做共产主义远大理想的坚定信仰者和忠实实践者，勇于向恶劣的自然环境和贫穷落后宣战，他们在各条战线上为国建功立业，用平凡的双手创造了一个又一个不平凡的奇迹，彰显了老区人的崇高精神和人格力量。

在改革开放的伟大进程中，老区人民解放思想，勇于创新，发奋图强，攻坚克难，老区的经济社会建设取得了辉煌成就。特别是在改变中国的面貌、中华民族的面貌、中国人民的面貌、中国共产党的面貌的伟大实践中发挥了至关重要的作用。老区人民既是改革开放的参与者，也是改革开放的推动者。

艰苦练意志，危难见精神。老区人民在近百年的革命战争、社会主义建设和改革开放的伟大实践中，孕育形成了伟大的老区精神：爱党信党、坚定不移的理想信念；舍生忘死、无私奉献的博大胸怀；不屈不挠、敢于胜利的英雄气概；自强不息、艰苦奋斗的顽强斗志；求真务实、开拓创新的科学态度；鱼水情深、生死相依的光荣传统。这是党和人民宝贵的精神财富、丰厚的政治资源，是凝心聚力、振奋民族精神的重要法宝，也是社会主义核心价值观的重要内容。

中国老区建设促进会怀着强烈的政治责任感和历史使命感，组织全国各地老促会人员克服困难，尽心竭力编纂《全国革命老区县发展史》丛书，记录老区的光辉历史和辉煌成就，传承红色基因，弘扬老区精神，是功在当代，利及千秋的一件大事。手捧这部丛书的部分书稿，读着书中的故事，倍感亲切，深感这部丛书具有资政、育人、存史的社会功能，有着重要的时代和历史价值。它是不忘初心、牢记使命的源头活水，是赞颂共产党、讴歌老区人民的一部精品力作，是弘扬老区精神、传承红色记忆的丰厚载体，是一项继承优秀传统文化、弘扬革命文化、发展社会主义先进文化，坚定"四个自信"的宏大文化工程。它必将成为一种文化品牌，为各界人士了解老区宣传老区支持老区提供一部有价值的研究史料。希望读者朋友们能从中了解并牢记这些为党和民族的利益不断奉献的老区人民，从中得到教益，汲取人生奋斗的精神动力。

新时代赋予新使命，新起点开启新征程。让我们更加紧密地团结在以习近平同志为核心的党中央周围，坚持以习近平新时代中国特色社会主义思想为指导，增强"四个意识"，坚定"四个自信"，做到"两个维护"，弘扬老区精神，铭记苦难辉煌。为实现"两个一百年"奋斗目标，实现中华民族伟大复兴的中国梦做出新的更大的贡献！

迟浩田

2019 年 4 月 11 日

编写说明

2017年6月，中国老区建设促进会组织全国各地老促会启动编纂《全国革命老区县发展史》丛书，按照"建立中国共产党、成立中华人民共和国、推进改革开放和中国特色社会主义事业"三大里程碑的历史脉络，系统书写革命老区百年历史，深入挖掘革命老区红色文化资源，这对于充实丰富中国革命史籍宝库、在新时代传承红色基因、弘扬革命精神、强固根本，对于激励人们在新的历史条件下夺取中国特色社会主义伟大胜利，实现中华民族伟大复兴的中国梦具有重要意义。

丛书编纂以习近平新时代中国特色社会主义思想为指导，以《中国共产党历史》《中国共产党的九十年》等重要文献为基本依据，以党的领导为核心，以老区人民为主体，以老区发展为主线，体现历史进程特征，突出时代发展特色，坚持辩证唯物主义和历史唯物主义相统一、历史真实性与内容可读性相统一的原则，书写革命老区从站起来、富起来到强起来的光辉革命史、不懈奋斗史、辉煌成就史，把老区人民的伟大贡献、伟大创造、伟大成就、伟大精神充分展示出来，形成一部具有厚重历史特征和鲜明时代特色的精品力作。这是一部培根铸魂、守正创新，既为历史立言，又为时代服务，字里行间流淌着红色血脉、催生着革命激情的传世之作。丛书的编纂出版将成为讴歌党讴歌人民讴歌时代、传播红色文化、为革命老区和老区人民树碑立传的重要载体。丛书按照编年体与纪事本末体相结合、以编年体为主的编写体例确定框架结构；运用时经事纬、点面结合的方式记述史实；坚持人事结合、以事带人的原则处理人与事的关系；采取夹叙夹议、叙论结合以叙为主的方法展开内容。做到史料与史论、历史与现实、政治与学术统一，文献性、学术性、知识性相兼容。

为编纂好《全国革命老区县发展史》丛书，打造红色文化品牌，中国老区建设促进会认真组织积极协调，提出政治立场鲜明、史料真实准确、思想论述深刻、历史维度厚重、时代特色突出、编写体例规范、篇目布局合理、审读把关严格、出版制作精良的编纂出版总要求，力求达到革命史籍精品的精神高度、思想深度、知识广度、语言力度，增强丛书的权威性和社会影响力。各省（区、市）、市（州、盟）、县（市、区、旗）老促会的同志，以强烈的使命感、责任感和紧迫感，勇于担当，积极作为，认真实施，组织由老促会成员、专家学者等参加的十余万人编纂队伍。编纂工作主体责任在县，省、市组织协调、有力指导、审读把关。各方面人员以高度负责的精神和科学严谨的态度，满腔热情地投入工作，为丛书编纂出版做出了重要贡献。丛书编纂工作还得到了党和国家有关部委、地方各级党委政府及有关部门的大力支持和积极参与，社会各界也给予了热情帮助。中共中央政治局原委员、中央军委原副主席、原国务委员兼国防部长迟浩田上将，对老区人民怀有深厚感情，对革命老区建设发展十分关注，欣然为《全国革命老区县发展史》丛书作总序。

　　丛书由总册和1 599 部分册（每个革命老区县编纂1部分册）组成，共1 600 册。鉴于丛书所记述的史实内容多、时间跨度长和编纂时间紧，不妥之处，敬请批评指正。

　　　　　　　　　　　　　　　　　中国老区建设促进会

目 录

引 言

　　打开地图，审视中国东北边境，黑龙江省形似展翅的天鹅，嘉荫恰居天鹅之背。这一片白山黑水之地，抗日英雄的热土，就是著名的革命老区——今日黑龙江省嘉荫县。

　　黑龙江自葛贡河口流入县域，平缓南流，至保兴山下折而东南，两岸层峦叠嶂，水流湍急，汇嘉荫河进入萝北，边境线长249.5公里。沿江村镇连绵，我方哨所与俄罗斯哨所隔江相望。

　　嘉荫县面积6 739平方公里，人口74 631人，密度11.07人/平方公里，汉族占96.6%，其次是满族、鄂伦春族、朝鲜族、俄罗斯族，以及为数很少的达斡尔族、回族、蒙古族、鄂温克族、赫哲族、壮族、锡伯族等，聚落呈串珠状由江边向腹地扩散。

　　全县地貌西南高，东北低。小兴安岭北麓余脉似鸡爪状向江畔延伸，平均高度海拔500公尺左右。有名山高岭23座，山地面积占全县的78.3%；发源于分水岭的大小56条河流均汇入黑龙江，湖泊面积占全县的2.2%。在低山丘陵与江河之间，有冲积、洪涝形成的网状河谷平原，面积占全县的9.5%；俗称"八山半水半草一分田"。

　　嘉荫县地处北纬48°8′30″至49°26′5″之间，属温带大陆性季风气候。北部年平均气温零下0.7℃~1.5℃。盛夏炎热多雨，7月最高气温37℃，年平均降雨600毫米左右，宜于麦、豆、薯类生长。秋季降温迅速，多早霜。冬季漫长严寒，1月份极端气温零下47.4℃，大地滴水成冰。大自然既为动植物生长赐予优越条件，又为人类的开发、利用设下严寒的障碍，到20世纪50年代，嘉荫大地尚保持原生状态。

自然资源丰富，深山区的针阔混交林，浅山区的阔叶林，经30余年采伐，仍有林地面积375 460公顷，蓄积量达14 178 365立方米，人均占有林地86.2亩，木材217立方米。有三大针叶红松、黄花松、云杉；三大阔叶水曲柳、黄波萝、胡桃楸，素有"绿色宝库"之称。林栖动物有虎、鹿、犴、熊、獐、狍、狐狸、猞猁、貉子、香鼠，黄鼠、灰鼠，以及飞龙等，20世纪50年代这些动物尚随处可见。除鄂伦春族专事狩猎外，县域内有"碓趟子"户30余户，1953年供销社年收购各类兽皮40 000余张。60年代以后，由于汤旺河、新青、乌伊岭三大森林工业局环县而建，人烟辐集，采伐量日益增大，生态失去了原始平衡。又由于国家保护珍贵动物的禁猎政策，使捕获量锐减。但在深山区尚有猛兽可见。林间盛产木耳、猴头蘑、元蘑等，不但采集历史悠久，而且已经向人工养殖方向发展。林下草本药材有数百种，党参、黄芪、一轮贝母、三棵针、五味子分布广泛，都柿、黑加仑、山葡萄以其浆果汁质优良为佳酿原料。

黑龙江水质清冽甘甜，鱼类生长慢，肉嫩味鲜。全县有水面25.5万亩，湖泊59个。黑龙江水域中栖息鱼类22科98种；以鳇鱼、鲟鱼、鲑鱼、黑龙江鲤鱼、"三花五罗"驰名，每年都有大量捕捞。1959年捕获一条鳇鱼600余公斤，曾在北京展出。1985年水产部门仅此项出口换取外汇20多万美元。

黑龙江沿岸嘉荫段及其支流水系，以盛产黄金闻名，素有"黄金镶边"之称。嘉荫河流域，早在清末"洋务运动"时就组织开采金矿。1892年7月在观音山建金厂，翌年产金35 280两。1912年前后开采进入鼎盛时期，工人愈万。乌拉嘎河上游1938年8月发现金苗，至当年12月放段20余处，开始开采。1939年日本人建乌拉嘎（北沟）采金株式会社，至今已发现并开采金沟100余条。70余年采得砂金50余万两。1967年发现团结沟脉金，1972年被国家冶金部"烟台会议"列为国内四大脉金矿山之一，1978年扩建，1985年砂、脉金总产达18 018两，20世纪末至21世纪初期，年均产量4.5万两，最高年产量达6.07万两。结烈河水系的四十烈，大、小结烈河、乌云河水系，均发现金苗并已组织开采。

素有"恐龙之乡"之称的嘉荫，进入中生代以后，地质运动激烈，火山活动频繁，大量的岩浆喷溢，碎屑沉积，于6 600万年前埋葬了热带、亚热带森林生物群落和恐龙家族，永安东山至渔亮子一带就埋葬了似鸟龙、霸王龙、鸭嘴龙。1915年至1917年沙俄在今龙骨山附近盗挖的恐龙化石骨架复原后，至今陈列在列宁格勒地质博物馆。1978—1979年黑龙江省博物馆组织挖掘，组装两架平头鸭嘴龙化石骨架。1990年以来，国家组织几次较大规模的挖掘，共组装恐龙化石骨架13具。1998年黑龙江省政府批准建立嘉荫恐龙化石省级自然保护区，划定保护区面积38.44平方公里。2001年12月，国土部批准建立嘉荫恐龙国家地质博物馆，2005年8月正式对外开放。县域内矿产资源埋藏丰富，除黄金外，初步勘测有褐煤、油页岩、黄铁矿、蛇纹岩、珍珠岩、黑岩、大理岩、玛瑙、琥珀、伟晶岩、麦饭石等十几种，已探明小型矿床7处，矿点24处，矿化线索35处。

由于地处偏远以及气候、历史诸多因素影响，嘉荫大地是一块正待开发的处女地。早在西汉年间其境内就有挹娄人居住，但没有定居下来。直到17世纪，才有毕拉尔路鄂伦春在逊河、汤旺河、嘉荫河、乌云河流域过着原始的游猎生活。汉、满、朝鲜、回等民族的移入，始于清代道光、咸丰年间。1888年（光绪十四年）设温河（旧城）、宝兴、佛山（宝南）三个卡伦。1892年（光绪十八年）漠河金矿在观音山设分厂，乌、佛地面人烟方日渐增多。

1916年7月，乌云设治，全境仅有1 000多人。1927年分乌、萝二县地面设佛山设治局，境内12个村（镇）仅有502人。1929年4月，乌、佛两设治局同时升为三等县。两县人口之和尚不足3 000人。

设立佛山设治局时，治所设在乌拉嘎河口淘金人聚居的宝南镇。取乌拉嘎河对岸之观音山"字义"而命名为"佛山"设治局。

乌、佛两县设治以后，执政者皆清醒地认识到"黑龙江沿江一带，地域严寒偏远，瑷珲、萝北两县相距千余里，隔江俄屯星罗棋布，我岸仅有卡伦（军事哨卡）数处，森林任人采伐、黄金亦遭盗采，主权丧失，言之痛心"的严酷现实，深感"兴边御侮"必走移民垦殖之路，开始大量安置华北灾民于县域内。期间，乌云设治局曾三次报请垦荒移民，只是由于关山阻隔，来者寥寥。后来乌云农、商两会会长衔命回原籍招徕垦殖户入居，还有些流动的淘金人"黄金梦"破灭后，迫不得已定居下来，才使乌、佛两县农、工、商各业有所发展。然而1928年黑龙江洪峰水位高达100.76米，沿江屯镇悉成泽国。1929年又加苏军越境侵扰，人民流徙过半。接着"九一八"事变发生，东三省政权瓦解，乌、佛两县官吏惶惶不可终日，政事多废，人民一夕数惊。

1933年5月，乌、佛两县沦陷。日伪统治初期，慑于苏联威力不敢挑起边衅。日伪政权建立初期，为巩固统治，也施行了一些"怀柔政策"。然而随着侵略战争的扩大，日本法西斯凶残本质逐渐暴露出来。他们实施保甲连坐法，发放"号牌""国境证明书"，收缴枪只，强行并村，粮谷出荷，劳工摊派，移民开拓，还有名目繁多的苛捐杂税。同时，在两县县城设立"国境监视队"、警察署、保甲所、自卫团，在乡村则设立警察中队和小队，军警宪特严密监视人民的自由往来和正常接触。残酷的政治压迫，疯狂的经济掠夺，敲骨吸髓般的剥削压榨，使人民衣不遮体，食不果腹，居无完室。乌拉嘎金矿矿工、开拓民、鄂伦春族数遭"瘟疫"，夺去2 000多人性命。幸免于难者，只能在无医无药的荒山僻壤上贫病交加地生存着。

1945年8月，苏联红军出兵东北，乌、佛两县宣告光复。1947年2月，合江军分区剿匪部队剿灭顽匪。8月，中共佛山县工委、佛山县人民政府建立，归属合江省，驻地乌拉嘎（北沟）金矿。同年，撤销乌云县，将乌云河以南之地划给佛山县。1947年10月，划入松花江省。1949年5月，划入黑龙江省。1950年划入松花江省。1951年10月，县政府迁至佛山（现朝阳镇）村。1952年12月，国务院179号文件批复，佛山县由松江省划入黑龙江省黑河地区，因县名与广东佛山市重名，1955年3月中华人民共和国内务部令其改称谓，遂于同年11月以境内嘉荫河名命名"嘉荫县"。1966年3月，划逊克县葛贡河以南、乌云河以北之地隶属嘉荫县。1970年3月，嘉荫县由黑河地区划入伊春市。1989年4月国务院出台（国函〔1989〕25号）文件，批准其为国家一类口岸；1992年被交通部批准为江海联运港口；同年被国务院批准为对外国人开放地区。1993年5月1日，嘉荫口岸通过国家验收，正式对外开放；2004年被批准为国家级生态示范区。

1996年嘉荫县被中共黑龙江省委、黑龙江省人民政府定为国家二类革命老区。

第一章 "九一八"事变，日军占领东北

日本帝国主义侵略中国，欲变中国为其殖民地的阴谋由来已久。甲午中日战争之后，日本利用同清政府订立的不平等条约，把中国东北的南部地区强行列为自己的势力范围，在那里设立殖民机构，如关东都督府、南满铁道株式会社（简称"满铁"）、关东军司令部等，对东北进行全面的政治、军事控制和经济掠夺。

1927年6月27日至7月7日，日本田中内阁在东方会议上制定了《对华政策纲要》，确立了先独占东北、内蒙古进而侵占全中国的扩张政策。

1929年底，日本受到了资本主义世界新的经济危机的猛烈冲击，国民经济遭受严重打击。这次经济危机的时间延续了三四年之久，日本的工业生产，1930年比1929年缩减了 30%。到 1932年，钢铁生产下降了 18%，失业工人增加到300多万。日本帝国主义为缓和国内矛盾，摆脱经济危机带来的困难，更急于发动侵略东北的战争，因此其不断挑起事端，制造武装侵占东北的借口。

第一节 佛山（嘉荫）、乌云相继沦陷

1931年7月发生的"万宝山事件"，是"九一八"事变前日本帝国主义侵略者蓄意制造的流血事件，并以此大造侵华舆论。

万宝山位于长春西北30公里的万宝山村。1931年4月，日本利用长春稻田公司经理、亲日汉奸郝永德，在万宝山地区未经长春县政府批准，将生熟荒地400垧，擅自转租于朝鲜农民李升熏等耕种。5月间，日本又指使大批朝鲜农民入境垦荒，强掘河渠，引伊通河水，浸没民田2 000余垧。当中国农民请求县政府出面劝止时，日本驻长春领事馆立即派日警干涉，保护李升熏等人继续挖沟筑渠。接着又向该地增派便衣、日警五六十人，准备镇压该地民众。7月1日，被害农民忍无可忍，集合三四百人填沟平坝，双方发生了冲突。日警开枪射击，演成惨案，农民死了两三人，伤数十人，被捕者十余人。

在这次冲突中，日警和被利用的朝鲜农民并无死伤，但存心制造事端的日本侵略者，却以此捏造消息，电达朝鲜各报馆，在日本帝国主义的煽动、指使下，朝鲜国内掀起了大规模的仇华、排华、反华活动。

而在日本国内，日本侵略者则大肆鼓吹"日本满蒙的白色生命线受到威胁"，寻求"根本解决满蒙问题"的办法。紧接着，日本帝国主义又利用"中村事件"，制造武装侵华的舆论。

日本参谋本部为侵略我国东北，于1931年6月，派日本现役军人中村震太郎大尉，冒充农业专家，率领预备役骑兵曹长（上士）井杉延太郎等人，对禁止外国人游历的大兴安岭、索伦山一带进行军事间谍侦察。侦察后，6月25日在经洮南回国途中，于

兴安屯垦区佘公府（王爷庙北20公里）被东北屯垦军第三团关玉衡部抓获。经搜查审问，中村等人间谍证据确凿（搜出调查笔记、军用地图、测绘仪器等）。翌日夜，中村等人即被盛怒之下的官兵处死。

事件发生后，日本侵略者大肆叫嚣，声称这是对日本"闻所未闻"的"侮辱"，是"直接对日本皇军的进攻"。

处死外国间谍，是主权国家应有的权力。而软弱的东北地方当局，对此事件除表示利用外交途径解决外，还将关玉衡逮捕，进行军事审判。但日本帝国主义者仍不罢休，他们把"中村事件"当作日本侵占东北的"天赐良机"，公开宣称要武力解决"满蒙问题"，侵略气焰甚嚣尘上。东北的民族危机，已经迫在眉睫。

此时，日本侵略者经过制造舆论、内外沟通，调兵遣将、军事侦察等充分的准备之后，利用英美等国忙于应对国内经济危机，无暇争夺中国，以及蒋介石政府忙于进行内战（1931年7月至9月，蒋介石调集30万大军对中央根据地进行第三次"围剿"），实行"攘外必先安内"政策之机，终于在1931年9月18日晚，发动了震惊中外的侵略中国东北的战争（史称"九一八"事变）。是夜，日本驻中国东北的关东军独立守备队第二大队第三中队柳条湖分遣队的几名士兵，在河本末守工兵中尉带领下，按预定计划，到达沈阳西北部距中国驻军北大营不远的柳条湖附近的南满铁路路段，于夜晚10时20分将路轨炸毁，以诬蔑中国军队破坏铁路为借口，突然袭击东北军驻地北大营和沈阳城。9月19日晨，日军侵占沈阳，随即在几天内侵占了安东（今丹东）、海城、营口、辽阳、鞍山、铁岭、本溪、抚顺、四平、长春、吉林等二十多座城市及其周围的广大地区。9月，辽宁（除辽西）、吉林两省沦陷。11月，黑龙江省大部沦陷。1932年1月，锦州及辽西地区沦陷。2月5日，哈尔滨沦陷。至此，整个东北三省百万平方公里的大好河山沦为日本的殖民地，三千万同胞沦为亡国奴。

佛山（嘉荫）、乌云两县虽然人烟稀少，地域偏僻，交通闭塞，但日本侵略军也于1933年开始侵入。5月，乌云、佛山（嘉荫）两座县城沦落敌手。从此，佛山（嘉荫）、乌云两县沦为殖民地。日本侵略者一边血腥镇压与统治这里的人民，一边疯狂掠夺这里的黄金、木材资源。佛山（嘉荫）、乌云两县遭受日军铁蹄践踏，广大人民陷于水深火热之中。

第二节　伪佛山（嘉荫）、乌云县政权及军警　　特务组织的建立

日本帝国主义发动"九一八"事变，侵占沈阳、长春、吉林等城市后，便迫不及待地于9月22日扶植傀儡政权，将实权操在日本人手里，借此使东北与中国脱离，使日本侵占中国东北"合法化"。

经过日本政府、日军的紧张策划，1932年2月6日，在沈阳召开了"建国"会议。随即成立"伪东北行政委员会"，以它的名义于3日9日，宣布伪满洲国成立，年号"大同"，首都长春，改称"新京"。1934年3月，溥仪当上"执政"，郑孝胥充任"国务总理"。1934年3月1日，伪满洲国执政制改为君主制，溥仪又当上了"皇帝"；同时，改国号为"满洲帝国"，改年号为"康德"。

伪满洲国建立之初，仍沿用东三省区划，在建立伪省政府之后，定汤原、乌云、佛山为丙级县，铁力为丁级县；四县均归黑

龙江省管辖。

　　1934年10月，日本侵略者为加强对省级政权控制，又设立了兴安东、南、西、北四个省，以后又增设了牡丹江、北安两省；把东北划作十六个省。乌云、佛山（嘉荫）两县改隶黑河省，1941年又将佛山（嘉荫）县划入三江省。

　　日本侵略者在控制中央、省级政权的同时，又千方百计地控制县级政权。当时的地方政权有省、县、村（街）三级，县政权是地方政权的基本单位。1932年5月，日军入侵佛山（嘉荫）、乌云两地之后，伪政权也随之拼凑起来。

一、伪县公署的设立

　　1933年5月，乌云、佛山（嘉荫）两县设立伪县公署。乌云县原县长刘俊民摇身一变又成为伪县长。1934年又改任谭英多，日本人早川太三郎任参事官。佛山县由唐新民任伪县长，日本人鹤永次任参事官。两县的伪县公署均是一科两局下设股。一科是总务科，下设庶务、文书、会计三个股。二局一是内务局，下设行政、财务、教育、实业四个股；二是警务局（后改称警察署），下设警务、司法两个股。

　　伪县公署首脑是县长，日本人充任参事官（后改称副县长）。按《县官制》第八条规定："参事官辅佐县长，参与县行政机务。"实际上，由日本侵略者充任的参事官或副县长，掌握县公署的一切大权，诸如官吏任免、财务预决算、发布政令等。

　　由日本人主政的伪县公署的建立与健全，统一了敌伪政权组织，将分立状态的各局（署）纳入了一元化统治之下，形成以县公署为中心，对中国人民进行政治压迫、经济压榨、思想文化专制的法西斯统治系统。

　　为强化对全县基层政权村、街的法西斯统治。1933年12月，伪满洲国颁布了《暂行保甲法》。所谓"保甲法"即每10户为一牌，以一村（街）或相当区域内的牌合为一甲；一个警察区域内的几个甲为一保。保和甲设立自卫团。牌之居民有"犯罪"者，伪警察对该牌各家户主课以罚金或刑罚，百姓称为"连坐法"，一人有罪，殃及四邻。

二、伪军警组织及自卫团的建立

日本侵略者为镇压中国人民的反抗，阻断中国人民与抗联的联系，推行其法西斯统治，在1933年12月建立了庞大的军警及自卫团组织。

1.是伪满洲国国军的进驻

所谓伪满洲国国军，是由投降日本的军阀部队组成，即伪军，也称"二鬼子"，由日本军官控制。1934年，伪政权的国境监视队分别进驻乌云、佛山（嘉荫）两县。兵力每县35人，队长都是日本人，隶属伪黑河警备司令部。这些伪军的主要任务是镇压抗日部队活动，维持日伪统治。

2.设置伪警察组织

1934年11月，设置伪警务局（后改称警察署），每县配备警察26人，其中警官2人，警士24人。伪满洲国警察的主要任务是"维持治安"，即"讨伐"抗日武装，镇压人民反抗，还担负一般性的行政警察任务，负责管理烟（吸食大烟）、赌、妓各项事务。

3.组建了庞大的伪自卫团

伪自卫团，协助伪警察机关对人民实行法西斯统治的又一个工具。1934年10月，佛山（嘉荫）、乌云两县实施《暂行保甲法》。1935年佛山县设1保、3甲、29牌。第一甲佛山，第二甲稻田，第三甲宝南。第一、第二甲各辖10牌，第三甲辖9牌。1941

年改甲为村，全县辖18个村（镇、屯），即高升、岳家屯、张家屯、佛山、新发、不拉沙金、砖窑、江心子、宝兴镇、宝南镇、赵家屯、吉春站、嘉荫河、鄂伦春（冬营子）、南山里、马连站、稻田等。乌云县于1935年设1保、9甲，依次是旧城、乌云、双灯罩、河沿、常家屯、通河镇和不拉罕、上干道、下道干、库尔滨、孙官屯、雪水温、双河镇、培达屯。1941年改甲为村时，在乌云、上道干、福民设立村公所。

依据保和甲设立"自卫团"的条文，设置"自卫团"。乌云县设总团，配正副团总各1人，下属9个分团。第一分团旧城基，团丁22人；第二分团旧城基，团丁22人；第三分团县城，团丁24人；第四分团县城，团丁22人；第五分团常家屯，团丁22人；第六分团上道干，团丁22人；第七分团库尔宾，团丁22人；第八分团雪水温，团丁22人；第九分团培达屯，团丁22人。佛山县设总团，配正副团总各1人，下属3个分团；第一分团佛山村，团丁23人；第二分团稻田村，团丁20人；第三分团保安村，团丁7人。两县共有团丁250人，枪160支，马200匹。

自卫团的主要任务，是对居民进行户口调查，以防所谓"匪盗活动"；强行收缴民间枪枝弹药；搜集抗日武装情报，监视人民与抗日武装的联系及"防谍宣传"等。

第三节　日本侵略者对佛山（嘉荫）、乌云两县人民的残酷统治

日伪时期，为强化乌云、佛山（嘉荫）两县治安，阻断两县人民与抗日联军的联系，日军对两县的所有居民点都用深壕与铁蒺藜网包围起宋，并实行保、甲、牌制。

伪满洲国成立后，伪政府在关东军的授意下，为了加强其殖民统治，强化户口管理，日伪当局把户口调查，作为"治安肃正"的重要内容。在组织日伪军警对治安"不良"地区进行大规模武装"讨伐"反满抗日武装力量的同时，强化户口管理、户口调查工作。1933年伪满洲国国务院指令"新京"特别市，在全市组织开展临时户口调查，警察逐户进行户口调查，历时三个月。在此基础上，1933年12月22日，伪满政府制定公布了《暂行保甲法》，由保甲组织、连坐法的应用和自卫团的组织三部分构成。日伪当局把推行保甲法列为"治安肃正"治本工作的首位。1934年1月17日，伪民政部又公布《暂行保甲法施行法》，推行保甲制。日伪实行的保甲制度，是由口而户，由户而甲，由甲而保，由保而乡，由乡而镇、县、省，层层相依，以用其推行法西斯政令的实施。1934年2月7日，伪满民政部制定了《户口调查规程》，作为伪警察机关进行户口调查的根本法规。8月31日，又对《户口调查规程》做了部分修改。1935年实行保甲制，并利用保甲组织与警察制度相结合，强化殖民统治。根据该法，居民以10户为1牌，设牌长，村或相当于村的区域为1甲，设甲长、副甲长，1个警察管区内的甲为1保，设保长、副保长，进而把征兵、征粮、派收捐税、清查户口等事项，都令保、甲长执行。实行"五家连环保"，"一家通匪，五家共罪"，强迫居民填写"连坐名簿"，以此统治人民，查缉反满抗日人员。1937年12月28日，伪治安部制定《暂行户口申报规则》，规定国民在居住和迁移方面负有申报义务。1938年7月，伪新京市公署公布《市区条例》，宣布废除《保甲制》，区下设分区，分区下设牌，作为基层统治机构。

1940年10月1日，伪满洲国又公布《暂行民籍法》，进一步强化户口管理。在户口管理上，由伪市、县公署领导，各区

（乡）设民籍股，管理所属街（村）户籍；户口由警务派驻所管理，分为甲、乙、丙三种户口。规定甲种户口为良民，每四个月调查一次；乙种户口为普通民籍，每两个月调查一次；丙种户口为有嫌疑问题民籍，每月调查一次。

当时的乌云、佛山（嘉荫）两县，每户户籍中填写户长姓名及家庭人口数目、年令、性别、职业等；由警务署不定期查验。查验时，如发现户籍与查验时人口（多出或少于户藉数）不符，立即将多出人口及户长带入警察署审讯逼供，若未能说得清楚，便将人送押至宪兵或特务机关；直至送往黑河、佳木斯特务机关设置的"思想矫正院"。至此，该户户长或多出的人口便九死一生，大多被迫害致残、致死。日伪统治时期的黑河、佳木斯"思想矫正院"内都设有出口直通江底的绞人机，刑询逼供致残、致死的人犯，就直接送入绞人机内绞为肉泥，输入江底喂了鱼鳖。所以，许多思想犯、嫌疑犯进了"思想矫正院"，往往音讯皆无；生不见人，死不见尸。

在采金工人或伐木工人集中的工棚区，为了防备工人聚集闹事或反抗，日军在工棚区四周圈上铁丝网，修建炮楼，设下卡子门。每处卡子门都有矿警和日本警备队带着狼狗看守。当时，两山夹一沟的乌拉嘎（北沟）金矿的小乌拉岛工棚区，采金会所和矿警队驻在南山，警备队驻在北山，南北山各筑有炮楼两座，几十个枪眼对着沟塘里的工棚子。在长、宽为200多米的铁丝网内，排列七八十座马架子，3 000多工人住在那里。白天，警察、稽查和矿警挎着洋刀、拎着木棒、带着狼狗，进入工棚子里打人、抓人。夜晚，探照灯从南北山炮楼上照着工棚子。每天天不亮，工人就得随着催班的稽查排成队，到卡子门去检验号牌。走快了要挨打，走慢了也要挨打。检验完号牌，把头、稽查再把矿工押送上硝。干活时也有把头、稽查看守。收工时要排队，押到卡子门，再检验号牌。到工棚里，还有把头、稽查看管。号牌丢了，轻的毒打一顿，重的丢掉性命。采金工人李金海回忆：1937年抗联部队攻进金满沟、九里庄子。抗联部队撤走后，有的工人丢了号牌就被抓到"矫正院"去了，再也没有回来。工人王连科、张庆祥打死日本监工亚健后，日本马队在二道木营的王八脖子岭搜山，有八个伐木工人没有号牌，全被搜山的日军当场吊死在林子里。

张景臣，原黑河巴司令驻乌云的新军排长，曾在黑河逢源（现罕达汽）金矿当护勇（即警卫）。马占山接管黑河，撤掉巴司令后。张回乌云当上了地方治安局局长。从1930年开始，张景臣就在乌云驻军季连长赞助下，去结烈河河源拉沟找矿。季连长把老婆的金戒指全拿出来做了探矿费，但一直没找到新矿。1936年开春，乌云商人垂涎太平沟一带的砂金开采，遂由商会集资，由张景臣探矿。张景臣带人从乌云出发，沿结烈河探矿，边按碃边走。辗转半年，翻越分水岭来到乌拉嘎河源头的北沟小乌拉岛按碃，一个溜出了6分来金，终于找到了乌拉嘎河上游罕见的"爆头"！因为粮食吃没了，张景臣派探矿队队员董瘸子回乌云找商会运粮。董瘸子因没有号牌，到双河大岗（现嘉荫县农场附近），被日本警备队抓去砍了头，人头挂在旧城村示众。张景臣在北沟等不到吃粮，把人带回乌云，也因为没有号牌，被日本警备队抓去了。探矿队队员全被砍了头，张景臣被当成"抗联"押送到黑河警备司令部"思想矫正院"，从此下落不明。

第四节　日军占领下的乌拉嘎（北沟）金矿

1934年7月，日寇从佳木斯派来警政，是日本人，叫板本，带100多人，其中有关东军骑兵队70人，队长是日本军事情报特务白石。他们在镇公所设立了伪警察署，当天就向太平沟金厂总办姜克元宣布了伪三江省的"接收令"。过了一个月，又在九里庄子、嘉荫河、老沟建了三个分驻所。接着，缴了姜克元护勇队的枪械。姜克元见势不妙就溜走了。临走前，给护勇队队长伍任桥一两三分金子，让伍任桥有亲投亲，有友靠友。伍任桥回到了河北老家，新中国成立后，又回到乌拉嘎。日本侵略者进入矿区后，除设警察署外，还建立了日本警备队、矿警队、稽查队，设立了采金株式会社，下设采金所，采金所下设大柜，也叫采金公司。

日本警备队队长白石（兼任采金会社主任），手下有日本马队等70人。伪警察署署长是日本人板本，警察主任也是日本人，叫井然。警尉有王明轩（后去了富锦警察署）、张天兴等，两个都拿杀人不当回事。张天兴在南岔当胡子绑票时，把铁锹烧红了让工人坐。矿警有100多人，队长姓毛。稽查队总稽查是姜士宪（外号姜大牙），手下有董二虎、田大杰、王铁江等小头目。王铁江，长瓜脸，黑脸膛，大个，外号"王大棒槌"，对工人最狠，平时没事叫过来工人就打嘴巴，工人有病头疼，他用锤子敲脑袋，肚子疼踹肚子，开饭晚了打大师傅，上硐晚了打领溜的。一次，他和稽查姜士宪说："我一天不打人，就觉着浑身劲没处使"。后来，王铁江又给日本人当了特务，手下还有两个小特务。当时的采金会社设在太平沟。北沟有两个采金所。采金所主任都是日本人，太平沟是白石兼任，北沟是吉勇。下面的大柜柜头有孙成吉、孙秀明等。孙秀明是北沟放段后从黑河迁来的，进沟时带来200多人。孙成吉设利源公司和永林公司，在九里庄子、北沟采金。九里庄子400多人；北沟4 000来人，其中小乌拉岛3 000多人，总共5 000多人。1939年到1943年期间，只北沟一处年产黄金3万两以上，为北沟的最盛时期；累计生产黄金15万两。孙秀明设茂源公司，在白老爷河和南沟采金，公司设在南沟。白老爷河有300来人，因为没采到金，工人逃散了。南沟有700多人，后来增到2 000人，1941年生产黄金8 000多两；三年期间生产黄金25 000两。南沟矿点到新中国成立后的1950年达到产金最盛时期，年产1.5万两，仅次于新中国成立后发现的团结沟（1955年产金3.6万两）。

日伪时期，日本侵略者用血腥奴役的手段，用2 640名死难矿工的生命，从乌拉嘎（北沟）金矿累计掠夺黄金17.5万两。乌拉嘎黄金矿业公司于1967年4月5日清明节，在小乌拉岛立起"死难矿工纪念碑"，碑身高2米，占地10平方米。碑的正面刻有"不忘阶级苦，牢记血泪仇"的碑题，碑文刻有："这里埋葬着日伪统治时期（1939－1943年），在日本帝国主义铁蹄蹂躏和封建把头压榨下，被无辜残害致死和瘟疫病故的2 640名死难矿工的遗骸……"此后，小乌拉岛"死难矿工纪念碑"碑后的沟塘被人们称为"小乌拉岛万人坑"。

乌拉嘎河上游北沟、小乌拉岛各砂金矿的发现，始于1936年至1938年间，得力于乌云地方治安局局长张景臣。

1937年冬，住在五隆桥桦皮羌子的猎户"老桦皮"，在乌拉嘎河的小乌拉岛发现了张景臣探矿挖的硝眼，去太平沟报矿后，九里庄子的日本采金所主任吉勇，来到了乌拉嘎河北沟。第二年开春，日本满洲采金株式会社组织武装探矿队到乌拉嘎找张景臣按过的硝眼附近探矿。第一次被抗联部队缴了械，第二次由关东军护送进沟，探出北沟有金子。当年12月，孙成吉（外号孙大干）组成永林采金公司（即孙家大柜）到北沟放段。先放了20多段，1939年放到了100多段，58段以内金子很厚。一年之间，北沟矿工云集，孙大干设在九里庄子的商号、客栈、烟馆、宝局、妓院等一并迁来北沟，使北沟顿时成为聚有四五千矿工的繁华小镇。当时，矿工采金每半月可得关东券120元，按每两金六七十元计，平均每个矿工一月可采金二两。头绪最好的第47段，由孙大干的小舅子领30多人开采，半年采了1 000多两黄金。

不久，日本修通了由北沟通鹤岗和黑龙江码头保安村的警备公路。日本人又派出武装探扩队，先后探出了结烈河、白老爷河和南沟的大、小西南沟。从此，黑龙江畔中段的砂金采矿中心，从嘉荫河移到了乌拉嘎河上游的南、北沟一带。特别是北沟，一度成为人口数千的金矿名城。虽然其封沟时遭到严重破坏，但在1947年佛山（嘉荫）县工委和县政府成立时，驻地仍然设在这里。

为了防备矿工反抗，日寇在工棚区四周圈上铁丝网，修建炮楼，设下卡子门。每天天不亮，工人就得随着催班的稽查排成队，到卡子门去检验号牌。走快了要挨打，走慢了也要挨打。检验完号牌，把头、稽查再把矿工押送上硝。干活时也有把头、稽查看守。收工时要排队，押到卡子门，再检验号牌。到工棚里，还有把头、稽查看管。号牌丢了，轻的毒打一顿，重的丢掉性命。

老工人李金海回忆：1937年抗联部队进金满沟、九里庄子。抗联部队撤走后，有的工人丢了号牌就被抓到矫正院去了。当时，日寇定出了"政治犯""经济犯""思想犯""嫌疑犯""国事犯""金案犯"等罪名。工人上硝干活从地上捡东西，或到"宫水盆子"里涮手都是"金案犯"，抓去就回不来。

特务、警察、矿警、把头、稽查看谁不顺眼谁就要倒霉。工人有病，催工的稽查，拎根木棍敲着工人的脑袋问："脑袋硬不硬？硬，就得上硝去！"1941年2月老工人刘金木修理从乌拉岛到老沟的电话线，他只穿件单裤，披着个麻袋片，在风雪中刨电柱坑，冻伤后倒在工棚子里几天没吃没喝，心里明白说不出话来。领工的稽查用棍子敲着他的脑袋说："这小子得了瘟病，没好了！趁早往外抬。"然后，就逼工人往外抬，正巧工人李长青（外号李大个子，他个子高、力气大，好打抱不平，把头、稽查也惧他几分）回来了，上前评理，才保住了他这条命。大结烈河有个姓黄的工人，是从山东来的，得了病，没等咽气就被催班的抬了出去，装在薄板钉的棺材里。天黑以后，他被冻醒了过来，喊着"救命"，而把头却说是"诈尸"。半夜，矿工们偷着撬开棺材板，把他救了出来。病好后，他去了大荒沟，新中国成立后回山东去了。

日寇还向工人宣扬"日满亲善""大东亚共荣""王道乐土"的思想。不许矿工说自己是中国人，要说是"满洲国"人，还强迫矿工说"协和话"。小乌拉岛有个叫王玉文的工人，刚进沟时，在警察队门口说了句"我是中国人"，就被抓去毒打一顿。同时，日寇还用封建迷信活动来愚弄矿工。他们在采金所等人口多的地方，建立日本"天皇神社"，强迫矿工每天早起之后，吃饭睡觉之前，上硝下硝，都要朝东南膜拜天照大神。还在小乌拉岛西山、太平沟、老沟修建了"鬼王庙""山神庙""把头府"，每天要矿工到上硝道旁的小庙里去祈求"出新沟富矿""硝道安全""招财进宝"等。

为了掠夺黄金，日寇勾结封建把头，利用由日本人控制的"把头大柜"进行开采。乌拉嘎（北沟）金矿大把头孙成吉和日本人吉勇开办的"永林采金公司"就是这样的"大柜"。孙成吉下面有几十个把头、稽查。其中，被抗联用刺刀刺死的"大柜"总管尹白毛子，日寇特务、"大柜"总稽查姜士宪，自称一天不打人就觉着劲没处使的稽查队队长王大马棒和"大柜"账房宋宝衡，都是效忠日寇的汉奸。日伪太平沟采金株式会社的主任白石，乌拉嘎（北沟）金矿采金所经理吉勇就是靠这些汉奸奴役小乌拉岛的矿工。

"把头大柜"剥削花样很多。在金价上，大柜、二柜层层扒皮压价，还分淡季旺季，少涨多落，踏出好头绪就大杀金价；在收金时，大秤加"一五"收，小秤减"一五"出。即收金时每两金实际重量为一两一钱五，而用金子打份金时，则为八钱五，里外相差三钱。还用压低成色，扣除零头，"三口穷气、兔子爪一扒拉"的办法，多打出碎金。上溜时，实行"包台子""官水盆子"清溜，在清缸子时，"一九"和"二八"扣，就是每淘一两金把头要分去一钱至二钱；在打份金时，又要打好汉股、家什股、铺底股、工具股、车马股。经过这么一番折扣，工人淘一两金，实际拿到手的钱，还不足市场金价的50%。就是这点钱大柜也不放过，还在经营商业上，通过垄断商品进行盘剥。小乌拉岛的"孙家大柜"除了开烟馆、妓院、戏院、宝局外，还开了客栈、烧锅、粮店、商号、饭馆，磨坊、油坊、豆腐坊、煎饼铺、铁匠炉。工人打了份金，每一文钱都要花在大柜的店铺、馆舍里。大柜出的金价很低，可是卖货的价格要比市场上高几倍甚至十几倍，有的商品要高到几十倍，真是"四方买卖大柜开，工人血汗一把搂"。老工人李金海就是被招工把头用50元关东卷从哈尔滨骗来的。老工人徐庆祥、徐生富讲：和他俩一条船进沟的工人有100多人，全是从上海、杭州招来的。招工把头说，送他们到北平（北京）盖大楼。可是，船开到大连就办了劳工票，上来一伙矿警押着。进沟后住席棚，发麻袋片做的衣服，上边印着号码，光干活没份金。先在金山镇老河口，又到兴隆沟，最后到了乌拉嘎。当时，冬天衣服不济，连累带冻死了不少人。到封沟时，100多号人就剩下了10多个。大柜还把招来的工人随意买卖。1943年春封沟时，孙家大柜就把小乌拉岛的几千名工人转卖给张荆棘屯的日本松井大柜去修大坝，从中捞了一笔"铺底钱"。

1940年，白老爷河金沟放段后淘不出金，大柜孙秀明也要把工人转给笔架山的日本大柜，结果，工人拉山逃散了。

勾结官绅土匪、军警宪特，设卡子砸孤丁、打家劫舍，是把头大柜"榨取矿工血汗的又一种手段"。1943年秋，工人赵德顺从梧桐去鹤岗，200多里路，遇上13道卡子。最后，连衣服也被剥光。这些卡子，出头打劫的是山林土匪，供给枪支子弹，坐地分脏的就是军警宪特和财东、把头。万金河金沟有一个"耿家大柜"，耿大把头靠儿子在警察署当警尉，以保护"富矿"为名，盖起了有四座炮楼的四合院叫"耿家泊子"，养了十几条枪，雇了二十多名炮手，组成了一支武装。这个以保护"富矿"为名的武装，专门劫财害命。当时，一些矿工出金沟时，花上一些钱，求"耿家泊子"的"保护力"护送，可是，由"保护力"护送的人，大多被半路杀掉，很少有走得出去的。东北解放后打开泊子时，光从泊子里搜到的金戒指、金耳环、金玉簪等各种首饰和金银器皿就装了一箩筐，还搜出了3 000两砂金和几箩筐大烟。当时，公开的"砸孤丁"，也多是财东、把头和军警宪特。1940年冬，矿警队队副王殿军搜查"嫌疑犯"，来到北沟猎户王金福的马架子里，抢去了一冬套得的几十张元皮，还把王金福的头割下来，挂在马架子的门梁上，安了个"私通抗联"的罪名，就算了事。日本特务吴德怀，在梧桐河以挡鱼亮子为名，探听抗联情报，遇到工人杀了就往树林子里扔。大柜孙成吉在收金时，经常收了金不给钱，嘴里说"手头紧，宽容几天"。过后要问，他就生气瞪眼，有时硬是把金子白白强占去。财东、把头用这些手段发了财。姜克元、孙成吉、孙秀明这些大柜柜头，除平日任意挥霍外，在沈阳、长春、哈尔滨还盖洋楼、开买卖，就是小把头、矿警、稽查们，也都是过着奢侈糜烂的生活。

第五节 屠杀十九路军战俘与小乌拉岛"万人坑"

老工人姜振山回忆他在王家店修警备道时的情况：1940年六七月间，日本人开始修从乌拉嘎到鹤岗的警备路，分南北两段，以嘉荫河大桥为界，北边是采金工人，南边是鹤岗的煤矿工人，施工中来了1 000多"政治犯"。穿黄军装的是十九路军的战俘，分三个大队，由警备队的日本马队押着，不准工人到"政治犯"跟前去。警备队常在天黑时杀人。他们把"政治犯"，拉进公路两旁的密林里，先挖好了一排大坑，把干不动活的"政治犯"拉到坑边枪杀了，就地掩埋。天刚冷时，在王家店北边的第九段押来了一伙"政治犯"，十七八个人，没干活就押到路旁的小山沟里全枪杀了。下雪后，许多"政治犯"还穿着一身破烂的黄军衣，每顿饭给两小碗高粱米饭，没有菜，冻坏饿倒的就枪杀。警备路修好的时候，1 000多"政治犯"只剩下了200多人，也都被枪杀在王家店北面八到九段间的沟塘里了。

工人李金海亲眼见到：1940年冬天，粮食运不上来。当时小乌拉岛工棚里有二三百个瘫了不能下硝干活的工人。为了减少口粮，日本人说给工人看病，由警备队和矿警队把这些披着麻袋片、洋灰袋子的工人用枪押着拽上汽车。上车后，走不多远人就冻僵了，死了就扔到公路两旁。一次是正月初三，天黑汽车从小乌拉岛开出，天亮到梧桐河时人全冻死了，就把一车人扔下来，丢在雪地里。梧桐河的狗都吃红了眼，见人就咬。同李金海在一起干活的张志春就是那趟车拉走的，再也没回来。

高化民、徐元凤讲：1943年初，日寇封沟，贴出布告说："'金匪''烟匪''土匪'有入山者，格杀勿论"。布告刚贴出，就派来警备队放火烧掉了金沟的工棚子，把工人赶到警备公路上，押往哈达密河去修大坝。当时，刮北风，下大雪，工人没有棉衣、棉鞋，都穿着破旧的单衣裳，揣着几个豆饼渣窝窝头，在没膝深的大雪里走。白老爷河的工人由警备队军曹木村押着往鹤岗走，到四道木营时，艾顺等三名老工人实在跟不上了，便对木村说："长官，歇歇再走吧"。木村说："哪个的走不动，歇歇的可以。"艾顺等老工人刚迈出队伍，木村连开几枪，把几个老工人全杀死了。从白老爷河到鹤岗走了五天，老工人高化民过王家店脚就冻起了大紫泡，到鹤岗就瘫痪了，歇了一年多才能下床活动。

1943年的一个夜里，徐元凤正在硝上干活，日本兵从四面围了上来。他发现得早，拎个淘金簸箕就跑，跑了一阵子，躲进一个深沟里藏着。就听周边一阵一阵地叫喊，又听有拽人的动静。过了一个多小时，没动静了，他才爬出深沟，从卡子门旁的铁丝网爬进工棚区里，浑身全湿透了。回到工棚里才知道一块去干活的几个人都没回来。第二天早晨，金班班长跟他去找人，找也找不到。后来，在卡子门东发现了一个旧硝眼，硝口边上有只鞋，趴下往硝眼里细瞧，一块大石头下边压着个人，搬开石头拽出来后，看下边还有人，一口气拽出九个尸体。里边有同工棚的张春纲，是山东人，离家十多年了。没几天，他老娘从山东来找他，哭了好几天，也死在了金沟。那次死的工人还有蔡玉和，也跟徐元凤在一个硝干过活。封沟后，日本警备队还在矿区里进行过一次大搜山，躲进深山的矿工和猎户被抓去300多，全被送进了关押"政治犯"的"三江思想娇正院"，一个也没出来，都死在了里面。

日伪统治时期的矿工，在生活上受尽了饥寒的折磨，多数工人没有被褥，枕的是木桦子，铺的是桦树皮，盖的是草袋子，穿的是麻袋片子，吃的是混合面（包米面加豆饼渣子）窝窝头。

老工人李金海回忆：当时他有一条破毯子，冬披夏盖；穿条麻袋片改的裤子，这在金班里算二等户。到了冬天，他把那条破毯子中间掏个窟窿，套在脖子上当棉衣穿。没有毯子的就拣些洋灰袋子，贴在麻袋片上披着，冻得浑身青一块、紫一块。没有鞋，用麻袋片包着脚，许多人把脚冻坏，成了残疾。那个时候，一个身强力壮的小伙子，进了工棚子熬不过一年就垮了。大柜从不在硐道里搞安全设施，冒顶砸坏、塌方压死、闷硐捂死的工人，天天有，多数是新工人。1939年开发小乌拉岛，头两年吃高粱米，还能吃饱，到1942年往后就挨饿。早晨上硐干活的给两个混合面窝窝头，下硐回来的给一个，病、伤不能下硐的领不到，不少人冻死、饿死。1940年2月开始，小乌拉岛工棚子里闹了瘟疫。发病时头晕、头痛、畏寒打哆嗦、口吐黄水，人死后浑身都是黄的，工人们把它叫作"嗝瘟黄"。

李长青、李金海、年大贺、辛玉章等老工人回忆：1940年刚开春就闹瘟病，起初一天死两三个，六月天热时，一天要死二十多个，最多一天死三四十个。当时，李宪玉金班33人，死了31个。王文汉金班37人，死了33个。张大胡子金班34人，死了30个。吴瘸子金班20人，死了17个。吴子宾金班30个人，连把头吴子宾在内全死了。人死后都被埋在西山旁。后来，死掉的人没有人往外抬，连埋尸的人都找不到。病人和死人身挨身躺在一个铺上，直到尸首烂了发臭，把头才找人往外抬。就这样，稽查照样拿着榔头棒，敲敲打打地催工人上碃。日本人吉勇说："人死了没关系，苦力大大的有，一个的死了，十个的拿来。"和辛玉章铺挨铺的工人李海山被稽查撵出工棚，没走到碃口就倒下咽了气。有的工人在碃上干一阵子活，挂着锹就咽了气。

死人最多的6月，孙成吉大柜在工棚子的铁丝网外，修了一座"养病院"，让杨把头（当时50来岁，白胡子）去看管。这座"养病院"光支个房架子，钉了个遮雨棚子，没有床铺和炉灶，也没有大夫和药品，只是在湿漉漉的塔头地上放几捆蒿草。病人抬来往蒿草上一扔，死人和活人在一起。杨把头不等人咽气就扒下衣服，搜去钱财，打发人往山上扔。有的病人喊："我还没死啊！"杨把头说："死硬了谁抬你！"从6月至9月，抬进"养病院"的工人有700多个，不管病轻病重，没一个回来的。工人称杨把头为"杨剥皮"，把"养病院"叫"催死院"。后来，尸首没人抬，工棚里、上碃的道两旁、碃眼附近、小乌拉岛沟里、山坡上、青堂林子里都是尸首。从这年的2月到9月，小乌拉岛的4 000多矿工，只剩下了不到2 000人。

乌拉嘎黄金矿业公司于1967年4月5日清明节，在小乌拉岛立起"死难矿工纪念碑"。碑身高2米，占地10平方米。碑的正面刻有"不忘阶级苦，牢记血泪仇"的碑题；碑文刻有："这里埋葬着日伪统治时期（1939—1943年），在日本帝国主义铁蹄蹂躏和封建把头压榨下，被无辜残害致死和瘟疫病故的2 640名死难矿工的遗骸……"此后，小乌拉岛"死难矿工纪念碑"碑后的沟塘被人们称为"小乌拉岛万人坑"。

第六节　佛山（嘉荫）、乌云县鄂伦春民族的凄惨生活

鄂伦春族是我国人口较少的民族，分布在内蒙古和黑龙江两省（区）大、小兴安岭上，在我省共有三千多人。主要聚居在佛山（嘉荫）乌拉嘎，塔河县十八站，呼玛县白银那，黑河市新生，逊克县新鄂、新兴六个定居点。鄂伦春民族有自己的语言而无文字，使用汉字，信奉萨满教，大部分人从事游猎，少部分人从事农业。

生活在佛山（嘉荫）、乌云、逊克的鄂伦春族人，同属于南部毕拉尔路部落联盟。日伪统治初期，大约有2 000人。主要游猎于佛山（嘉荫）、乌云、逊克三县的原始森林中，少数迁移至汤原、铁力境内（约有300人），受汉族影响，已经转变为农耕生活。

当时，鄂伦春民族还保留着原始公社的残余，是从原始社会刚刚进入阶级社会的少数民族。在历代统治者的压迫和形形色色的盘剥下，鄂伦春民族经济文化十分落后，常年风餐露宿于自然条件极其恶劣的寒带深山密林中，一直处于封闭型原始社会的状态。日伪统治时期，日本侵略者采取"以夷制夷"的政策，利用鄂伦春人能骑善射、熟悉山林的特点，来对抗日联军。

1931年"九一八"事变后，日本侵略者占领鄂伦春地区，把库玛尔路、毕拉尔路、阿里多普库尔路置于伪黑龙江省民政厅的蒙旗科管辖；将原托河路及其他地区的鄂伦春族隶属于伪兴安东省和兴安北省管辖。1934年，黑河特务机关召开佛山（嘉荫）、乌云、逊克三县鄂伦春人的协领、佐领会议，推行日本法西斯的

一套统治办法。名义上保存路、佐机构，实际上其已成为毫无职权的傀儡，日本特务机关成了鄂伦春族的直接统治者。

日本帝国主义者对鄂伦春族实行极端残暴的民族压迫政策：不开化其文化，持续其原始生活，不使其归农，当成特殊民族实行隔离，构成其独立生活道路等，从而迫使鄂伦春族青壮年编为山林队，派日本指导官直接控制。这些日本人不但是山林队的教官，也是骑在鄂伦春族人头上的统治者。鄂伦春族人稍加反抗，就进行训斥、毒打，甚至打死。他们还强奸、霸占鄂伦春族人的妻女。尤其狠毒的是，他们往往在鄂伦春族内部挑拨是非，造成民族内部互相残杀，以坐收渔人之利。1940年之后，他们为杜绝鄂伦春族人与东北抗日联军联系，把鄂伦春族人驱进深山，强迫鄂伦春族人过原始落后的游猎生活。

日本帝国主义对鄂伦春族猎业经济的摧残和掠夺也是空前的。他们十分害怕鄂伦春族人的反抗斗争，采取种族灭绝的办法，达到严密控制的目的。

一是将猎用快枪全部没收。鄂伦春族人只能用单响枪打猎，这使猎品大大减少。直到1939年才发给山林队员每人一支旧枪，既用于巡山，又用于狩猎，并严格控制子弹，因此，猎品仍然没有多少增加。

二是日本人设立了经济垄断组织"满洲畜产株式会社"，将鄂伦春族人所有的猎品搜刮一空，然后配给一点粮食和布匹等生活用品。如果猎民私自出售猎品，不但将其枪支和猎品没收，还要遭到毒打。

三是变相地鼓励鄂伦春族人吸食鸦片。日伪时期，日本侵略者为了转移矿区采金工人与鄂伦春族猎民的反满抗日情绪，分化鄂汉民族间的关系，他们采取软硬兼施的威胁、利诱手段，收买拉拢部分鄂伦春族人参加山林队，由日本特务机关控制，搜集各族人民反满抗日活动情报，为日本帝国主义的法西斯统治服务。他们在对鄂伦春族人利用的同时，又加以控制和消灭。其中之一就是鼓励鄂伦春族人吸食鸦片。对20岁以上的鄂伦春族人，发放鸦片证，按证领取鸦片，一天一份，每份一个"大烟泡"，一月发给30份。还规定鄂伦春族人每月逢五逢十的日子，要到日本宪兵队送交情报，只要送上了情报，不管真假虚实，都给"大烟泡"，这使许多人吸食上瘾，面黄肌瘦，精神萎靡，什么活也不能干了。为了取得烟土、烟膏，日本人又明禁暗不禁地纵容入山的"大烟户"种植大烟，造成大烟种植和贩毒、吸毒日益泛滥，使这个挣扎于艰苦生活中的民族，又陷入了可怕的精神麻醉之中，引起了许多人，甚至整个家庭的多种疾病，过早死亡，许多人因吸毒而抛尸荒野。吸毒破坏和瓦解了鄂伦春民族正常的生活秩序和传统的伦理道德，使整个民族陷入贫病堕落的深渊。鄂伦春族人终年过着衣不蔽体，食不果腹的生活。在日本帝国主义的统治下，鄂伦春族的经济、文化不但没有发展，反而使整个社会倒退，南部毕拉尔路鄂伦春的人口从1931年的2 000余人，下降为1953年定居时的960人，这是殖民主义统治的必然结果。

鄂伦春族在接受中国共产党的领导和教育后，迅速提高了阶级觉悟，反抗日军的斗争不断掀起高潮。许多鄂伦春族猎手直接参加了抗日联军，同日军进行了殊死的斗争。

鄂伦春族老猎手韩来所回忆说："我15岁那年，日本人来到了黑龙江。佛山（嘉荫）、逊河、乌云、奇克等地都住进了日本兵。从此，这一带山里鄂伦春人的生死就操在了日本人手里。因为我年岁小，开始没参加山林队，只跟着父亲在山林里狩猎。22岁那年，我成了家，23岁有了孩子。25岁那年，日本宪兵队让住在乌云河、戈佩乞河、嘉荫河一带的鄂伦春族人全都迁到北边的库尔宾河去住，不去的不给粮食、子弹。当时，乌云河一带的山林里共有鄂伦春族人26户，100多口人，戈佩乞河有18户，70多口人。整个佛山（嘉荫）县境内的鄂伦春族人总共有180多口人，全都迁到了库尔宾河。我到了库尔宾河就被逼参加了山林队。当时，嘉荫、乌云、逊克的鄂伦春族人设两个山林队。第一队由沾河、逊河、都鲁河、茅兰河、桦皮羌子、浦拉口子、卡拉其口子来的鄂伦春族人组成。我们是第二队，由乌云河、库尔宾河、乌底河、阿廷河、嘉荫河、汤旺河来的鄂伦春族人组成。每队有40来人，两队加一起有90多人。我们二队原来的队长叫夏基布，因为给抗联的赵尚志部队送给养，让日本宪兵队枪杀了。我去的时候，已经换了第二任队长，叫杜秀臣，是我们乌云河去的鄂伦春族人。我到山林队以后，参加过三次训练。训练时，日本指导官拿着木棍在边上看着，瞧谁动作不准确就走过来，从身后朝腿上打一棍说'你的姿势不对'，若看哪个不顺眼就搧耳光，有时还抽几鞭子。谁若是露出不满，轻则重打一顿，重则送进黑河警备司令部思想矫正院，往往九死一生。"

第七节 佛山（嘉荫）、乌云县开拓民的悲惨遭遇

佛山（嘉荫）县迁入第一批开拓民，始于1941年。这年开春，伪黑河省公署指令佛山（嘉荫）、乌云、逊河、奇克、爱辉、呼玛、鸥浦等县派人到河北省兴隆县招募开拓民，有300多人，分配给佛山县35户，乌云县40户。四五月间家属陆续迁来。佛山县的35户指定在朝阳镇南山建村。共分配给4台大车，每个劳力配给1匹马，以及种子，小农具等。两年开地十余垧，后因一直打不成水井，1944年被迫迁到双河大岗重新建村。

　　1942年冬底，乌云县从宁安、海林、绥棱等县迁入300户，
1 492人，分两批在福民大岗开荒建村。他们只配给简单的农
具，靠锹挖镐刨开出几十垧，先后建了隆安、惠民、永安、福
民四个村。

　　1943年8月，佛山县从桦川县的魏家大院、板子房，桦南县
的小湖南营、头道沟、悦来镇、天主教堂屯、康家窝铺、王家屯
等共迁入1 000户5 000余人。桦川县来的开拓民指定在保安村西
30华里的西北山和东北山荒草地建村；桦南县来的开拓民编成七
个班，一、五、六班在革布其河边、三棵松大岗、东北山后岗建
村，二、三、四、七班在稻田村南的荒山里建村。现在嘉荫农场
明德（四班）、振兴（七班）、正义（二班）、敬业（三班）四
个屯就是当年开拓民建的。开拓民是福民大岗、双河大岗、仁合
大岗开发的先驱。乌云、佛山两县从1916年设治到1931年统共才
开出熟地200余垧，但到1943年两县耕地面积增加到2 028垧，其
中绝大部分是开拓民披荆斩棘，一锹一镐开出来的。然而开拓民
的遭遇却十分悲惨。

　　在三批开拓民中，第一批是骗来的。来自兴隆县水泉沟的
开拓民赵广文说："到我们那招募的人讲，你们去吧，黑龙江边
有地种，有粮吃，有柴烧，有肉有鱼，三年不出劳工，不纳出荷
粮，日子很快就富裕起来。可是来到一看心就凉了，茫茫荒原，
前不着村，后不挨店，真是无亲无友告借无门。拼命苦干了一春
一夏，一锹一镐地总算开出点地，房子也盖上了，家属也陆续迁
来了，可就是打不出井水来，冬天化冻雪，夏天吃河水，人畜不
断死亡。挨到1944年春天就剩下二十多户了，马也死了一多半，
日本人看实在不行，就把我们迁到双河大岗。四五月份搬家，人
马拉着爬梨在草皮和泥水中走，又没有正经道，遭的那个罪就别
提了……后来才知道，比起福民、乌云的开拓民，我们还算是

'幸运'的。"

1942年和1943年迁来的两批开拓民，都是强迫迁来的，限期搬家，否则便将房屋拆除。到福民大岗建村的开拓民当年5月集中，从牡丹江坐火车到佳木斯，然后乘船到乌云镇，再步行六七十里到建村点。从桦川、桦南迁来建村的分四批：第一批先遣队春节后出发，班长带着庄稼把式踏查建村地点。第二批清明节前后，第三批立夏前后，全是男劳力，拿工具和简单行装，任务是开地建房。前三批都到鹤岗下火车，警察押送下徒步经乌拉嘎，翻山越岭进入开荒点。他们头顶蓝天，脚踏荒原，一边开地，一边建房。第四批是妇幼老小，中秋节前后从家起身，坐火车到佳木斯改乘"威远""午城"两艘轮船到佛山镇、双河镇。然后再老幼互相搀扶，一步一步挨到自己的"家"。

开拓民建的房多数是"马架子"，少数是"草泥窝棚"。所谓"马架子"就是平地挖个坑，东西两侧用小木杆对头架起来，底下培土，上边抹泥，坐北朝南，只向阳的一端各有一扇门窗。低矮、潮温、阴暗，四面透风。幸存的开拓民说：那时黑龙江边比现在冷，一般都在零下三四十度，屋子整天烧都没有热气。

由于开拓民在原籍已贫困到极点，大都没有棉衣。加上迁徙后交不上出荷粮，即使有钱也买不到布匹，只有上山伐木的男人配给一套更生布棉衣。有的一家几口只穿一身衣服，孩子、大人整天扯着破被。福民村的刘海山一家7口，仅老太太有一件破旧不堪的大布衫，补了又补的，老头三九天光着膀子捧火盆儿。夜间就更难熬了：有的睡在麦秸堆里，有的钻进草筒里，还有的坐在灶坑的热灰上，当时开拓民十家有九家没粮吃，伪政权规定每人每月只配给18斤谷子，18斤冻土豆，每月到县城去背，有时没有粮食就用橡子面或豆饼顶替。福民一带的开拓民往返有一百四五十里，稻田一带的开拓民往返也有百十里。他们进城得先办手续，然后排队领取。由于饥饿，身体虚弱，强壮的劳力只能背七八十斤，老头、小孩只能背三四十斤。每次背粮的人离家，全家老幼数着日子盼。到时不归，出村老远老远去接。有的背粮人倒在路上，家里人也活活饿死了。活过来的老人说："那时开拓民中秋节吃顿荞麦面干粮，大年初一吃上小米和土豆混合的油干饭，算是富裕户了。"

在饥饿与寒冷的折磨下，多数人患病。发病时四肢疲软无力，口吐黄水，接连抽搐少则几分钟，多则几小时就死去了，后来人们称这种病为"克山病"。佛山开拓民郭兰亭一家7口死了5口，他父亲活活冻死在炕上，老伴和二儿子是饿死的，另两口是得"克山病"死的；王海德一家6口，只剩下1口；王信全家死去8口；马清芳家4口死了3口，剩下降生两个月的婴儿送人了。仅1944年稻田附近四个班开拓民就死亡360多人。福民村开拓民徐德生说："我们这里的开拓民活的没有死的多。"到1945年抗日战争胜利时，乌、佛两县开拓民仅剩500多户，2 000多人。永安、惠民、三棵松、三班、六班等屯的开拓民，多死于疾疫。

第二章　佛山（嘉荫）、乌云县人民的反日斗争

第一节　佛山（嘉荫）、乌云沦陷初期的小兴安岭抗日斗争形势

"九一八"事变后，中国共产党立即提出在东北发动群众建立武装，抵抗日本帝国主义侵略的主张。中共满洲省委在"九一八"事变第二天，就召开紧急会议，发表了《为日本帝国主义武装占领满洲宣言》。9月20日发表了《为日本帝国主义武力占领满洲告全满工人、农民、学生及劳苦群众书》。9月22日做出了《关于日本帝国主义武装占据满洲与目前党的紧急任务的决议》，揭露了蒋介石"攘外必先安内"的不抵抗政策，号召广大群众罢工、罢课、罢市，发动群众反抗日本侵略。

随着抗日斗争的深入，抗日斗争武装力量不断发展壮大，中国共产党领导、创建的反日游击队成为东北抗日战场上的中坚力量。1933年，以中国共产党领导的抗日游击队为基础，团结和争取各种抗日武装共同抗日，建立了不同形式的抗日民族统一战线，在此基础上，组建了东北人民革命军和东北民众反日联合军。1936年2月，中共驻共产国际代表团发表了《东北抗日联军统一军队建制宣言》。根据这个宣言，在中共东北党组织领导下，

东北各地抗日武装，先后改编为东北抗日联军第一军到第十一军。在伊春活动的主要是三、六、九、十一军。当时伊春的抗日斗争是中共北满临时省委领导的。中共北满临时省委机关先后设立在南岔区浩良河"四块石"、朗乡局新东林场"张木营子"和乌马河区西岭林场的"锅盔顶"等地并召开多次重要会议。

"七七"全面抗战爆发前夕，伊春不仅成了抗日联军英勇杀敌的战场，而且成为我党领导北满抗日斗争的主要根据地，这里被称为"五地一道"，即中共北满临时省委诞生地、东北民众反日联军总司令部所在地、抗联三军六军根据地、东北抗日联军主要战绩地、抗日联军军政干部培训基地、抗联开辟的五条国际通道所在地。小兴安岭的抗日斗争是在中国共产党的领导下进行的，而且坚持的时间最长，条件最艰苦，具有国际色彩。为阻止日本侵略者入关南下，夺取世界反法西斯战争和中国人民抗日战争的胜利打下了基础，积累了经验，做出了重大贡献。

抗日战争时期，东北抗日联军是在敌强我弱的困难条件下，依托小兴安岭独立自主地进行抗日游击战争的。当时，日本帝国主义为牢固占领东北，进而侵占全中国，不断向东北增兵，1932年总兵力约67万人，到1942年，达到76万人，而我抗日联军从无到有，到1937年10月，发展到11个军3万多人。东北抗日联军针对我军劣势装备与日本强敌作战的实际，制定了以少胜多、机动灵活的游击战略战术，运用山林游击战、平原游击战，与敌人进行周旋，同敌人进行了殊死的斗争。据不完全统计，至"七七"全面抗战爆发前夕，仅在小兴安岭的战斗就有100多次。

1936年3月，为建立稳固的抗日游击根据地，东北抗日联军总司令、三军军长赵尚志决定攻打位于汤旺河中游的日伪据点"老钱柜"（丰林县上甘岭林业有限责任区施业区境内），命令第六军政治部代主任李兆麟指挥此次战斗，李兆麟制定了"奇袭智取"的作战方案。3月17日，李兆麟、戴鸿宾、李凤林率领百余人组成的突击队，乘马爬犁由浩良河出发，顶风冒雪，急行军200余公里，于19日晚抵达"老钱柜"（丰林县上甘岭林业有限责任区施业区境内）。突击队利用在途中俘虏的伪警察解除了哨兵的武装，智取了"老钱柜"，击毙7名日军，俘虏100多名伪警察，缴获长短枪100多支及大量物资。奇袭"老钱柜"战斗的胜利使汤旺河沟里完全置于我军控制之下，为建立佛山（嘉荫）、乌云抗日游击区，开辟通往苏联的国际通道创造了条件。

1937年"七七"事变，日本帝国主义侵华战争全面开始，也是中国人民进行全面抗战、全民族抗战的开始。日本帝国主义向关内大举进攻，将东北作为它重要的后方基地，关内成为反侵略战争的主要战场，东北地区的局部抗日战争变成全国抗日战争的一部分。东北抗日联军的任务即由单独作战改为袭扰敌人后方，削弱敌人，牵制日军入关，配合关内军队作战。在东北地区共产党组织领导下，小兴安岭的抗日战争出现了新的高潮。

东北抗日联军在伊春的发展壮大，使日本侵略者深感不安，为巩固其统治，他们向小兴安岭大量增兵，封锁交通，包围抗日游击区，集中大兵团对抗联部队进行"讨伐"，清乡归屯，妄图割断人民群众与抗联的联系，此时伊春的抗日联军陷入了极端困难的境地，外无援助，内缺给养，孤军奋战，被迫转入小兴安岭深山密林中，开展游击战争。

老白山密营（金山屯区金山屯林业有限责任公司施业区白山林场施业区内）是抗联1933年在伊春创立较早的密营，也是抗联六军军部、下江留守处所在地，这里地势险要，山高林密，能攻可守。抗联将士们利用这些有利条件，采取机动灵活的战略战术，多次袭击敌人。他们还在这里建立了被服厂、医院、枪械修理所。北满抗联总司令、抗联三军军长赵尚志，北满临时省委书记冯仲云，抗联三路军总指挥金策、政委李兆麟，抗联六军军长夏云杰、戴鸿宾，抗联十一军军长祁致中，下江特委负责人高禹民等经常在这里活动，领导抗日游击战争。

东北抗日联军政治军事学校为东北抗日联军培养了大批军政干部。1936年1月26日，在浩良河镇召开了"东北民众反日联合军军政扩大联席会议"，会议决定"为了教育和培养大批军政干部，设立东北民众反日联合军的政治军事学校"。东北抗日联军统一编制后，这所学校正式命名为"东北抗日联军政治军事学校"。校长由赵尚志担任，教育长李兆麟。军校在伊春共办了三期，校址先后设在双子河畔、伊春河（现伊春市区）北山和翠峦河畔的老营盘，培养了250多名军政干部。原黑龙江省军区司令员王明贵就是这个军政干校的学员，1955年被授予少将军衔。1936年7月在巴兰河谷张木营子建立了电信学校，之后与政治军事学校第三期合并，为抗联三军、六军和十一军培养了9名电报员。

东北抗日联军不但是一支特别能战斗的部队，也是一支有高度政治思想觉悟和文化的部队，不仅创建了东北抗日联军政治军事学校培养军政人才，而且经常给战士们上政治课、军事课，教战士学文化，教唱自己创编的歌曲，还创办报刊杂志等，鼓舞抗联将士战胜艰苦环境的斗志，坚定战胜日本侵略者，取得抗战最后胜利的信心。

东北抗日联军在14年的斗争中，冲杀在白山黑水之间，用血肉之躯与日伪军斗争，有效地保存了自己，消灭和钳制了日军大量兵力，有力地支援了全国抗战，也援助了世界反法西斯战争；可以说，他们为东北的解放和新中国的建立立下了不朽的功勋。毛泽东指出：东北的抗日游击队多打死一个敌兵、多消耗敌人一颗子弹、多钳制一个敌兵使之不能入关南下，就是为整个抗战增加了一分力量。

第二节　驱逐伪镇公署与伪警察署

江桥抗战失利后，领导江桥抗战的马占山将军诈降。利用出任伪黑龙江省省长兼任伪满州国军政部总长之职，秘密用12辆汽车、6辆轿车，将2 400万元款项、300匹战马及其他军需物资运往黑河，约集李杜、苏炳文、丁超等坚持抗日的原东北军将领代表开会，改黑河警备司令部为省府行署，再次举起了抗日的旗帜。当时，佛山（嘉荫）、乌云县，皆在马占山控制的黑河警备区内。受马占山抗日爱国行动的影响，佛山（嘉荫）、乌云县民众的抗日情绪十分高涨。

1934年5月，日伪三江省警察厅派一名警佐，带领两个警尉补、一个警长、一个警士，前来"接收"金矿（当时，嘉荫河、乌拉嘎河各矿点的采金所设在太平沟）。在太平沟街东头镇公所，挂了两个牌子，一个是伪三江省太平沟镇公署，一个是伪三江省太平沟警察署。

矿工们看到后，自发地聚集到伪三江省太平沟镇公署、伪三江省太平沟警察署门前喊"东洋鬼滚蛋！""东洋鬼滚蛋！"人聚得越来越多。受马占山抗日爱国行动的影响的太平沟金厂护勇（警卫）队长伍任桥，带着几十个全副武装的护勇，把镇公署、警察署包围了，又把伪三江省太平沟镇公署、伪三江省太平沟警察署两个牌子扛到江边，扔到了大江里。伪警察们看到护勇和金矿工人们的激愤情绪，又见到矿山的护勇手中握有和他们一样的枪支，而且人数众多，硬拼只能搭上几条小命，因此一个个都没敢反抗。

第二天天刚亮，警佐带着手下的几个警尉补、警察，无可奈何地夹着尾巴悄悄地坐了条小船，跑回佳木斯向伪三江省警察厅主子报丧去了。

1934年7月，伪三江省警察厅又派来了个警政，是日本人，叫板本，带100多人。其中有关东军骑兵队70人，队长是日本军事情报特务白石。又在镇公所设立了伪警察署，当天就向太平沟金厂总办姜克元宣布了伪三江省的"接收令"。过了一个月，又在九里庄子、嘉荫河、老沟建了三个分驻所。接着，缴了姜克元护勇队的枪械。姜克元见势头不好就溜走了，临走前给护勇队队长伍任桥一两三分金子，让伍任桥有亲投亲，有友靠友。伍任桥回到河北老家去了，新中国成立后又回到了乌拉嘎。

日本侵略者进入矿区后，除设镇公署、警察署外，还建立了日本警备队、矿警队、稽查队，设立了采金株式会社，下辖采金所。采金所下设大柜（也称采金公司）并不断增设军警特务组织，建立深壕、铁丝网包围的工棚区，开始了对乌拉嘎（北沟）金矿采金工人的法西斯统治。

第三节　"神簸子"智斗伪稽察

日伪时期旳乌拉嘎（北沟）采金株式会社所设的"大柜"，从工人手中收一瓦金（折合赤金一克）只给伪协和券二元二角，转手交给日本采金所，就得三元五角，市场上的价格，要比采金所出的官价还要高得多。因而，工人采了金不交给"大柜"和采金所，就成为矿工反抗斗争的一种手段。老工人徐元凤所在的金沟里，有个叫袁老疙瘩的工人，是个摇"簸子"的"神手"，练得一身"绝招"。虽然清溜时，要到"大柜"的"官水盆子"里去冲淘，还要把袖子挽过胳膊肘，由几名稽查持枪监视。可是，任你十个八个稽查四面监视，只要"神簸子"两膀子一晃，金疙瘩就像长了腿一样，顺着他胳膊肘直往袖口里钻。就是脱光了膀子，他也能把金疙瘩弄到裤兜里去。当时，像这样的"神簸子"每个沟的金班里，都有这么一两个。尽管日本人炮制了"金矿法"，以"金案犯"残害工人，可是，不少的金子还是从矿工的手里流出金沟。有的送给了抗联的交通员，成了支援抗日斗争的经费；有的偷偷地卖给了收金的老客；还有的干脆被埋藏在山隘、石窖、树洞里，抗战胜利后才被挖了出来。

孙家大柜的"官水盆子"里，往往放上豆油和面碱，工人摇金簸时，因油、碱打滑就有不少碎金流在里面。工人都知道这里面有鬼，却又不知底细，就合计着调弄"大柜"一下，让袁老疙瘩弄清"官水盆子"一天究竟捞多少金子。这天，袁老疙瘩装着去清溜，故意把金簸子丢在官水盆里，稽查只好叫他捞一锹"毛砂"去淘。这"毛砂"本来是从簸子里摇出的废砂，不该有金子的。因为大柜往水里掺了豆油和面碱，水腻打滑，许多碎金子便落进了"官水盆子"里。凭"神簸子"手劲一摇，那些碎金子一点不拉地淘了出来。一簸子竟淘出五分多金。按这么个计算，每一个"官水盆子"一天就要剩三四两金！"官水盆子"的迷底揭开了，工人们气愤地质问把头，操起锹镐把"官水盆子"砸了。

第四节　火烧"鬼王庙"

1940年6月间，乌拉岛的矿工被折磨得一批批死去，漫山遍野尽是矿工的尸体。人们愤恨的情绪，一天天增长。大柜、把头为了掩盖罪行，转移矿工的仇恨，便说："小乌拉岛的水土不好，沟塘里没有蛇，连蛤蟆也找不到，人住长了也站不住……"又说："采金所盖在白虎鼻子上，鬼王爷发了怒，拿人撒气……"于是，在小乌拉岛北山下，修建了一座"鬼王庙"。庙建成后，大柜、把头又大操大办，烧香上供，还从外地请来了"道士"，昼夜"念经"，钟鼓之声不绝，矿工上下硝路过都要磕头。然而，从盖庙宇到烧香上供、请"道士"，这一笔笔花销，全算在工人铺底股里，叫"香火费"。而且还要以少报多，以无报有，再从中捞去一笔"外快"。当时，各段的工人，除了病的、死的以外，能干活的人已是廖廖无几，打点份金时七扣八扣，剩下的连伙食费都顶不上。

因为大柜、把头有"油水"可捞，香火便一天盛过一天。随着香火的旺盛，工人的伤残病死却一天天多起来。采金工人逐渐识破了大柜、把头的骗人伎俩，一个个心里憋闷得很。一天，张老廓几个工人走出马架子，摸到"大柜"库房里，从汽油桶里灌出一瓶汽油。第二天，又把汽油瓶掖在腋窝里，瞒过卡子门的岗哨，带到了山上。

收工时，他们多上了一个"溜"，又找了几块松树"明子"，天黑了才下硝。卡子门外一个人也没有的时候，他们来到"鬼王庙"，把那瓶汽油往香火炉上一泼，架起"明子"，又抱来几捆干草扔在火苗上，然后，躲到庙旁的树棵子里。不一会，只见火光冲天，照亮了大半个小乌拉岛，孙大干急得直叫，日本人吉勇把工人都撵上山来扑火。可是，等扑火的人赶到庙前，大火已经圆盆了。日本人、稽查们督促工人救火，可是没有人听他们的，大家都围在那里瞧热闹，不一会就把那"鬼王庙"烧塌了架。这时，张老廓等几个工人，也随救火的人群回到了卡子门里。

第五节　打死日本监工亚健

1939年的夏天，张庆祥在小乌拉岛打钻。钻台上有个日本监工叫亚健，时常残害矿工。这个监工穿一身日本军官服，戴日军战斗帽，脸上净是横肉，眉下闪着一对凶狠的小眼睛。他的营生，就是残害工人。每天拎着一个榔头棒，到工棚子转悠，看哪个工人没上碛，抡起榔头棒朝脑袋就是一下子。这时，如果你动一下，他就说："唔——，你的装病的有，死啦死啦的给！"如果哪个工人不服从，他就交给警备队毒打一顿。他在太平沟当监工时，有个20多岁姓王的工人乍来金沟，吃豆饼渣后，胀肚拉稀。一天干十三四个小时的重活，人瘦成了皮包骨，实在支持不住，没有上碛，被他碰上了。他抡起榔头棒劈头就打，那个工人急了，反抗了一下，就被抓到警备队去，扔到狼狗圈里了。到了小乌拉岛后，他在探矿队里监钻，经常喝斥工人说："苦力大大的有，死了几个没关系！不干活的，通通死啦死啦的给。"

1939年秋天，从老沟来了个新工人王连科。三十来岁，交往比较广泛。他见过赵尚志的队伍，常给人们讲抗联的故事，工人都跟他合得来。他看见亚健残害工人，忿忿不平，心里像压了块石头。过了几天，张庆祥和王连科交上了朋友，那年，张庆祥二十刚出头，可从16岁起就下煤窑、闯金沟，罪没少遭。张庆祥摸透了王连科的心思，暗地做着对付亚健的准备。这年秋，一天午饭后，矿警、把头们进山搜查，顺便想办法赚"外快"去了，赶上林子起火，工棚子的工人都上了山。

这时，亚健突然来到了钻台上，一看张庆祥和王连科没去扑火，两眼露出了凶光，冲王连科说："你的快快去，扑火的干。"这时，王连科朝张庆祥递了个眼色，张庆祥操起"开山子"，猛地一下，把亚健砸在钻台上。当时亚健还没弄清怎么回事，趴在钻台下伸着两只手到处乱抓。张庆祥瞅着亚健说："狗日的，你也有今天呀！"说着，又是一斧子，咔嚓一下，亚健脑瓜开了瓢。这时，一个矿警撞到钻台旁，端枪就要开火。王连科上去攥住了枪栓，与矿警打了起来。张庆祥一脚把矿警踹倒，就势缴了枪。那家伙丢了枪，撒腿就跑，王连科操起缴来的枪，朝矿警放了一枪，没有打中也没去追，急忙带着夺来的枪跑进深山。路过五隆桥时，遇到一个鄂伦春猎手，王连科说："我是抗联的尖兵，咱们井水不犯河水。"猎手听说后，一直把他送出了老远，还指了条抄近的山路。他俩一口气跑到了嘉荫河神仙洞，跑时只带了四个豆饼渣混合面馒头，王连科的两个跑丢了，张庆祥给他一个，饿得挺不住，两人路过日本人探矿点，又到日本人探矿队房用枪逼住鬼子，弄了一面袋混得面馒头。刚走出不远，遇到了日本人从太平沟下来的马队，有100多人。两人躲进山林里。第二天，跑到栖林屯南山漫岗，点了堆火打小宿。日本人发现火光又撵上来，两人躲过后，跑到了梧桐河边的船房子（今尚志村），正遇上日本人马队搜山，两人一东一西地分了手。后来，王连科找到了嘉荫河的抗联密营，参加了抗日联军；张庆祥跑到鹤岗下了煤窑，直到日本鬼子投降，才回到乌拉嘎。

第六节　白老爷河矿工与福民大岗开拓民的逃离

　　1939年夏，大把头孙少明在白老爷河金沟放段后，压根就没采出金子，工人都欠下孙少明一笔"铺底"钱。孙少明眼瞅着没金，又怕损失了"铺底"钱，暗地把300多个矿工卖给了在笔架山修大坝的另一个"柜头"，想从中捞一笔"铺底"钱了事。住在白老爷河（现青山乡结烈河村，属汤旺河林业局团结林场施业区）的矿工们知道了他的花招，大家一条心、一股劲，决心和他斗到底。各个金班的工人想好了对付孙少明的对策：决定找个日子一起拉山逃跑。把头也听着了一点风声，整天派人盯着工人，很怕出了事。

6月的一天深夜，天下着瓢泼大雨，孙少明想着这个天出不了事，和手下的把头、稽查们都躲到屋里去了。其实工人们早就"等待"这个时机了，一个个急忙收拾好了背夹子，连夜行动了。为了迷惑把头，他们点了几支嘎斯灯把工棚子照得通亮，巡夜的稽查，看到工棚子亮着灯，就没想到工人会逃走。300多号人，分成几路踏进了老林子……等孙少明发现的时候，十几座马架子，已经空荡荡的了。这个平时作威作福的家伙，一见这情景，愣在那里说不出话来，好一会才跑到日本人那里去报告。等日本人的马队去追时，矿工们早就钻到了白老爷河附近的老林子里，奔三间房去了。第二天，日本人的马队从大道追，矿工们就拉山从小道跑，等马队追到三间房时，矿工们已经跑过了梧桐河，出了日本人的"边境警备区"各奔他乡去了。

1942年冬，乌云县从宁安、海林、绥棱等县迁入开拓民300户1 492人，分两批在福民大岗开荒建村。他们只配给简单的农具，靠锹挖镐刨开出几十垧地，先后建了隆安、惠安、永安、福民四个村。由于惠安、永安水质问题，移民又遭受天灾打击，并且大批人又患"克山病"而死亡，许多开拓民外逃。有的九死一生地逃出日伪国境监视区，回到原籍去另谋生计；有的逃到黑龙江沿江村屯，替老住户做长工维持生计。整个福民大岗的1 492名开拓民，大都走死逃亡；隆安、惠安、永安、福民四个新村消失了两个，只剩下隆安、福民留有几十户人家尚有人烟。日伪当局被迫无奈，不得不允许福民大岗的开拓民放弃惠安、永安村落，到黑龙江边另建茅兰沟、王家店等村落。

第七节　佛山（嘉荫）、乌云县鄂伦春民族的反日斗争

1931年"九一八"事变后，日本帝国主义对我国的东三省地区进行了长达十四年之久的法西斯统治，鄂伦春族人民同东北各族人民一起，与之进行了英勇顽强的斗争。

日伪统治初期，在其特务机关的材料中就写了："鄂伦春族不承认新成立的国家（指伪满洲国），经常出没在铁路沿线，而表现为匪行。"日本帝国主义对鄂伦春族的这一污蔑，正说明鄂伦春族人民对他们的不满和反抗。

各地鄂伦春族人的反日斗争。当时，鄂伦春族猎手不断出没在日本帝国主义者占领的地区，破坏铁路、桥梁，打死日本侵略者，这种反抗斗争比比皆是。

在绰尔河，日本帝国主义者把对不满他们统治的两名鄂伦春族人抓到特务机关处死了。这一镇压事件，激起鄂伦春族人极大的愤怒。有位名叫申肯的鄂伦春族猎人，牢记这笔血债。一年后的一天，终于杀死了两名日本法西斯分子，给被无辜杀害的鄂伦春族人报仇后逃走了。虽然他最后也惨遭杀害，但这种英勇的斗争精神，鼓舞了鄂伦春族群众。

在布特哈旗，有位鄂伦春族佐领名叫自安比先，他对日本指导官稍加反抗，就遭到了杀害。这个日本法西斯分子还不断地打骂虐待鄂伦春族群众，最后有五名鄂伦春族群众枪杀了他以后逃走。

在铁力有位名叫腾波的鄂伦春族猎手，目睹了日本法西斯分子奸淫烧杀的暴行，愤恨之下，打死两名日本法西斯分子，打伤一名。日本人找不到线索，就将该地包括腾波在内的40余名鄂伦春族人全部抓到警务科，对他们用尽各种酷刑，最后直到把这些人全部杀害，也没有人供出腾波来。由此可见，鄂伦春族人民反抗日本法西斯的决心是多么坚定。

当年，打伤日本法西斯分子的事件也不断发生。1944年日本法西斯分子在甘河地区集训鄂伦春族山林队，集训后又把他们当劳工，为其打羊草，只因有几个鄂伦春族人换了个草场，日本法西斯指导官就把这几个人打得鼻青脸肿，还要罚他们多打一个月的羊草。几十名参加集训的鄂伦春族人目睹了这一事件，大家蜂拥而上，将这个日本法西斯分子按倒在地，拳打脚踢，打得他头破血流，狠狠地教训了他一顿。

夏吉布喋血老金沟。许多鄂伦春部落佐领，秘密安排族人给抗日联军作向导、递送情报和运送物资，支援抗日联军。游猎于嘉荫河、乌云河一带的鄂伦春部落，在部落佐领杜宁肯·夏吉布的带领下，与抗联三军赵尚志的队伍秘密联络，同日军进行了长期的斗争。他们搜集日伪情报，千方百计地将猎物、粮食运进深山密营，有力地支援了抗日斗争。一次，夏吉布派人给抗联三军赵尚志军长的密营送去20套棉衣、25袋面粉、10打毛巾和几包火柴。返回的路上，送军需的马驮子被日本特务设的卡子截住。抗联战士立即把这一消息告诉夏吉布，夏吉布准备第二天天亮越境逃往苏联。结果，敌人当天就下了手。天刚黑，把夏吉布抓了去，连续拷打审讯后，深夜扔入了狼狗圈中。

夏吉布牺牲后，嘉荫境内的鄂伦春族人，在继任佐领杜宁肯·秀臣的带领下，继续从事抗日活动，直至抗战胜利。

库尔滨河歼日寇。乌拉嘎镇胜利村老猎手韩来所回忆：1945

年8月10日，游猎在乌云河的鄂伦春部落佐领杜宁肯·秀臣，得知苏军打过江了，从逊克、乌云撤下来100多日本兵和日军家属，准备渡过库尔宾河退往北安。

秀臣把十多个年轻的鄂伦春族猎手，还有几个常打猎的汉族人和满族人召集到一起，商量到库尔宾河的下游二皮河东设卡子等着打这伙日本人。当时，他一方面派人往逊河给莫东生、莫金生送信，一边集合队伍出发。出发后正赶上下大雨，走到二皮河边便追上了准备过河的日本人。赶到时发现二皮河涨水了。日本人被大水隔在河东过不了河，就伐倒原木在河上搭桥，因为水大，往河上放一棵被河水冲走一棵，整整干了一个过午也没搭成桥。日本人都挤在河边上，没有吃的就杀马吃，吃不饱就采山果。这天晚上，日本人就在河边拢上了火，因为怕苏联人发现，拢的不是实火，火苗子都很小。几个鄂伦春族猎手摸到了火堆跟前，因为看不清人都在哪里躲着，当晚就没有打。

第二天早晨8点多钟，日本人过了河，又往孙吴方向走了。杜宁肯·秀臣带十多个鄂伦春族猎手，骑马绕到了日本人面前。当时，日本人的队伍有六个骑马的指导官走在前面，猎手开枪打死了三个。先后打死了十多个日本人，其余的没还枪只顾逃命，都返身奔乌云河方向跑了。

那时，杜宁肯·秀臣已经往乌底河、逊河那边送了信也没去追赶。日本人跑了以后，猎手韩来所从山上下来，来到刚刚打死日本指导官的地方，见地上有几支大枪，还有一些子弹，就是没有找到手枪和指挥刀。韩来所想捞到一把手枪，就跑在最前面。当他正在找手枪和指挥刀时，发现河当中的大石头后面藏着一个受了伤的日本军官，韩来所就跑到河里的大石头边去抓他弄手枪。当时，天已经快黑了，韩来所想抓活的。身后的人大声喊："你不要命啦，他还有手枪、指挥刀！"韩来所才趴在河边的石头后躲起来架枪，没等架好枪，那日本军官趁着天黑跑远了，当晚没有抓住他。

第二天天亮后，韩来所来到库尔宾河边，到了一位鄂伦春族老太太家。老太太说："昨天夜里跑来了一个日本军官，右手腕被子弹打穿了，左手拿着把枪向我要吃的，装了半面袋土豆跑到山里去了。"韩来所一听，好险呀，要不是那个日本军官的右手腕被子弹打穿了，昨晚我的小命就完了！

鄂伦春族在反抗日本侵略者的斗争中，尽管人数少，力量小，但它是全国各族人民反帝斗争的一个组成部分，为这场战争做出了自己的贡献。鄂伦春族以能骑善射驰名于国内外。他们在长期的游猎生活中，锻炼了沉着冷静、坚强勇敢的性格。他们酷爱自由，富于反抗，百年来，对外国侵略者的侵略，进行了英勇顽强的斗争，对缔造我们伟大祖国，保卫边疆，做出了重要贡献。

第三章 抗联三军、六军在伊春北部的战斗与三次北征佛山（嘉荫）、乌云

　　1931年"九一八"事变至1945年"八一五"光复的14年间，中国共产党领导抗联三军、六军，相继挺进佛山（嘉荫）、乌云，在嘉荫河、汤旺河、乌拉嘎河、乌云河、翁泉河山林中设立密营。著名抗日将领赵尚志、李兆麟、冯仲云、高禹民、戴鸿宾、祁致中、张瑞麟、景永安、王玉生、于保合、刘凤阳、陈雷等率领抗联战士，三次北征佛山（嘉荫）、乌云，在中国共产党领导下，开辟了广阔的游击区。佛山（嘉荫）、乌云县于1938年后，成为东北抗日联军活动的主要战场和游击区。佛山县人民群众和金矿矿工，直接参加抗日联军或为抗日联军当向导、搜集情报、供给给养，曾以很大人力、物力支援抗日联军，为取得抗日战争胜利流血牺牲。

　　地处小兴安岭丛山竣岭中的佛山（嘉荫）、乌云，毗邻中苏边境，边境线长249.5公里，沿江人烟稀少，日伪兵力不足，存在防御空隙，佛山（嘉荫）、乌云大地成为抗联三、六军的游击区。抗日战争年代，抗联三军、六军转战佛山（嘉荫）、乌云，沿黑龙江支流乌云河、结烈河、西米干

河、葛贡河、乌拉嘎河，开辟了佛山—萨吉博沃、通河镇—加里宁诺、马连站—拉宾、结烈河口—卡萨特金诺、旧城—音诺肯基耶夫卡五条国际通道。抗联将士依托白山黑水，在佛山大地御侮杀敌。历经破击太平沟、奔袭火烧营、打开老沟、光复佛山（嘉荫）县城、攻占乌拉嘎（北沟）金矿、二打马连站、攻占嘉荫河金矿、袭取金满沟、苦战老沟、血战乌云河等数十次战斗。打死、打伤、俘虏和瓦解日本军警、汉奸特务和稽查等1 000余人，打掉和瓦解日伪政权20余个。

在抗击日寇的斗争中，无数的中华儿女牺牲在嘉荫（佛山）、乌云大地。北满抗联总司令、抗联三军军长赵尚志，抗联十一军军长祁致中、中共下江特委书记高禹民、北满抗联司令部中队长刘凤阳、抗联三路军九支队二十五大队大队长孙国栋、抗联三军九师七十五团团长宋喜斌、抗联六军一师留守团团长白福厚、抗联三军九师七十四团团长宫庆祥等前仆后继、流血牺牲，为抗日战争的胜利，流尽鲜血直至献出宝贵的生命。他们用自己的血肉之躯，把几经战火洗礼的嘉荫（佛山）、乌云大地雕塑得庄严、凝重，也把一代中华儿女坚贞不屈、慷慨赴义的无畏无私展现给我们。

第一节 奇袭老钱柜

——为抗联北征嘉荫与打通国际通道创造条件的经典战斗

"奇袭老钱柜"是东北抗联，创建汤旺河谷抗日游击区，为北征嘉荫与打通国际通道创造条件的经典战斗。

1935年汤原抗日总队已有很大发展，下辖五个中队，约有

700人，活动在汤原、萝北、绥滨、通河、桦川、依兰、富锦等县的广大区域。1935年末，抗联第三军军长赵尚志率部队来到汤原与汤原游击总队并肩战斗。1936年1月中旬，汤原游击总队改编为东北抗日联军第六军，夏云杰任军长，李兆麟任代理政治部主任。茫茫小兴安岭的冬季，雪深林密。1936年3月19日（农历二月二十六）在雪后放晴、红日西斜的下午，由第六军军部20余名队员组成的奇袭小分队，在六军代理政治部主任李兆麟指挥下，从浩良河出发，向西北方向的老钱柜疾进。

老钱柜是伐木场把头为工人开支、放粮的地方，位于小兴安岭腹地汤旺河中游（今上甘岭林业有限责任公司施业区内。当时，这里属汤原县管辖）。日本侵略者侵占汤原后，为掠夺木材，加紧推行"以华治华，以战养战"的方针，在这里建立了伪汤原县山林警察大队。这支武装的前身是负责维持小兴安岭地区治安的"炮手队"。该队队长于祯（别名于四炮）曾与汤原游击队相约，建立和睦关系。自日本森山指导官等7名指挥员来了后，这支武装完全由日本人控制，在森山直接操纵之下，盘踞在老钱柜，并派出兵力，在糖梨川、岔巴气（今南岔县威岭附近）、南岔驻守设卡，对我抗联根据地构成极大的威胁。在这种情况下，上级指示：要打下老钱柜。这一仗如打得好，不仅可以有效地阻止日本人掠伐木材，保护国家的森林资源，而且还可以有力地打击日伪军的嚣张气焰，振奋我抗日军民的革命斗志，进而建立起稳固的后方基地。伪汤原森林警察队有一百余人，又有森山指导官等7名指挥员。而我六军的主力部队已被军长夏云杰带领打鹤岗去了，军部只有20余名负责警卫的战士。论人力是敌众我寡，相差悬殊。同时，敌人武器精良，弹药充足，而我们的武器很差，有的是套筒子、火药枪，甚至还有扛扎枪的。论装备敌强我弱，也是相差悬殊。加之敌人筑有营盘，以逸待劳，而我军要长途奔驰400公里，攻关夺隘……怎能完成上级交给的战斗任务呢？

此次行动艰险重重，第六军代政治部主任李兆麟和第四团团长戴鸿宾商量决定，调汤原县洼区区委书记李凤林领导的游击连80余人参加战斗。

一个临时指挥部建立了起来，李兆麟为指挥，戴鸿宾为副指挥，并针对敌人的弱点，制订了一个巧妙的战斗方案，经上级批准，很快付诸实行。

疾步行军的队伍无暇欣赏雪原上落日的余晖，天色渐渐黑下来的时候，部队来到了伪山林警察大队的第一道卡子——岔巴气。放眼望去，只见汤旺河西岸有一座木刻楞的小房子。透过窗外，见有两个伪森林警察，正在有滋有味地品尝老白干。战士们踢开房门冲了进去，几支黑洞洞的枪口同时顶在了两个伪警察的胸膛上。这两个喝得云山雾罩的醉鬼，吓得魂不附体，在枪口前哆嗦成一团。一名战士掂了掂手中的枪厉声问道：

"北岸有多少人？"

"有四……四十多人。"一个伪警察战战兢兢地答道。

"头头都是谁？"

"有中队长黄毛，队副丁山、张保安。"

"有几个岗哨？"

"就有一个岗哨。"

此刻，站在战士身后的洼区区委书记李凤林见敌情已明，便按照预定的作战方案，领着队伍，押着伪警察，以迅雷不及掩耳之势，向河东北的大院套扑去。

天太黑了，西北风刮得呜呜响。恶劣的天气虽给行军带来了很大困难，但也帮了大忙。风声掩盖了战士的脚步声。李凤林顺利解决了哨兵之后，带着20余人隐秘地进了西院，封锁了所有的门窗。李兆麟带着20余人闯入东院，向头目住的房子冲去。屋里的黄毛、丁山、张保安一点没有察觉，他们正躺在炕上抽大烟。冷丁一声霹雳似的喊叫"不许动，缴枪不杀"，把他们震得一惊。但这些人毕竟是闯过世面、见过阵势的头目，是不会轻易束手就擒的。只见黄毛一伸手，抓起烟灯就扔了过来，趁势翻身去摘挂在墙上的匣枪。早把情况看在眼里的李兆麟甩手一枪，把飞过来的烟灯打在地上。用枪指着他们大声喊道："不许动，你们的枪要拿出来打日本鬼子。"接着，战士们又从窗外捅进来一排枪口。几个家伙见状只好狼狈地举起了手。部队很快缴了伪警察的枪械。至此，奇袭老钱柜的第一步——拔掉岔巴气哨卡的战斗任务胜利完成了。

打下岔巴气之后，指战员们由于长途行军和激烈战斗，疲劳又饥饿，部队本应稍稍休整一下。然而，为了不给敌人缓冲的机会，按照李兆麟的命令，又立即投入到下次战斗的紧张准备中。

李兆麟亲自做了几个伪军头目的工作，向他们宣传抗日斗争必胜的道理，启发他们以民族利益为重，调转枪口，反满抗日。戴鸿宾团长组织战士和伪军调换着装。李凤林在套户中间做工作。他诚挚亲切、平易近人，以朴实的抗日救国的道理赢得了套户们的信任，一下子就领回来十多张四马大爬犁。

李兆麟见老乡们赶着马爬犁来支援部队，十分高兴，热情地和大家打着招呼："麻烦大家辛苦一趟了。"

"打鬼子没说的。"

"打下老钱柜，不缴人头费。"人们七嘴八舌地回答着，一时间呈现出一派军民团结的气氛。

战士们换上了伪警察服装，押着黄毛、丁山、张保安，分别上了马爬犁。李兆麟一声令下，人称"雪上飞"的马爬犁，便向着下一个战斗目标——南岔进发了。

夜半，一轮清冷的下弦月映照着雪野。十余张马爬犁，一张紧跟一张，沿着冰雪覆盖的汤旺河，风驰电掣般地向前疾进。突然，一个小战士用手指着前边疑惑地问道："那是什么东西？"人们顺着他指的方向望去，果然看到前方一段开阔的河床里，有一团黑东西向这边滚动。很快大家辨认出它的形状，这也是一张马爬犁。

"咦！深更半夜的，哪来的马爬犁呢？"有人在嘀咕着。

"怎么对付他？"有人在请示。

李兆麟又向前仔细观看一番，看见只是一张马爬犁，便果断地命令道："不许开枪，迎着闯过去！"赶爬犁的老板一听，一挥长鞭，爬犁箭一般地向前奔去，转眼就和迎面跑来的爬犁相会在一起。戴鸿宾团长一挺身下了爬犁，后面紧紧跟上几个战士。这时候迎面来的爬犁也停了下来，爬犁上只有一个人。

"你是干什么的？"戴团长声音温和地问道。

"我，我是……"来人见过来几个带枪的，一时摸不清来历，没敢说出身份。戴鸿宾团长走到近前，仔细打量来人，立刻认出了他："这不是陈永山的小子吗？你怎么跑到这来了？"原来来人是戴鸿宾团长的一个老乡。

"我，我……"这个人早就知道戴鸿宾参加了抗日队伍，并且当了官。因此，心里就打起鼓来。戴鸿宾见他吞吞吐吐的样子，知道必有来头，便赶忙说："别怕，我们是打鬼子的，只要你说老实话，是不会难为你的。"

"我，我是五炮派出来的哨兵。他领着六个人坐一张马爬犁，正在后边巡查呢！说不定一会你们就得碰头。"

五炮名叫宋喜斌，是于四炮的拜把子兄弟老五，猎民出身，枪法很准。他在于四炮的面前很有威信，被委任为岔巴气、南岔外转哨卡的总负责人，实质上是伪山林警察大队的副大队长。

根据这个人的交代，李兆麟、戴鸿宾、李凤林等人立刻碰头商量，一个应急的战斗方案很快便形成了。当即决定由李凤林和几名战士，押着黄毛、丁山坐在第一张爬犁上，依计行事。李凤林用枪在黄毛背后顶了一下说："一会要是碰上五炮，你就说是山下送粮的爬犁，能办得到吗？"说着用枪又顶了他一下。

"办得到，办得到！"黄毛赶紧回答。

马爬犁队这回大张旗鼓地赶路，"叭，叭！"清脆的鞭声震得林海响起一阵阵嗡嗡的声音。

一会儿工夫，果然迎面又驶来了一张爬犁，在距离约200米的地方停住了。五炮宋喜斌高声大嗓地喊起来："是什么人？"接着传来扳动枪栓、推弹上膛的声音。

李凤林听了，用枪嘴子捅了黄毛一下，黄毛会意，立即喊道："老五吗？"

黄毛长得又矮又瘦，喊话的声音又尖又细，五炮宋喜斌对他的声音是再熟悉不过了。于是用缓和了许多的口吻继续问道："后面那么多的爬犁是干什么的？"

"是山下送粮食的。"

这时宋喜斌完全相信是自己人了。他把盒子枪插在腰里，部下也都把枪背在肩上，赶着爬犁，大大咧咧地走了过来。这边的爬犁队也继续行进着，两下刚一碰头，战士们刷地一下冲了上去，大声喊道："不许动，举起手来！"

突然间发生的变故弄得宋喜斌一时摸不着头脑，他机警地立在那里，既没敢动，也没举手。

黄毛见了，赶忙劝说道："老五，我们都缴枪了，你也就服了吧！"

这会儿，宋喜斌完全明白了。他向周围看了一眼，见随来的6个人，都被缴了械，自己也被包围，前后左右尽是对准他的枪口，立刻奔拉了脑袋。对于放下了武器的敌人，抗联是按优待俘虏的政策办事的，不虐待，不侮辱，不搜腰包，这使宋喜斌很受感动。特别是他听了抗日救国的道理，以及中国人不打中国人的团结对外主张，很受教育。当提出让他带领部队，去缴获南岔伪警察的时候，他爽快地答应了。由于他是驻守南岔的伪军头头，很顺利地就把营地缴了械。

　　这一夜，部队一连缴了三处营地，缴到南岔时已是东方大亮了。这里离老钱柜还有250多里的路程，经李兆麟等指挥人员研究决定：部队严密封锁消息，生火做饭，休整一天，次日早3点出发，用最快的速度，在晚上9点之前赶回老钱柜，再打敌人一个措手不及，夺取战斗的胜利。

　　第二天凌晨，天还未放亮，部队的马爬犁队从南岔出发，像离弦的箭一样向北疾驶。晚上8点多钟的时候，部队提前赶到老钱柜。由于有五炮宋喜斌在前边迷惑敌人，没费多大劲就收缴了老钱柜的前哨哨卡和柜房。至此，于四炮的伪山林警察大队只剩下最后一个营垒，在老钱柜后边约5公里的地方，有一座阔气的木刻楞房子，这就是日本森山指导官住的地方，外边有20余人警戒。

　　战士们立刻分路登山，迅速包围了这座房子。这时，机智勇敢的李凤林巧妙地绕过了敌人的哨兵，出其不意地推开房门，突然出现在森山指导官的面前。这个日本军官此刻还躺在炕上抽大烟呢！李凤林一眼看到墙上挂着一支日造手枪，二话没说，飞步上炕，伸手就摘枪。森山指导官一见就急了，忽地蹿起来，拦腰抱住了李凤林，进行垂死挣扎。可这时的李凤林正是二十六七的年岁，身高力不亏，根本没把这个日本人放在眼里。只见他猛地一抡竟把森山从炕上甩了下来，咚的一声摔在烧得通红的火炉上，疼得这家伙像鬼嚎一样地叫唤起来。李凤林厌恶地瞟了他一眼，甩手一枪，送他去见了阎王。

随着这声枪响，四周也枪声四起地打起来了，不一会，顽抗的敌人被击毙，其他的敌人被俘虏，7个日本人毙命后，很快就结束了战斗。

这次战斗，抗联军以两天两夜的时间，奔驰400公里，夺取了5个营地，击毙了7个鬼子，俘虏伪警察100余人，缴获长短枪械100余支，还有1挺机枪和大量的弹药和粮食。

奇袭老钱柜战斗的胜利，使汤旺河谷置于东北抗日联军的控制下，为打通汤旺河谷（经嘉荫）通往苏联的国际通道，创造了条件。

第二节　东北反日联合军政学校与丰林县抗日游击根据地的创立

丰林县坐落伊春北部中心地带，是国家几个为数不多的针叶原始林区之一，在针叶树种中又以红松居多，所以素有"红松故乡"之美誉。在抗日战争时期，丰林县是著名猎区。为打击日寇，抗日联军在这片茂密的原始森林里，依据原有的"碓营"为基础，创建了许多处密营，不断与敌周旋，坚持了长期的抗日战争，留下了许多英雄壮举。

1933年，汤原游击队就到红卫老道口幺营和现在的丰林林业有限责任公司永丰、丽丰、平山经营所四个沟系的碓营，向猎户收取皮张和种植大烟税。

1934年至1936年汤原游击队和后来的抗联第六军司令部警卫员张文东、勤务员李青山，沿汤旺河连续三次到过林业县各"碓营"收税，吃住都在碓营里。

1936年3月李兆麟奇袭老钱柜，消灭了汤旺河谷的日伪势力，把缴获的一百多支枪，三十多万发子弹，一百多磅大烟土，好几千袋粮食和一些其他物资大部分运往丰林县。丰林县五营镇附近的抗联密营成了抗联的临时仓库。

智取"老钱柜"战斗胜利后，部队在双子河南山北麓山脚下的老泉眼设立密营，成立了抗日联军三军、六军驻汤旺河办事处双子河分处，任命黄友为主任，并在这里建立了"东北反日联合政治军事学校"，培训北满抗日联军连职以上干部，提高抗联干部的素质和部队战斗力。赵尚志任校长，李兆麟任教务长，赵尚志没有到职，军政干校一直由李兆麟负责，于是"老泉眼"就成了这所军政学校标志性象征。

军政学校先入学的学员，在黄友主任的带领下自力更生，艰苦创业，建起了三栋东北常见的木刻楞房舍。上有原始大红松遮天蔽日，下有一人高的荒草为屏障，隐蔽在天然绿色之中，五十米开外看不见房屋，日军的侦察机毫无用处，日军的搜索部队在茫茫的林海上展开拉网式搜索也毫无效果。

房舍低矮昏暗，桦木小杆搭的大铺，苫房草铺的草褥子。教学条件更是简陋，白桦树皮订成的小本子，黑木炭当笔，白茬木板当黑板。然而，教材却是正规的，如《联共布党史》《政治经济学》及苏军步兵学校军事教材。据史料记载：政治主任教官候启刚，军事教官牛耕野，常识教官冯治纲，军校秘书兼教官张文廉等不少教师都是出国留学归来的党内高级知识分子。抗联三、六军连级以上军政干部一百多人在这里得到了难得的军政素质培训。

政治军事学校一共办了三期，在"老泉眼"密营办了一期，另两期办在伊春市区北山等地。经过培训的这些干部毕业后分配到三军、六军各部，身经百战，不屈不挠，成为部队的政治军事骨干，为抗联部队战斗力的提升提供了强有力的保证。新中国成立后第一批授衔的少将中有数人毕业于这所军政学校。著名的抗联将领王明贵就是其中的一员，他是四野序列中有名的勇将，新中国成立后曾任黑龙江省军区副司令员，1955年被中央军委授予少将军衔。这所军政学校也走出了许多优秀的领导干部，原黑龙江省省长陈雷，省政协副主席李敏都曾是这所学校的学员。

在艰苦的抗日战争年代，抗联将士和友好群众结下了鱼水之情。当时居住在友好、双子河一带深山里的猎民，常常给三军、六军送粮、送信件，掩护伤病员。一次日伪军"讨伐"时，猎民们帮助抗联部队将兵工厂的机器以及被服厂的被服转移到安全地带。由于转移得及时才免遭了敌人的破坏，保存了三军、六军仅有的后方设施、给养等。同时，当地的猎民们也得到了抗联部队的保护。当时由于三军、六军在这一带活动，猎民们即使有伪政府的狩猎证明，也常常受到日伪军的怀疑而遭到关押，甚至残遭杀害。猎民们打下的皮张往外卖就更加困难了，抗联部队经常护送猎民们出山做些买卖。

1936年秋，日军纠结伪军开始了"大讨伐"，妄图对我抗联将士聚而歼之。抗联三军司令赵尚志于11月间，在"老钱柜"岭西集中混编成一支500多骑兵的队伍，开始西征。抗联西征队伍离开这里后，日寇便开始对这里进行了血腥镇压。1941年春，敌特在汤原伪县公署借召开狩猎人员会议之名，逮捕了许多猎人，其中有的被杀害，有的被监禁，只有少数人被"联保"用钱赎回。

1937年2月，抗联三军留守一团二连，在团长崔春秀的率领下，到五营各"碓营"收税，虽然数额不详，但"碓营"的数量多、存在时间长，因此以存储物资、纳税和提供各种便利条件的方式支援了抗联，为抗日做出了重要贡献。同时抗联为了能够保护自己打击敌人，在五营各"碓营"的基础上又扩大和建造了多处密营，五营河小屯就发现过抗联密营遗址，还发现过为国捐躯的抗联战士的墓碑。（除五个"碓营"外还有许多，如老猎户彭光武自己设的"碓营"一样，不在五个"碓营"之内）。老猎户彭光武说：这里是抗联定点的营子，他们经常到这里住宿。

1937年春天，抗联留守一团干部于保合、王玉生率部袭击嘉荫河金矿，缴获了数百袋面粉和一些物资，他们动员了20多名倒背工人和鄂伦春族猎民，将这些物资背进深山五营的仓库附近，再由抗联战士们转运回仓库。

日本侵略者知道这里抗日活动频繁，于1937年初冬，派重兵把"碓营"烧毁，但抗日活动从未停止，依然继续。1980年，在伊春市原市委书记王斐同志的邀请下，陈雷、李敏、王明贵等21名抗联老战士回访抗联路，在五营找到了存储物资的遗址，位于现在的丽丰经营所111林班内。

五营镇是抗联红色交通线。汤旺河自该镇东北向西南穿过39.5公里的河段，便是抗联北征佛山、南征铁力、西征绥（棱）海（伦）、东去苏联经过的安全通道。

1937年至1944年间，东北抗联进入了十分艰苦的岁月，北满抗联总司令赵尚志、三路军政委李兆麟、三路军总指挥金策和冯治纲、王钧、陈雷、于保合、张瑞麟等抗联将领，曾先后九次途经五营镇开展抗日游击斗争。

1937年2月，于保合率三军留守团一连袭击佛山，4月回师老白山；1938年8月冯治纲、陈雷、王钧率抗联六军一师六团、二师教导队和两个团部分部队西征；陈雷还于1938年留下著名的《过五营》的诗篇："月明风清过五营，湍溪声里步履轻。期待他年胜利日，难忘今宵满天星。回首一路关山远，放眼前程大道通。征蹄不住黄鬃马，旗开千里指西征。"

1939年7月赵尚志率戴鸿滨、陈雷、于保合等100余人从苏联回国去老白山，同年12月率小部队去苏联参加参第一次伯力会议，这两次行动来回都在五营小屯那里停留过。1941年10月中旬，赵尚志率领姜立新、张凤歧、赵海涛、韩有从苏联回国又在五营丽丰趟子房中休整，决心重振旗鼓，发展抗日武装，利用小兴安岭的深山密林和汤旺河水域的有利地势开展抗日斗争。1943年12月，金策、张瑞麟率小部队去苏联参加学习整训；1944年5月张瑞麟率小部队从苏联去友好鸡爪河、绥棱寻找于天放及其小分队；6月下旬奉命返回苏联学习整训，这几次行动都是从这里经过的。

第三节 第一次北征嘉荫，抗联三军五师光复佛山（嘉荫）县城

赵尚志率抗联三军主力第二次西征后，留守部队第一、五师一部分也分头出击牵制敌人兵力。1936年10月，抗联三军五师师长景永安率领指战员100余人北征嘉荫。在佛山县南部山区的乌拉嘎金矿和宝南镇（现保兴镇）辖区内的二道关门嘴子一带开展游击活动。1936年11月，五师师长景永安率100余名步骑兵袭击了老沟（在嘉荫河中游北岸，距现乌拉嘎镇政府驻地团结沟35公里）和火烧营金厂（在嘉荫河南的萝北县境内），缴获了黄金、粮食、枪械等物资，补充了兵员，解决了部队的冬装和给养。经过了三天休整，他们继续北上，准备攻打佛山（嘉荫）县城。

当时佛山（嘉荫）县城是伪国境线上的重镇，镇内除伪县公署和警务局外，还驻有"国境监视队"（伪骑兵二十七团三连一排桥本中尉以下35名），日系参事官以下军警5人，伪警务局局

长以下警察27名，每人有步枪一支，机枪一挺，猎枪40支，手枪3支。

11月29日，景永安师长和奉命去苏联向中共驻共产国际代表团汇报"珠、汤联席会议"情况，以及决定成立北满临时省委的情况。朱新阳（北满临时省委青年部长）率部从老沟出发，由稻田村（现嘉荫县红光乡境内，隶属嘉荫农场）农民陈秉一当向导，昼夜行军到达落马湖。落马湖（现保兴乡东湖村）位于县城正南，距县城80华里。此时，在附近的"碓趟子"遇到了佛山村（现朝阳镇）打皮子的农民刘玉策、徐建富和张国安，他们介绍了佛山县城内敌军的近况。随后刘玉策、徐建富作为新的向导，队伍趁夜色又急行军50华里，抵达距县城10公里左右的范家耳营子（现红光乡星火村东）。这时天已经大亮，于是部队隐蔽休息。

12月1日下午4时许部队到达西南沟口（现红光乡红旗三桥处），景永安师长做了战斗部署，他指挥80人攻打"国境监视队"，朱新阳率28人攻打伪警务署和县公署。行动时，城内灯火大都熄灭，抗联队伍悄悄摸进并夺取了南门，顺利进入城内，首先割断了电话线，然后分别包围了伪警务署和"国境监视队"。伪县公署和伪警务署同住一个大院，位于镇东南，"国境监视队"在镇东北角江岸边，两处相距500多米。当朱新阳率部翻墙进大院时，屋里的伪警察没来得及抵抗就被活捉或被击毙，伪警务署署长宋作霖自知陷于绝境，下令交枪投降。伪县长夏虞卿及15名属僚被活捉，1名被击毙，只有日本参事官吉村胜露生逃走。

攻打伪警务署的战斗结束后，"国境监视队"的敌人仍在顽抗，朱新阳率队迅速与主力合兵一处，并命令伪县长夏虞卿、伪农会会长苏子洲喊话劝降。但日军的桥本队长仍逼着日伪军抵抗，抗联部队加大了攻击力度，战斗一直打到后半夜。在吕殿柱等爱国群众的引导下，抗联部队从敌人后方潜入"国境监视队"院落，打死了桥本中尉；伪排长田某带了几个心腹逃跑，其余伪军放下了武器投降。翌日早晨，部队打扫战场时，发现吉村胜露生只身穿一件棉大衣冻死在城外的麦秸堆里，武士岚指导官烧死在放置电台的天棚上。这场战斗，共打死日军9人，伪军3人，伪官吏1人，击伤8人，俘虏40余人，缴获电台一部，国境军用地图一份，步枪50支，子弹1 150粒，手枪3支，子弹35粒，猎枪40支，公用被489件，警刀41把，马93匹，关东卷7万元，烧毁了伪县公署、伪警察署、义仓、参事官宿舍；砸开监狱释放了8名"嫌疑犯"。

12月2日，抗联部队受到群众热烈欢迎。景永安师长在江边的群众大会上，宣传了党的政策和抗日救国的道理，并当场对俘虏进行了教育，伪军每人发给5元伪币作为路费释放回家。会后，处决了日本翻译王万良和参事官吉村胜露生的妻子小林栗子。

12月4日（农历十月十八）清晨，抗联战士在街头巷尾张贴标语、散发传单，走家串户讲述抗日救国的道理，群众有的给抗日联军送粮送饭，有的锄草喂马，妇女为战士缝补棉衣和子弹袋。青壮年组成担架队，将在战斗中负伤的5名战士送到范家耳营子（现红光乡星火村），医生关玉安不顾个人安危到山里为伤员治疗。

12月5日，朱新阳带翻译陈品一、警卫员郑丙甲等三人从佛山过江去苏联，向中共驻共产国际代表团汇报。景永安师长率部撤出县城向西南进发，寻机打击敌人。此次攻打佛山县城战斗的胜利，极大地鼓舞了抗日军民的士气，不仅有力地声援了抗联三军西征部队，完成了护送北满省委代表赴苏汇报工作的任务，也震憾了伪黑河省和伪满洲国新京（长春）。伪黑河省警备司令部从逃脱的伪排长田某口中得知佛山失守的消息异常震惊，立即组成了以混成十五旅步骑兵为主，有黑河满洲宪兵第三连参加的联合"讨伐队"500多人，由黑河警备司令部参谋长郎俊哲中校任队长，乘一百张马爬犁沿江道向佛山县城赶来。

12月5日5时，日本一架侦察机在佛山上空盘旋侦察，转了两圈投下4枚炸弹，向黑河方向飞去。午后，"讨伐队"到佛山，由原"国境监视队"排长田某带领向范家耳营子追击，在西南沟口遭到抗日联军的伏击，伪军排长田某当即被击毙。日伪军随后退回佛山县城，逮捕了一些无辜居民，将在山里劳动的群众全部赶下山来。

撤离佛山（嘉荫）后，景永安师长率部继续北征，进入逊克县境内。

抗联三军五师在撤离佛山的行军途中，有两个小战士夜间在黑龙江江面上的行军中，不幸掉在捕鱼人打的冰窟窿里，鞋和棉裤都湿透了，鞋都冻得结成了冰块。他俩怕影响行军速度，忍着疼痛艰难地行走着。过了常家屯（现常胜乡常家村），走了不远，两人的脚都失去了知觉，不能继续走路了。师长景永安决定将他们安置在老乡家里，待冻伤治愈后再按约定地点去找部队。不料，由于我军不明情况，误将两个小战士安排在日本特务袁明家里。

袁明外号叫"袁混蛋"，第二天他就向乌云县伪警察署报告了抗联战士在他家落脚的事，两人随即被捕入狱。敌黑河伪警备司令部联合"讨伐队"奔袭千里，未获战果。乌云县伪警察署捕获两名抗联战士如获至宝。当他们看到抗联战士原来是两个未脱稚气的孩子，便暗暗自喜，以为只要一动刑，就能得知抗日联军的行踪。哪知两个小战士在革命战争的烽火里已百炼成钢，敌人用了各种惨无人道的刑具，严刑拷打了一天一夜，一无所获。敌人看"硬"的不行，就改用"软"的，由日本参事官增田虎正郎和伪县长赵畏亲自出面审问。审讯室被布置得清新优雅，留声机播放着悠扬的乐曲。当两个小英雄走进审讯室的时候，赵畏假惺惺地说："你们两个小孩子在父母身边安安乐乐过日子多好，抗什么日呢？大日本皇军帮助我们中国建设'王道乐土'……"他的话还没有说完，一个小战士抢着说："我们有父母，是中国人，请问赵县长你也有父母吗？你的父母是中国人还是日本人？"另一个战士接着说："当汉奸没有好下场，我们在佛山把大汉奸王万良绑在电线杆上勒死了。"日本参事官增田虎正郎看赵畏被两个小抗联战士驳得张口结舌，便出来打圆场说："我知道你们是被逼着干的，只要你们说出不是自愿参加的就好。"这时，两个小英雄满腔怒火地立即质问："你们日本人到中国来烧杀抢掳，杀了我们多少父母兄弟，我们抗日没什么不自愿。"敌人看两个小抗联战士软硬不吃，立即露出了凶残本相，决定判处他们死刑。

行刑那天，两个小英雄站在爬犁上，时而高唱抗日救亡歌曲，时而向乡亲们致意，走到"恒昌号"商店门前，要了酒和红布，高喊"再有十六七年又长这么大，还要打鬼子，除汉奸！"人们怀着崇敬和悲痛的心情，目送他们走上刑场。随着罪恶的枪声，英雄的热血洒在了北疆的土地上。

1936年12月，抗联三军五师离开佛山县城后，先向西南撤退，摆脱敌人后突然北上，经乌云、常胜，去开辟新的战场。部队经现在朝阳镇的尚志村、红光乡的太平村、燎原村，嘉荫农场稻田村，经向阳乡的黄鱼卧子村、雪水温村、乌云镇旧城村、乌云村、腰屯村、灯罩村、小河沿村，常胜乡的常家村、临江村、勤俭村、桦树林子村、通河镇村，转入逊克县境内，决定袭击驻松树沟村的日伪军警据点。

当时，据点内有日军守备队1个小队，伪军1个排，以及松树沟伪警察署署长戴凤鸣带领的7名伪警察和十几名自卫团员，兵力较空虚。12月的一天深夜，抗联部队八十多人乘虚而入，三面包围了松树沟伪警察署，打掉岗哨，占领了有利地势。枪声一响，日伪军警乱作一团，胡乱还击。这时，已抢占制高点的抗日联军，以手榴弹和重机枪等火力将敌人分割成三部分。一个排的伪军被堵在炮楼里，伪警察和自卫团在戴凤鸣的指挥下退缩到战壕里，只有日军守备队疯狂顽抗。抗日联军在不断缩小包围圈的同时，将位于伪警察署西侧的伪警长阎基烈的住房点燃，熊熊大火照亮了整个战场，把日伪军警兵力部署全部暴露在明处。抗日联军先后击毙了日军的两名机枪射手，不断向敌人逼近。黎明前日军突围，向逊克方向潜逃，拂晓时战斗结束。这一仗，打死日军3名，打伤2名，生俘伪自卫团团长杨福增（后释放），缴获了一批武器装备。遗憾的是，抗联部队一位排长牺牲了。当伪军主力部队赶来增援时，抗联部队已撤离多时。这一次战斗，唤起了逊克民众抗日救亡信念。

抗联部队在逊克县松树沟取得战斗胜利后，返回嘉荫县境内，经常胜乡的圈岗村、平阳河村、乌云镇的奋斗村、宏伟村，沿乌云河河谷向西，经老河口进入乌伊岭区，沿汤旺河南下，返回了老白山密营。

第四节 第二次北征嘉荫，抗联三军留守一团开辟嘉荫河抗日游击区

建立山边营密营 1937年2月，西征中的抗联三军军长赵尚志派交通员，给崔春秀和于保合送来一封信，命令把留守在汤旺河的后方部队和伤病员组织起来，组建留守一团。由崔春秀（朝鲜

族）任团长，于保合任团政治部主任。下辖两个连，王玉生为第一连连长，宋喜斌任第二连连长。有战斗经验能随队的伤病员参加一连。崔团长和二连在汤旺河沟里的后方活动，收皮捐和种地准备给养。于保合主任和王玉生连长率一连去乌云、佛山、萝北三县境内活动，以牵制敌人，配合三军主力远征海伦、北安、龙门一带，开辟新的游击区。

1937年3月，团政治部主任于保合和一连连长王玉生，率领抗联三军留守一团一连指战员四十余人，经乌墨岭（即乌马岭），沿汤旺河北上到达结烈河河谷，在现在青山乡大碴子村西结烈河的支流翁泉河边的险峰屯附近，建立了山边营密营。

一打马连站 1937年3月，抗联三军政治部主任于保合和、一连连长王玉生，率领留守一团一连指战员四十余人，奔袭黑龙江边上的水运交通站——马连站（现保兴镇马连村）。队伍在马连站停留一天一夜。经群众揭发，捉住了两个汉奸。一个是伪警察署的文书，在他公文包里搜出堵截、通缉抗日联军的文告，抗联战士在他身上绑上石头，将他沉入黑龙江底；另一个是伪警察署密探，曾多次刺探抗联军事情报，邀功请赏，也被当众处决。部队在马连站住了一宿后，第二天清晨便向嘉荫河金厂挺进。

袭击嘉荫河金厂 到嘉荫河边，天还没黑，队伍停下来休息、吃饭。嘉荫河是一条古老的山涧河流，河水清彻，水深二三尺，可以涉渡。夜晚，全体指战员挽起裤腿趟过河，过了河就接近金厂了。连长王玉生集合部队，把全连四十多人分为两个组，选拔精干的青年战士30人，由他带队在深夜12点跳墙进院，另一组由于保合带队在公路上警戒。王连长的小分队按计划顺利地跳过金厂院墙，打开大门，冲到院里。这时，敌人已经入睡，当他们睁开眼时已经做了俘虏。这一仗缴获手枪、步枪数只，毛金（沙金）30斤，数百袋面粉，还有许多文件。于保合动员二十多名工人（其中，有10名鄂伦春族猎户），将面粉背进山林，送往团长崔春秀驻守的五营密营仓库。吃完早饭，放火烧了金厂仓库，这时金满沟的敌人沿公路过来了，部队迅速过河转入山里。阻击部队和敌人隔河对射一阵，敌人就撤走了。

运送面粉的王玉生连长率几名抗联战士和工人们，在一名鄂伦春族向导的引领下，把一百多袋面粉放在鄂伦春族猎户的马驮子上，牵着马沿嘉荫河朝西行军，越过嘉荫河河源嘉荫山，进入现在的丰林林业局施业区。接近五营秘密仓库时，王连长把十只支猎枪还给鄂伦春族猎户，代表部队讲了共产党的民族政策，号召各族人民团结起来打日本。送粮的工人和鄂伦春族猎户返回后，王连长找到留守团崔春秀团长，由留守部队把面粉运往了秘密仓库。

五营区区长麻昌杰一行，2017年访问抗联老战士、原省政协副主席李敏时，她回忆五营是东北抗联三、六军第五处秘密营地，故称"五营"。并亲笔题词："五营是东北抗联三、六军第五密营地。"

李敏回忆：对五营记忆比较深的就是秘密仓库，抗联打胜仗所缴获的武器弹药、粮食物资都运到五营秘密仓库储藏起来。后来，日军派重兵把秘密仓库炸毁烧掉了。前些年我们应邀到小兴安岭重走抗联路，许多地方都记不太清了，但是，真找到了五营秘密仓库当时的位置。

我们（指抗联六军）进驻小兴安岭后，建立了许多秘密营地，五营是其中一处。我和陈雷都在那里活动过一段时间，留下过许多难以忘却的记忆。五营的猎户不仅帮助抗联带路送信、救治伤员、储存物资，还帮助抗联打击敌人，消灭过小股敌人（日军测量队）。抗日斗争中，五营是做过许多贡献的，你们要深入挖掘一下，有许多工作都有五营的功劳，且功不可没，这一点不容置疑。

嘉荫河金矿战斗胜利之后，部队由于保合带领经现保兴乡三合村、兴农村、互助村，沿西北岔河、上马乞河西行，翻过上马乞河顶，回到青山乡大砬子村西翁泉河边险峰屯附近的山边营密营。部队在山里休整了10余天，同时派人去侦察金满沟金矿（在嘉荫河南的萝北县境内）敌人驻军情况。他们回来报告说，伪军已撤走，矿区有伪警察10人左右，有鄂伦春族猎人十几名配合守矿，敌人20余名。伪警察住在土围子里的3个炮楼内。于是，决定王连长的运粮小部队返回后，轻装袭击金满沟金矿。

袭击金满沟金矿　1937年4月初，抗联三军留守一团政治部主任于保合和一连连长王玉生，率指战员30余人袭击了金满沟金矿。当时，金满沟金矿的土围墙高一丈多，三个炮楼分布在东、西、南，其中东、西两个炮楼控制北大门，估计敌主力就在东西两个炮楼内。按照预订作战方案，一个小组正面对敌作战，牵制敌人火力和注意力，两个小组分别从西、东方面跳墙进攻。战士巧妙地跳进院内，打开北大门，东西两炮楼内的敌人在前后夹击的态势下弃守逃跑，都龟缩在南炮楼里负隅顽抗。战斗进行半个多小时，我军占领了敌人的仓库。打死一个隐蔽在内的敌人，缴获一只俄式步枪，一瓶沙金，数百袋面粉。王连长命令战士拿走沙金，每人背一袋面粉，撤出战斗。同时，将剩下的面粉浇上煤油，连仓库一起烧掉。这一仗，打死敌人数名，抗联战士牺牲一名。

二打马连站　马连站被三军留守一团一连袭击后，因是沿江重地，又是水上交通必经之地，敌人决定重建伪警察小队。5月，于保合率部二打马连站。活捉了正在组建伪警察小队的黄警长、张连祥、牛兰波，并当众处决。同时召开了群众大会，再次宣传了抗日救国的道理。当抗联队伍即将离开马连站时，林兴桥、刘兴坤、王志山三人参加了抗日联军。

老沟战斗 嘉荫河金厂和金满沟战斗的胜利，鼓舞了士气，也滋长了轻敌思想。1937年4月，在情况不确实的情况下，指挥员轻易地决定打老沟金矿（嘉荫河中游南岸，距现乌拉嘎镇政府驻地35公里）。原来了解老沟只有十几名伪警察，部署和金满沟差不多。恰巧进攻那天敌情有了变化，白天开进100多日伪军。王连长仍按原计划分两组包围敌人，当晚大雾弥漫，伸手不见五指，李排长领十人由西面向东墙根活动，准备跳墙进入院中。于保合和王玉生带队从正面进攻南大门，当进至距南大门20多米时，敌人突然排枪射击，王连长脚跟中弹，强攻不能，便撤出战斗转移。除王连长脚跟负伤，需要用担架抬着走外，伍班长腿肚子也被打个眼，只好被搀扶着行军。深夜，有伤员和担架，艰难地行走了4个小时才走出十余里。这时候天已经放亮了，部队在乌拉嘎金丰村南沟屯的半山坡上休息，准备做早饭。没料到敌人追上来了，从山上包抄下来，当岗哨鸣枪报警时已经晚了，只好仓猝应战，边打边撤。在密集的枪声中，王玉生连长和腿部负伤的伍班长在战斗中相继牺牲，抬担架的李排长为了保护伤员也献出了生命。

摆脱敌人的追击以后，于保合逐渐集合起被敌人打散的一排战士，撤退到预定地点山边营（现青山乡大碰子村一带），与一连二排汇合。在山边营休整了七八天，由团政治部主任于保合总结了攻打老沟金矿失利的经验教训。不久，接到交通员送来的赵尚志军长的命令，要一团一连去岔巴气（现金山屯区）休整，部队踏上了新的征途。

王玉生连长是抗联三军的重要将领，当东北抗日联军的火种珠河游击队只有11个人的时候，他就和赵尚志在一起战斗，是抗联三军的创始人之一。他身经百战，出生入死，有丰富的战斗经验，曾当过三军五师的师长。改任东北抗日联军政治军事学校教官。他性格豪爽，肝胆照人，是一个天不怕地不怕，特别能战斗的英雄。这次作战，他负伤后仍坚持战斗，为了掩护战友撤退而不畏生死，顽强阻击敌人，最后英勇牺牲。他的牺牲是抗联三军的重要损失。

第五节　第三次北征嘉荫，抗联三军九师苦战嘉荫河

苦战嘉荫河　1937年冬天，快过阳历年的时候，抗联三军九师七十五团团长宋喜斌奉命，到浩良河与宫庆祥团长带领的七十四团和红枪会的部队汇合，共同北上，到梧桐河东北方向的佛山县所辖金矿开辟新区。部队有一挺重机枪、一门迫击炮。重机枪勉强能使，迫击炮就不行了，没人会用。后来，有一个当过伪军的战士说他会用，就让他当了炮手。

那年雪特别大，部队的给养又不足，一路上忍饥受冻，战士背着沉重的武器，历尽千辛万苦，总算到达了目的地二道王八脖子（嘉荫河北岸嘉荫河金厂的一个矿点），也称二道关门嘴子（在嘉荫河下游北岸保兴镇境内）。

攻占二道关门嘴子的第一仗是打都鲁河金矿（萝北县境内），对方兵力只有三十多个矿警，没有日本兵。刚一发起进攻，敌人就向嘉荫河二道关门嘴子方向溃退了。

部队走了两天的路程。傍晚，二道关门嘴子已经在望了。队伍停在它西南方向的一座山上。经过侦察，驻守金矿的一百多名日伪军和三十多名矿警，都集中驻扎在街北的一个土围子里。部队居高临下，那座土围子清晰可见。如果用迫击炮轰它，几下

子就能把它炸个稀巴烂，攻占并不难。于是，架好迫击炮就开战了。哪曾想，那个自称在伪军里当过迫击炮手的战士，一连打了十几炮，没有一颗落在土围子里。原来这个战士在日伪那边只是给迫击炮手扛过炮弹，出了这么个差错不要紧，这十几响空炮，反倒给敌人报了信，只好临时改变计划用步兵往上冲。

抗联战士们以淘金的沙子堆为掩体，很快就攻进街里，消灭了一些矿警。但日军一直以土围子为据点，抵抗得很顽强。战斗一夜，土围子也没拿下来。因为七十四、七十五两个团，再加上一队红枪会，部队总共还不到三百人，天亮以后，为了避免和敌人增援部队遭遇，便决定向东撤出了战斗。

部队在途中攻占了一个小金矿，缴获了三十多斤沙金。刚要继续出发，二道关门嘴子和梧桐河方面的日军和伪军追了上来。于是又与敌人展开激战，牺牲了好几个抗联战士。由于敌众我寡，只好撤退。一直撤到嘉荫河口附近的一道关门嘴子，才把追赶的敌人甩开。刚休息不到一个小时，就发现敌军从三面包围过来，部队只好背水一战。战斗坚持了6个多小时，总算是转移出来，把敌人甩掉了。

建立乌拉嘎河密营　1937年1月初，部队到达乌拉嘎河畔。当时，在乌拉嘎沟里有一百余人的鄂伦春族人的山林队。击退山林队后，七十四团在乌拉嘎沟里建立了密营。部队撤离时，团长宫庆祥因伤未愈，带领部分战士在密营里住下来养伤。

抗联三军九师七十四团团长宫庆祥，绰号"宫四炮"。1936年4月，抗联奇袭老钱柜后，他带领一百余人的队伍接受改编，加入抗联三军九师，任七十四团团长。此次，与七十五团团长宋喜斌率队三次北征嘉荫，从嘉荫河激战中撤出后，与鄂伦春族人的山林队交战时负伤。击退山林队后，他带二十余名战士，在乌拉嘎河流域的山林里建立密林，住下来养伤。因内部叛徒出卖带领日伪军偷袭密营，而不幸牺牲。

　　1938年2月，七十四团一连指导员金延滨等二十余名指战员，寻找六军政治部主任李兆麟部队未果，金延滨带领战士韩永贞等人退入苏联。此时，乌拉嘎沟里仅余七十四团一连连长等七人。1939年1月，下江特委书记高禹民将七十四团余部七人编入了六军一师一团。

第四章　赵尚志率抗联司令部教导队部在嘉荫的战斗

第一节　北满抗联司令部教导队开辟马连－拉宾国际通道

1938年1月，北满省委决定派赵尚志去苏联，与苏联红军洽谈互相配合作战问题，并找中共中央驻共产国际代表，解决省委与党中央建立联系和省委内政治路线分歧问题。但由于种种原因，他在伯力（现俄罗斯哈巴罗夫斯克）被内务部扣押。

1939年5月，诺门罕事件爆发。接着，苏日在蒙古东部边界爆发哈拉哈河战役，日军的两个师团被苏军击溃。战后，远东形势紧张，苏联为建立远东反法西斯统一战线，释放了被关押一年半的赵尚志，并由一位苏联将军出面向赵尚志转达共产国际的决定：任命赵尚志为东北抗日联军总司令，回东北领导抗日斗争。重获自由的赵尚志迫切希望早日返回东北抗日战场，在苏方的帮助下，组织了一支由在苏联的东北抗联人员110余人组成的一个教导队，下设三个中队。

6月下旬，他们乘火车从伯力到比罗比詹，又行军300里，抵达黑龙江边的拉宾站。一路上苏联人民热情慰问回国的抗联指战员。在过江的前一天晚上，全体指战员列队听从莫斯科赶来的苏联中校军官送行讲话，大意是"我代表苏联政府给你们送行，我们苏联政府和人民，支援你们武器装备是为了共同打击日本帝国主义，你们就要回国进行抗日游击战争了，预祝你们取得胜利。你们的总司令赵尚志率领你们回国打游击，你们要坚决服从他的领导，服从他的命令，你们的总司令是富有经验的指挥官，你们要爱护他，保护好他的安全"。赵尚志也发表了热情洋溢的讲话：感谢苏联政府和人民的无私支援。我们要扩大游击队，巩固游击区，以胜利的行动回报苏联政府和人民的支援。接着他宣布了领导干部名单：戴鸿宾任总司令部参谋长兼教导队总队长，祁致中任总司令部副官长，刘凤阳为中队长，于保合为司令部组织科长兼管电台。还建立了党组织，赵尚志任支部书记，李在德任支部副书记，支委有赵尚志、戴鸿宾、李在德、于保合、刘凤阳、韩相根、陈雷（当时列席支委会，后被任命为司令部宣传科科长）。苏方为该部队配备了6挺轻机枪、百余支步枪、6支手枪、3万发子弹、230枚手榴弹和一部无线电台。

6月27日晚，苏军用一艘大船护送。这支赵尚志领导的队伍，从苏联村庄拉宾上船渡过黑龙江，没有遇见敌人，在观音山附近（现保兴乡十里河子村南）的马连村北登陆后，向西疾进。6月28日凌晨，连夜向西南方向急行数十里进入山林中，沿乌拉嘎河上行。28日上午10时，部队到达现在的新青林业局乌拉嘎经营所施业区内。经过土兰子沟小山泊子附近时，遇到了日伪当局刚刚修建的日军警备公路，部队进入密林中隐蔽休息。这时，负责警戒的哨兵发现，从腰站山头的东北方向，出现了一支由十几人组成的驮运物资的伪矿警队伍。这时，赵尚志决定消灭这支伪警察队伍。立即命令部队，隐蔽进入到距离乌拉嘎镇金星社区居民点西约2.5公里的土兰子沟小山泊子后进行伏击。

伪矿警毫无察觉地进入了伏击圈，抗联战士一开枪，伪矿警没敢反抗就当了俘虏。经审问，得知他们是乌拉嘎（北沟）金矿的矿警。从俘虏的口供中得知：乌拉嘎（北沟）金矿敌伪守备力量不强，有四十余敌人。其中，有二十多名矿警，并有一部电台，由两个日本人使用，还有几个日本人是携带武器的采金技术人员。赵尚志立即召开了支委会，研究后决定攻打乌拉嘎（北沟）金矿，并进行了战斗部署。

这场由赵尚志率北满抗联司令部教导队于回国后进行的第一场战斗，揭开了攻占乌拉嘎（北沟）金矿的序幕。

第二节　赵尚志率部奇袭乌拉嘎（北沟）金矿

土篮子沟伏击战胜利之后，从俘虏的口供中得知：向西二十多里的乌拉嘎（北沟）金矿，只有四十余敌人的守备兵力。其中，二十多名矿警守西门；十几个日本人守东门，其中多是携枪的采金技术人员，还有一部电台由两个日本人使用。赵尚志见敌人守备力量不强，立即召开干部会，当机立断地决定攻打乌拉嘎（北沟）金矿并做了战斗部署。

部队经过隐蔽行军，黄昏时翻越东山到达乌拉嘎（北沟）金矿东门。赵尚志命令戴鸿宾率两个中队攻打西门矿警队，祁致中率一个中队攻打东门的日本守备队。戴鸿宾率队绕到西门，首先向矿警队发起进攻，战斗打得很激烈。但祁致中对攻打乌拉嘎（北沟）金矿有一些情绪，迟迟没有打响。赵尚志见祁致中行动迟缓，亲自指挥部队冲了上去，只用十几分钟就解决了战斗。清扫战场时发现矿警队被击毙四五名，其余全部被俘；东门守备队的日籍武装人员全部被消灭。当赵尚志走到金矿大院门口时，一个看仓库的伪矿警拎枪正往外跑，赵尚志大喝一声，矿警被吓得把枪一扔，乖乖地投降了。后来，赵尚志十分风趣地说："我赵尚志还缴了一支枪。"

战斗打响的时候，永林公司的大柜孙成吉正和小老婆在炕上抽大烟，日本采金株式会社的经理吉勇在屋里洗澡，听到枪响孙成吉跳出窗户逃命，吉勇只穿条裤衩钻进了后山。这场战斗，矿里的日本人除吉勇溜掉了以外，其余全部被消灭，还俘虏了伪矿警二十多人，共缴获长短枪四十余支、无线电台一部、一些沙金和2 000多袋面粉。

攻占金矿的第二天，部队召集矿工在孙家大柜的院套里开祝捷大会。陈雷、于保合先后向矿工宣传抗日救国的道理，动员他们参加抗日联军。赵尚志发表了演说，全场鸦雀无声，工人用惊异的眼光盯住这位让敌人闻风丧胆、欲出万元缉拿的英雄。在赵尚志的感召下，当场有二十多名矿工和矿警参加了抗联，队伍扩大到150人。新入伍的战士每人发给一支枪，不入伍的矿警发给路费遣散回家。会上，处决了孙家大柜的总管尹白毛子。会后，赵尚志指挥部队打开仓库，把面粉分给了矿工，每人两袋，家里人口多的可以多拿。

第二天，赵尚志率领队伍，带着缴获的全部武器、电台及面粉，撤离了金矿。为了尽量多背一些面粉，动员了一些矿工帮助背粮；战士们背一支枪的背一袋半至两袋，背双枪和子弹的背一袋。队伍在荒山里经现在的新青林业局北沟林场施业区向西北方向前进，翻过乌拉嘎河与结烈河分水岭至汤旺河林业局施业区。在进入敌人难以追寻的原始森林后，让帮助背粮的矿工把面粉放下，返回乌拉嘎（北沟）金矿。部队转向西南方向，第三天，沿头道新青河（原名白老爷河）走到现在的新青林业局桦林林场施业区内，为了减轻部队行军负担，决定把面粉存放在这里。同时，把缴获的四十多支现在用不着的枪卸下枪栓，也藏在了山林里。于是，部队选了一个又干燥又避风的隐蔽的山凹，把面粉堆在一起，周围用木杆、桦皮、树枝盖上，以防"黑瞎子"祸害。

攻打乌拉嘎（北沟）金矿，是赵尚志率部归国后，取得的第一场胜利，不但扩大了队伍，还较好地解决了给养问题。

第三节　赵尚志率部在汤旺河畔的战斗

1939年7月，赵尚志率部到达现在的丰林县红星镇一带。一天，部队在行军途中，发现了敌人的一支测量队，由日本测量师带队，带领几名伪满测绘人员测量地形图，另有二十多名伪警察负责保护。赵尚志决定派中队长刘凤阳率四五十人，于夜间偷袭测量队营地。夜晚，敌人正在帐篷里睡觉，刘凤阳队伍仅用刺刀便将敌人缴械。接着，部队行走到现五营区境内，又缴获了敌人另一支测量队。这两次成功捕获日本测量队的战斗，十分鼓舞人心。给苏联伯力远东军区发电报报告了胜利的消息后，苏方要求将缴获的日军东北满地图等测绘资料、测量仪器送往苏联。赵尚志按要求派张祥、修森等7人将资料、仪器背送苏联。部队继续沿汤旺河南行，在赵把头碥营（现丰林县五营镇与上甘岭区之间）与敌人遭遇，在毙伤数名敌人后，部队主动撤离。部队走到马把头碥营（现友好区与伊春区之间）停下休整。这时，赵尚志分别派出戴鸿宾率七十余人、刘凤阳率二十余人，分兵前往南岔、绥滨开辟新的游击区。戴鸿宾率队袭击汤旺河7号桥，破坏敌绥佳线铁路施工；刘凤阳东去绥滨开展游击战，扰乱敌人，伺机恢复松花江下游的下江游击区。赵尚志率司令部人员在此等待派出部队的信息。过了一段时间，部队转入现伊美区，沿金沙河上行，经金山屯区的抗联沟抵达老白山密营。在老白山遇到北满省委交通员姜立新。这时，伯力来电称：送去的地图、资料很有价值，并对部队取得的一系列胜利表示祝贺。

这些胜利也引起了敌人的关注，日伪当局派出大股部队入山"讨伐"，使赵尚志带领的这支部队，陷入了极其艰难的苦战之中。此后，赵尚志通过交通员姜立新与北满省委交通站取得联系并通过交通站，将召开北满党、军领导人会议的通知和下达的命令转给北满党、军领导人。之后，赵尚志等待北满党、军领导人前来开会、共商东北抗日大计；同时等待戴鸿宾、刘凤阳和筹集给养的陈森小分队消息。为保证北满党、军领导人和派出人员归来时不扑空，赵尚志率司令部人员冒险坚持；并以老白山为中心，在梧桐河、西南岔河地域，与日伪军搜剿部队和陈绍宾的缴械阴谋斗争。直到1939年底苏方来电告之，北满省委和吉东省委代表联席会议即将在伯力召开，请赵尚志到伯力参加会议。赵尚志率司令部陈雷、于保合、李在德、徐青林、张作兴、赵有财、张祥等二十余人，经嘉荫县境内的观音山南的十里小河河口附近，从马连—拉宾国际通道跨越冰封的黑龙江，过境去苏联。

按照陈雷、于保合、李在德回忆录和我们的寻迹考察，两次缴获敌人测量队战斗，均发生在汤旺河畔。主要依据：一是当时日军正在测绘构筑从伊春沿汤旺河伸向黑龙江边重镇乌云镇（日伪乌云县政府驻地）的警备公路。太平洋战争爆发后，由于战局的日益恶化，日军未能修通这条警备公路，但已完成了部分道影的皆伐（60年代乌伊岭林业局施业区中尚存道影遗迹）。测量队正是为完成这条警备公路的选线设计而进行测绘工作的。二是两次袭击敌人测量队，都由刘凤阳等率主力部队参加。因此，两次战斗都发生在赵尚志派出戴鸿宾、刘凤阳主力之前，也就是赵尚志到达老白山之前的行军途中。而此前赵尚志部队在"祁致中事件"发生时，已到达汤旺河畔的头青河。按照于保合绘制的行军路线图寻迹，部队的行军路线是沿汤旺河南行。三是汤旺河流域是抗联三、六军的后方基地，北满省委机关及三、六军的许多密营曾设在这里；赵尚志、于保合、陈雷等很多将士熟悉这条路线。这里曾设有北满省委交通站，易于接头、联络、开展游击活动。四是这里背靠苏联，有便于往返的国际交通通道。所以，赵尚志派出的干部和战斗人员的联络点均以老白山为中心。作为总司令的赵尚志对外有三个联络渠道，也以老白山为中心：第一是利用司令部的交通员，保持对派出的戴鸿宾、刘凤阳、陈森、张祥等出击部队与小分队的联络。第二是通过北满省委交通员姜立新，利用北满省委交通站，保持与北满省委、抗联三路军的联系。第三是利用司令部电台，保持与苏远东情报部门的联系。赵尚志选择在汤旺河畔的老白山设立司令部，有利于联络四面八方，实现对北满抗日联军的统一指挥。五是汤旺河流域地域辽阔，接近正在修筑的绥佳铁路线，便于部队出击且回旋余地较大，可依托佛山境内的国际通道实现对苏交通联络；有建立抗日游击队司令部的诸多有利条件。基于上述情况，赵尚志奇袭乌拉嘎（北沟）金矿后，转向沿汤旺河南行，在老白山一带建立后方基地，附合特定的历史环境。

赵尚志派出戴鸿宾、刘凤阳主力和陈森、张祥小分队后，司令部只有十几个人。在等待戴鸿宾、刘凤阳、陈森等率部归来和北满省委派人前来接头的过程中，敌人多次前来"讨伐"。一次敌人突然袭击，因司令部人员分驻两地，各自分头转移，陈雷、于保合、李在德等与赵尚志失去了联系；第二天才在预定的集合地点会合。另一次在伏击"讨伐"的敌人时，机枪手韩相根牺牲，两名战士失踪。从盛夏到初秋，敌人一连几个月的"讨伐"，给部队造成极大困难。但在赵尚志的鼓舞下，部队团结一致，四出游击打击敌人，了解敌情，找寻给养，从而度过了难关。深秋，张祥等几个人从苏联归来，至1939年底，粮食早已吃光，部队靠野菜野果和猎捕小动物充饥。11月的严寒里，大家还穿着单衣，晚间只好用缴获来的棉帐棚当被子御寒。北满省委书记金策、三路军总指挥李兆麟又迟迟没有派人来接头，赵尚志及其所率司令部人员陷入了极端的困境。

1939年底苏方来电称：冯仲云已到苏联，准备在苏联召开北满省委和吉东省委负责人会议，请赵尚志参加会议。赵尚志回电，把自己的困境告诉苏方，要求把司令部的二十余人，一起带过江去。苏方回电同意并约定了过境的时间、地点及接头方式。这时，赵尚志的任务是立即率部安全地赶往苏联参加北满省委和吉东省委负责人会议，同时将司令部人员安全带往苏联境内。

从老白山到苏联的拉宾站，有从现鹤岗境内直奔嘉荫河经乌拉嘎金矿，再沿乌拉嘎河到观音山，这是一条250多公里的近路；但是，要在保南村至乌拉嘎（北沟）金矿、鹤岗至乌拉嘎（北沟）金矿两条警备公路间穿插，还要经过乌拉嘎河沿岸的许多采金作业矿点和腰站、三栖林（现嘉荫县乌拉嘎镇金星村河北屯）、王家窝棚（现嘉荫县保兴镇仁合村）、宝南镇等驻有较多日伪军警的矿点、村屯和便于敌人运送兵力的交通线。鉴于司令部只有二十余人，且长期在缺乏给养的艰难环境中坚持游击作战，干部、战士饥寒交迫，体力消耗已达极限，战斗力大为削弱的实际情况，行军中必须尽量避开日伪据点，寻找偏僻隐蔽而又相对熟悉的路线，避免与敌接触。从于保合的"活动路线"图、陈雷《露营集》中的《出征汤旺河》《过伊春》《北征路上》《高山夜哨》和敌伪报告都证明赵尚志选择了与进入老白山时大体相同而敌人统治力量相对薄弱、交通不便、人烟稀少、在原始森林和草塘荒原中穿行的行军路线。从老白山向西北，沿金沙河、五道库河逆流而上，经现在美溪区的金沙河林场、顺利河林场、松岭经营所、五道库经营所、三股流经营所、缓岭经营所施业区，进入乌敏河区伊林经营所施业区、伊春区东升乡、友好区对山农场；经上甘岭区溪水林场、蔚兰经营所、永绪林场施业区，再经五营区五营苗圃、杨树河经营所施业区，红星区红星经营所施业区；进入现在新青区的松林林场、红林经营所、桦林经营所施业区到达青林林场施业区的白老爷河，再逆流而上，在结源林场施业区内越过分水岭，进入小结烈河上源的嘉荫县境内。再从小结烈河河源穿越丛山峻岭，沿乌拉嘎河以北的山麓（现新青林业局北沟林场施业区）中的大青沟径直向东，穿过大青沟进入西北岔河与乌拉嘎河之间的荒原。在柳树河河口（现新青林业有限责任公司柳树河林场施业区）越过乌拉嘎河。然后沿乌拉嘎河南部人迹罕至的原始荒原，越过十里河河源，经秃顶子山沿十里河东进，一直到达了黑龙江边。踏着积雪从距观音山南麓3.5公里的十里河口附近越过边境黑龙江抵达苏联村庄拉宾站。虽然多走了100余公里，又在零下近40度的严冬中，踏着没膝深的大雪，在缺衣少吃的情况下，克服了难以想象的困难，完成了返回苏联的任务。

准备越过边境时，赵尚志命令把电台用雪埋在隐蔽处，以便回来时使用。到了苏联后，苏方对每个人又逐一地进行了"审查"，并坚决要求把电台取回来。张祥带一名战士再次返回国内，把电台从雪中挖出交给了苏方。之后，赵尚志到伯力参加北满省委与吉东省委负责人会议；司令部其他人员去比罗比詹，到比罗比詹南部的一个集体农庄养马场，集中进行军事训练。

第五章 冯仲云率抗联下江留守部队 在嘉荫的战斗

第一节 抗联六军一师开辟通河—加里宁诺 国际通道

通河村位于嘉荫县最北部，坐落于黑龙江右岸。北邻葛贡河，东濒黑龙江，与俄罗斯村庄加里宁诺隔江相望。

抗日战争期间，抗日联军三军、六军先后战斗在这里，开辟了通河—加里宁诺国际通道。抗联将领李兆麟、冯仲云、高禹民、孙国栋、夏振华、白福厚等，多次率部队经通河—加里宁诺国际通道穿越中苏边境，经过的乌云河、葛贡河、西米干河两岸，都是抗日联军对日作战的行军路线。

1939年农历六月，抗联六军一师被日军追击到黑龙江边，只好过江到苏联休整一段时间。经过1个月休整后，于农历七月十二从苏联的加里宁诺过江，在通河镇（现通河村）踏上祖国的大地。从苏联回国时，第六军一师由代理师长陈绍斌和三团团长白福厚率领，乘帆布大卡车来到黑龙江右岸。抵达时，夜幕已笼罩黑龙江江面，大家趁着夜色上船。大家刚坐下，就听有人扯着大嗓门喊："我们是赵尚志部队的，我叫刘凤阳，我身边这位大个子是张祥，还有尚连生、姜乃民、李有才。"听说是赵尚志部队的，有人迫不及待地问道："赵总司令回来了吗？"话音刚落，就听到一声粗壮的回答："嘿嘿，赵总司令早就回来了，他正率领队伍在国内打日本鬼子呢！"答话的人就是张祥。

部队趁夜深人静，从通河镇（今常胜乡通河村）踏上了祖国的大地，终于又回到了故土，大家都很兴奋。走过一段草地进入森林时天亮了，就在树林深处暂时休息。一路上，李敏等女战士和男战士同样背着六七十斤的口粮（苏联给的小米），外加步枪、手枪、手榴弹等，走起路来腿脚不稳且很慢，要背起这么沉重的东西需要互相帮着才能站起来。部队经过大约三天的行军，到达乌云河边。在西米干河和乌云河的汇合处老河口（现汤旺县乌伊岭林业有限责任公司施业区内），有一座苏式木刻楞房，窗户很小，有30多平方米，部队在此住了一宿。出于去找北满省委的目的，部队沿乌云河逆流而上，越过乌云河河源，又从乌伊岭区汤旺河发源地顺流而下，大家背着沉重的给养每天走40里路，在小兴安岭的密林中穿行，连续走了七八天，终于来到了下江地区抗联部队总部和下江特委驻地老白山下的汤东密营（位于伊春市老白山北、萝北县西北，是西梧桐河发源地，在伊美区的金沙河林场施业区内）。当部队准备宿营时，白福厚团长下令整队，说是有首长来看望。大家赶紧列队站好。过了一会儿，就见到冯仲云（抗联三路军政委）在夏振华（抗联下江留守团团长）、王永昌（萝北县委书记）的陪同下向大家走过来了。冯仲云同志讲了当前的国内、国际反法西斯战争形势，以及下一步的活动安排。

第二天中午时分，高禹民（下江特委书记）、马克正（团政治部主任）、兰继洲（国际交通员）回来了。他们带来了上级的指示，请冯仲云马上动身去苏联。临走，冯仲云召集中层干部开了个会，简单作了指示说："可以按陈师长的意见去江南寻找那里的部队。"冯仲云、高禹民等北上后，队伍也向西南转移了。刘凤阳带队回赵尚志驻地。

陈绍斌带领队伍从老白山出发，沿来时的路线往北走，走到牛把头碓营遇到戴鸿宾。在那住了一天。第二天，下江留守处军事负责人夏振华和王永昌、兰继洲找到部队，说："冯仲云决定让这支部队留在下江做留守部队。"白团长不同意，坚决要找北满省委去。经过长时间的协商，答应留下王永昌（萝北县委书记）、石副官、周云峰（六军二师政治部主任）等人，当时李敏想跟着大队走，叫白团长把朴英善留下。后来觉得留下一个女同志不方便，就把李敏和柳明玉（朝鲜族）三名女同志都留下。陈绍斌、白福厚就领着部队去铁力找北满省委去了。夏振华、王永昌领导余下的人继续在这一带活动。

这期间，天气已冷了，山野菜没有了，粮食经常接济不上，王永昌带领大家上都鲁河去打日本开拓团，夺到粮食后，敌人追来了，部队就用一挺机枪设下空城计把敌人打跑了，部队利用这些粮食继续坚持了一段时间。农历十一月份，接到冯仲云的指示，这支由夏振华、王永昌等带领的十余人的小部队又沿着汤旺河上游逆流而上，至乌云河河源顺流而下，按上次走过的路线，踏着没膝深的大雪，从通河镇（现嘉荫县通河村）过江再次到苏联。

第二节　冯仲云率下江留守部队在乌云河畔的战斗

1940年3月，冯仲云在苏联开完会后，和夏振华、高禹民、王永昌、孙国栋、车庭新、杜景堂一起，率领中层干部和部分在苏的抗联战士共36人，又从加里宁诺过江在通河镇（现嘉荫县通河村）登陆回国。按上两次的行走路线，踏过乌云河畔。这次和上两次不同了，那两次没有遇到敌人，这次沿乌云河走着走着就遭到敌人袭击，有一位同志当场牺牲了。听枪声分析他们人数不多，也就二十多个人。大家还击，敌人就分散着跑了。他们地形熟，穿的衣服同草和树木的颜色差不多，非常隐蔽，部队也没追。等他们跑没影后，就地用雪掩埋了牺牲同志的遗体继续沿乌云河上行。走了一天多，又遭到敌人第二次袭击，又有一个同志牺牲了，和上次一样，只要还击他们就跑。就地掩埋了牺牲战友的遗体后，经过短暂的休整后继续前行，走到沙阿气河与乌云河汇合处的老河口，部队就地宿营。

晚上冯仲云组织开了个会，总结了前两次教训，决定设下埋伏。孙国栋下达命令，今天晚上谁都不能睡觉。一宿把大家冻得不得了，到了天亮，部队采取了行动，对敌人进行了包围。天刚亮战斗就打响了，但是敌人诡计多端，部队刚把前面的敌人控制在抗联战士火力之下，没想到后面又窜出几个敌人，打伤了两名女战士，大家立即掉过头来就打，打得敌人到处乱跑，打死三四个敌人，最后又抓了两个俘虏，其余的敌人都跑掉了。

战斗结束后，冯仲云让高禹民同这两个俘虏谈话，对他们进行抗日救国和民族政策教育，告诫他们不要帮助日本人。得知他们是鄂伦春族人，是被日本人收买的，不是真正的敌人，就把他们释放了。这次战斗以后再也没有遭到敌人的袭击。部队从乌云河源头翻山来到汤旺河源头。沿着汤旺河顺流而下，从黑顶山转向西南，经友好区的双子河、罗圈河、鸡爪河、沾河、南北河到朝阳山。到朝阳山后，知道这里已遭敌人破坏，部队又返回到通北，在通北后方基地找到李兆麟，与他们会师。

第三节　抗联三路军开辟旧城—音诺肯季耶夫卡国际通道

　　旧城（现嘉荫县乌云镇旧城村）位于嘉荫县东北部，濒临黑龙江，隔江与俄罗斯村庄音诺肯季耶夫卡相望。

　　1941年1月，领导东北抗联小部队在北满地区坚持斗争的中共北满省委书记金策、抗联第三路军总指挥李兆麟等，从小兴安岭南麓游击区出发，穿越小兴安岭原始森林进入嘉荫（佛山）、乌云县。途经沪嘉乡到达乌云镇旧城村庙后滩，穿过冰封的黑龙江，在苏方村庄音诺肯季耶夫卡上岸，到达伯力附近的弗—雅斯克村野营（又称中国抗联北野营）后，金策担任政治教官。

　　3月，参加东北党组织和抗联领导干部会议后，李兆麟带领从北野营挑选的精干人员二十余人组成教导队，来到苏方村庄音诺肯季耶夫卡，踏过冰雪将融的黑龙江，在旧城庙后滩附近上岸返回国内。按赴苏时的行军路线，到达铁力的南、北山，与抗联第三路军六、九、十二支队汇合。

　　1941年5月25日，北满省委书记金策带领警卫战士7人，从苏联村庄音诺肯季耶夫卡渡江，在旧城庙后滩附近登岸回到国内，领导北满抗日斗争。

　　1941年10月25日，李兆麟、金策致信抗联第三路军总参谋长许亨植，令其必须采取暂时迂回的办法，派大部人员入苏。同时，李兆麟率抗联三路军指挥部四十余人，按原行军路线从旧城-音诺肯季耶夫卡通道入苏，参加抗联北野营整训。

　　1941年11月，许亨植把分散在铁力、庆城（庆安）、绥棱、通河、木兰等地活动的东北抗联第三路军第六、九、十二支队的150余名抗联指战员集中起来，由六支队政委于天放带领，沿李兆麟、金策赴苏时行军路线，进入嘉荫境内。11月15日，这支部队从旧城（现嘉荫县乌云镇旧城村）后庙滩附近踏过封冻的黑龙江到达苏方村庄音诺肯季耶夫卡，参加北野营整训。此后，战斗在北满地区的党与抗联主要领导人只有金策、许亨植，战斗人员也只有于天放、朴吉松和张瑞麟、钼景芳、孙国栋等带领的小分队，在更为艰险的环境下，继续活动在铁力、绥棱、庆城、通河、木兰、东兴一带。

第四节　于天放、金策、李兆麟八走老河口

老河口距乌伊岭林业局局址东北44公里，处于小兴安岭北坡，四面环山，是乌云河与西米干河的交汇处，以前称之为"老河口"，现在是乌伊岭林业局永胜经营所。

抗日战争时期，这里是抗日联军经嘉荫县常胜乡通河村、乌云镇旧城村庙后滩两条往返苏联国际通道上的必经之地。北满抗联主要领导冯仲云（抗联三路军政委）、金策（北满省委书记）、李兆麟（抗联三路军总指挥）、许亨植（抗联三路军参谋长）、于天放（抗联三路军特派员，六支队政委兼队长）、陈雷（北满抗联司令部宣传科长）等将领都曾经过老河口休整，然后奔赴抗日斗争前线。其中，李兆麟四次路经老河口，金策三次路经老河口，抗联战士李敏也从这里三次途经老河口。可以说，老河口既是抗联生死路上的福地，也是九死一生的险地。抗联与日伪军在老河口附近发生多次战斗，许多抗联战士为抗日救国，在老河口洒下鲜血，献出了宝贵的生命。

1939年农历十一月，由王永昌（萝北县委书记）、夏振华（抗联下江留军团团长）等带领十余人的抗联小部队，沿着汤旺河逆流而上，经乌云河踏着没膝盖深的大雪，过老河口（木刻楞房），去通河镇再次过江到苏联。

1940年3月，冯仲云在苏联伯力开完会和夏振华、高禹民（下江特委书记）、王永昌、孙国栋、车庭新、杜景堂一起率中层干部和部分在苏联的抗联战士36人，又从加里宁诺踏冰过黑龙江回国。经通河镇按照前两次走的路线，安全到达乌云河畔。这次从第一次住过的老河口附近木刻楞房到乌云河源头这一带，就同敌人打了三次仗。有两位同志当场牺牲、三位战士负伤。

从1940年11月，冯仲云接到通知，要他到苏联参加第二次伯力会议。于是他带了十几个人的队伍，牵着三匹马，又踏上征途。在"酷寒的北风卷如沙的雪粉狂舞，气温降到零下五十度"的严寒中，越过小兴安岭顶峰，沿乌云河下行到老河口，转奔乌云方向，从通河镇附近渡过冰封的黑龙江进入苏联境内。

第二次伯力会议后的1941年1月、1941年3月、1941年5月、1941年10月和1941年11月，领导东北抗联小部队在北满地区坚持斗争的中共北满省委书记金策、抗联第三路军总指挥李兆麟、抗联第三路军六支队政委于天放等抗联主要领导人，先后五次从小兴安岭南麓游击区出发，穿越小兴安岭原始林，途经老河口进入嘉荫（佛山）境内。到达乌云镇旧城村庙后滩，穿过冰封的黑龙江，在苏方村庄音诺肯季耶夫卡上岸，到达伯力附近的弗—雅斯克村野营（又称中国抗联北野营），或从伯力附近的弗—雅斯克村野营返回国内指挥小部队进行抗日斗争，所走的都是沿乌云河经老河口，到达汤旺河河源这条通道，先后往返五次。与冯仲云三走老河口，加在一起竟达八次之多。

可以说，许多抗联将士都曾在老河口附近的木刻楞房宿营，许多抗联将士为了抗日救国，在这里献出了宝贵的生命。抗联将士途经的老河口是洒满抗联战士鲜血，用烈士生命铸就的红色通道纪念地。

第六章　抗联第三路军在佛山（嘉荫）的战斗

第一节　抗联第三路军十二支队开辟结烈河口—卡萨特金诺通道

结烈河口位于嘉荫县红光乡燎原村西，结烈河由此注入黑龙江。河口附近有结烈河岛，河口对岸是俄罗斯村庄卡萨特金诺，也是苏联的军事哨卡。

1942年8月，入苏的东北抗日联军南、北野营的队伍，整编为"苏联远东红旗军第八十八独立特别旅"（中方称东北抗联教导旅）。周保中任旅长、李兆麟任政治副旅长。

1943年12月末，由中共北满省委书记金策率领抗联三路军十二支队政治部副主任张瑞麟小分队二十多人，按钮景芳带来的东北抗联领导的命令，离开凤山（现属通河县）向苏联进发。经过两个月，在零下四十多度严寒中，齐腰深的积雪和荒无人烟的密林中艰苦跋涉。张瑞麟率领小部队，在大雪封山，漫山皆白，人迹罕至的原始森林中劈荆斩棘，踏着没膝深的积雪，冒着零下40度的严寒，几乎耗尽全身力气，一点一点地开辟出一条新路，在艰难的跋涉中度过1943年岁尾，迎来了1944年。

眼看离黑龙江只有100多里路了，而这时他们已经累得筋疲力尽。虽然艰苦还算平安。在即将结束千里跋涉，取得转移最后胜利的时候，他们又一次遇险。那时，他们朝佛山（现朝阳镇）方向走了一整天，来到结烈河上游（现青山乡建华村），准备在这里小憩，吃上一顿饱饭，然后继续前进。刚生火饭还未做好，突然发现一支由日本人指使的鄂伦春族人"山林队"前来袭击。"山林队"是少数民族，枪法好，和他们硬拼双方都会受损失。为了使受蒙蔽的少数民族不受损失，保存转移最后时刻的有生力量，张瑞麟决定马上转移。可"山林队"紧追不放。张瑞麟发现他们只有五六个人，知道他们怕抗联，也怕死。为摆脱他们的追击，决定集中火力打跑他们。一阵猛烈射击，他们果然跑了。凭经验，日本人会马上组织大部队追来或堵截。金策和张瑞麟决定加速北进，一定要甩掉大股敌人的追击，避免损失，尽快越过黑龙江。

在一位"碓营"把头的指点下，为躲避敌人追击，张瑞麟率队不走大路，经过青山乡结烈河村，走弯弯曲曲的结烈河河套。绕来绕去，摸黑前行，不时有人掉到青沟里或打鱼的冰眼里，棉裤很快冻成"冰棍"，战士只好用枪把子敲掉冰继续前进。战士们一整天没吃东西，饿得走不动，挺不住时就边走边嚼一把生小米。就这样一夜不停，110里路走到第二天早晨七八点钟，经现在的红光乡燎原村、稻田村到达黑龙江边结烈河岛，完成了这次转移的国内路程。

当将士们踏着冰封的黑龙江迈过边界线，张瑞麟和他的战友们回首环顾那被日寇铁蹄践踏、黑暗笼罩着的祖国大地时，都激动不已，感慨万分，充满了对祖国人民无限眷恋之情。所有人决心到苏联以后，学好本领，准备参加解放祖国的战斗。就在小部队越过黑龙江江心时，有三四十人的日本"讨伐队"骑马追到江边，但他们来迟了，只有望江兴叹。他们做梦都想消灭的抗联队伍，在他们的枪口下脱险了。金策、张瑞麟率队进入苏联境内后，从卡萨特金诺边防哨所乘汽车再转乘火车到达伯力城。

金策、张瑞麟于1944年1月终于转移到苏联伯力之后，按抗联领导指示，金策即刻带领同志们奔赴"野营"，大家都很高兴。金策找张瑞麟谈话，转达周保中、李兆麟的指示：要张瑞麟再次回国执行任务，找到于天放和他带领的小分队，把他们接到苏联学习。

第二节 于天放开辟鸡爪河密营

1942年4月，抗联三路军六支队政委于天放接受周保中、李兆麟指示，携带伪满币3 000元，率小部队从苏联回国，以三路军政治部组织科科长身份来接替金策，在铁力、庆城、绥棱、伊春一带组织抗日活动。

由于伪满统治造成的白色恐怖，抗联个别不坚定的干部、战士变节投降。这些叛徒熟悉抗联活动的规律、密营、联络点，他们和日伪一起参加对抗日联军的"围剿"，使对敌斗争形势日趋严峻。于天放根据多年对敌斗争经验，深知没有根据地，单凭打游击是无法坚持长期斗争的。所以，就选择了友好区与绥棱交界处的友好林业有限责任公司大鸡爪河林场东北约100公里旳小兴安岭密林深处（现友好区三合林场施业区219–221林班），在过去已有抗联密营和农垦的基础上，建立新的密营。

鸡爪河密营分主营和前营。主营占地约2 000平方米，建四间木屋，大山开门，院落的东北、东南、西北部挖交通沟，与四周的岗楼和木屋相通，一旦有情况便可进入阵地。

木屋内靠北侧三分之一是用桦木杆和杨木杆搭成的床铺，上面铺着苫房草，上面能睡十多个人，有两条半截旧毯子做塔脚用，屋地中央，摆着三个桌面大小的炉子，全是石头垒的，炉盖为两节方形煤油桶，直接通到烟筒里。这炉子一边连接着锅炉，可以做饭，又能取暖。屋地上放一张方形桌子，两边有两排长条木凳，既可以吃饭用又可以做学习写字用。这里由于天放亲自负责，住17名战士，抗联战士习惯地称这里为"后营"。

在后营东南方向8公里左右的地方，又建一个前营，由孙国栋负责。在主营的四周开了不少生荒地，种玉米、土豆及各种蔬菜。

当年在清华大学与胡乔木是同学的于天放，是一位颇有才能的组织者。建立密营后，他一面组织抗联战士们学习、训练、种地，一面常派人到绥棱、铁力、巴彦、庆城、海伦一带向群众宣传抗日救国思想，并了解敌情。

到了12月12日早晨，孙国栋从没膝深的大雪中拉着一根桦木棍子，光着头，身穿单衣，耳朵都冻黑了，赶到营地时被日伪军包围发生了遭遇战。原来头天晚上，日伪军几百人在叛徒辛福荣的指引下包围了前营。孙国栋组织战士边战斗边突围。在突围中，申宝财、张明向、大李瘸子不幸中弹牺牲。靳国锋、老董头被捕。孙国栋带伤在大雪壳子里绕行了十多个小时，躲过敌人追踪，来到后营报信。于天放当机立断，带领部下，带足粮食和弹药，剩余的分散掩藏在两个大树洞里，奔向中苏边界。一夜走了50多里雪地，正要打间休息一下，忽然发现前面有火光，是敌人在烧火做饭，敌人同时也发现了于天放小分队，向他们打过来一排子弹。于天放命令周玉树用机枪向敌人堆里扫射，撂倒七八个敌人。于天放率队急忙撤退，又走了几十里路，准备休息一下，但敌人又追上来了。周玉树和赵文又把危险留给自己，他俩在树后向敌人打了十多枪，然后才安全转移。

几天后，又遇到敌人，双方开了枪，周玉树右腿被打断了。于天放小分队抬着周玉树到了伊春河上游挡石河（现翠峦林业有限责任公司施业区内），把周玉树交给一位可靠的山把头，给了50元"老羊倌"票，80碗粮食，让他在小马架住下养伤（后来周玉树被敌人发现，英勇牺牲在敌人的酷刑下）。于天放去苏联的路被堵死了，又绕行返回鸡爪河密营（现友好林业有限责任公司三合林场施业区219-221林班），后奔向铁力、绥棱与敌人进行周旋，继续坚持战斗。

第三节　张瑞麟舍生寻战友

张瑞麟知道：在千里茫茫雪原里，寻找一支十几人的小部队，这将是一个异常艰苦而又危险的任务。但他清楚，组织上把这个任务交给他，是对他无比的信任，作为共产党员他无条件地接受了任务。

张瑞麟接受任务后，领导给他派了5个人，有十二支队一大队队长王秉章，同马克正一起来苏联的王德新、陈殿有、老史头和赵喜双。

经过一段时间的准备工作，到3月底冰雪开始融化，苏联和抗联领导为联系方便，决定配一部电台并派来了电报员小刘。启程时苏联边防军把他们送到卡萨特金诺边防哨所，隐蔽一天，夜间过境，他们迅速越过敌人封锁线，回到了祖国。

行前马克正告诉张瑞麟：他与于天放分手时约定，把他活动地点写在纸上放在玻璃瓶里，埋到绥棱县山里的大鸡爪河上游（即现在的友好林业局鸡爪河林场施业区内）一棵大松树下。张瑞麟率队从苏联卡萨特金诺哨所附近越过黑龙江，由结烈河口（现嘉荫县红光乡燎原村西面）上岸，沿结烈河上行经青山乡结烈河村、建华村、建业村、大砬子村，到汤旺河顺流而下，在友好局双子河与汤旺河汇合处，沿双子河逆流而上，直奔鸡爪河上游找到了那棵大松树，把树下挖遍了，没有找到瓶子，联系线索断了。

张瑞麟小分队回国的任务就是寻找坚持战斗在敌后的于天放小分队。现在线索断了，从苏联带来的粮食吃光了。在小兴安岭和黑嫩平原找一支十几个人的小分队，好比大海捞针。日军为断绝抗联与人民群众联系，实行归屯并户，山边遍布开拓团，严密封锁和巡逻，在这种情况下，寻找于天放小分队与解决粮食都是异常困难的事情。

初春的小兴安岭，乍暖还寒。山野菜也只有一种比较耐寒又苦又涩的"驴蹄子"菜。张瑞麟和战士们，一面四处打探于天放小分队的消息，一面夜晚到山边开拓团，去寻找去年秋收后扔在地里的冻土豆，掺上"驴蹄子"菜煮着吃，虽难以下咽，总算略可充饥。几天过去了，于天放小分队的消息一点也没有。

在研究情况时，赵喜双和陈殿有说，于天放曾带小分队在他家乡一带活动过。经商量便决定把小刘和老史头留在山里，张瑞麟等四人到绥棱县城西的泥河西沿去找。经一天一夜走到赵喜双老家的屯子附近，趁天没亮到屯子东南泥河边上的小树林里隐蔽起来。天亮后派陈殿有化装到绥棱县城找熟人打探消息，当晚赵喜双秘密进屯了解情况，结果都一无所获。赵喜双从家中带来几斤小米，虽一天多没有吃饭，但不敢点火做饭，只好忍着饥饿连夜往山里赶。距山边还有50多里路时天亮了，他们只好躲进大六部开拓团门前一块苗圃地里。还好，一天没出事。傍晚，一个人挎着篮子采菜走到他们藏身处。经询问，得知是给开拓团喂马的。张瑞麟对他进行抗日救国教育后，他表示愿为抗日救国出力。等到天黑，他把张瑞麟三人送出危险地带。分手时张瑞麟跟他说，希望他帮助买些粮食，他答应一定想办法办到。张瑞麟给他留下一些钱，并约定5天后在分手地点取粮。约定取粮的日子到了，为缩小目标，张瑞麟只带陈殿有去取。走了一夜，到达开拓团六大部附近的苗圃停下来。陈殿有换下军装带着手枪走了。张瑞麟把背兜送到苗圃地北头，藏在附近草棵里观察动静。到下午两点多，一些日本人端枪搜索过来，张瑞麟赶紧边转移边做好战斗准备。这时，看到陈殿有被押过来。突然在敌群中响起手枪声，敌人乱成一团，大部队和附近开拓团的日本人也都向苗圃集中。混乱一阵之后，一切声音都停止了。这时看到几副担架抬着人走了。陈殿有怎样了，无法知道。张瑞麟只好靠老桑芹、燕子尾充饥，一夜急行回到大鸡爪河密营。

战友们听张瑞麟介绍，都十分担心陈殿有的安危。张瑞麟对大家说：为了抗日救国，流血牺牲的人不计其数，没有我们这些人做出这种流血牺牲，日本侵略者早就把中国灭亡了。我们要看到光明前途，我们必将取得最后胜利。同时张瑞麟和大家一起研究下一步行动计划，最后决定给抗联领导发电报报告情况，请求领导指示下步行动。第二天来电报，上级指示立即返回苏联。

第四节　张瑞麟九死一生重返北野营

张瑞麟率领小分队从苏联回国的时候虽然每人都背六七十斤粮食、枪弹、电台发电机及配件等，但体力好，走了两个来月到了大鸡爪河。现在虽是轻装，但一个多月断粮靠吃野菜度命，总是在危险之中奔波，体力差，又是夏季，光靠吃野菜返回苏联是很不容易的。开始他们一边往回走，一边想办法搞粮食，结果小刘在寻找粮食时遇到炮手队的埋伏牺牲了，因没人会收发报，就把电台和发报机扔下山涧；张瑞麟右胳膊也负伤了，无药治疗，几天后就开始腐烂变黑。老史头让赵喜双和王德新扒一些"老鸹眼"树皮，用盆子熬成黑膏药贴上后，伤口渐渐地好转。没有粮食，全靠野菜充饥，在原始森林里穿行一个半月，到7月末野菜变成蒿草，难以下咽还得吃，经常胀肚拉稀，感冒发烧，体力消耗得更严重了，一个个都是两腿像灌了铅一样沉重。在以后的半个多月里，除了有一天煮吃了马克正率队赴苏联时挂在树上的一双牛皮靰鞡外，仍是靠吃山野菜。8月份再次沿结烈河河套经青山乡大碴子村、建业村、建华村、结烈河村，按照来时的路线返回红光乡燎原村西面的结烈河口，赶到黑龙江边。小刘牺牲了，发报机也丢弃了，原定用电报和苏联边防军联络，现在不行了。怎么办呢？大家想出一个办法：给对岸打信号，晚间用衣服遮着，划火柴和对岸取得联系。如果对方能够看到就会派人派船接应。可是火柴划了一根又一根，等了一个晚上，也不见对方有什么动静。第二天天亮，大家才发现原来江里有一个不大的小岛（结烈河岛），岛上长满柳树，由于天旱水小岛变得比以前大了，对方的船过不来，想过去也很困难。以后过了江，同苏联边防军说起打信号的事，他们说已经接到了抗联领导打的招呼，知道要过江这件事，看到信号以后，他们曾派出小艇来接应，但让那个岛给挡住了，不敢再绕行向里深入，所以没有接成。

　　既然和对岸联系不上，只有自己想办法了。可是，江边连一只船也找不到，又没有其他任何能渡江的工具。大家坐在江边凝望着对岸，看着缓缓流淌的江水，苦思苦想着过江的办法。

偶然间，发现江边泛着泡沫的水中，有些朽木缓缓地移动着，大家先在岸上选出几根粗细匀称的木头，又奋力从水中拉上来几根。然后张瑞麟到稍远一点的高地放哨，观察情况，另外仨人动手下料，用随身带着的那把破旧铁锯，把大木头锯成两米长的小段。正干得起劲的时候，发现有好几个日本巡逻兵从东边向这边走来，战士们立即到江边的草甸子里隐蔽起来，草甸子里有些现成的地势坑，是日本人为对付苏联人早先挖好的，正好可供我们利用，每人占据一个，做好了战斗准备。

日军走到刚才锯木头的地方，误认为是老百姓在锯烧柴，似乎没有注意，看了看就走了。日军走了以后，大家也没有马上出来，等到天黑，没发现什么情况，才走出草甸子继续作业，张瑞麟还照样放哨。

锯出四节木头以后，开始造木排，把四节木头并排，用所有的背包带和绑腿扎起来，一个很不错的木排就造成了。在正常情况下，这样一个木排载四个人是没有一点问题的。可是当把木排推入江中一试，却出了问题。因为木材已经腐朽，长期在水中浸泡，吸饱了水只能露出水面两三寸。四个人都上去，就把木排全压进水里去了，前进很困难。张瑞麟说大家都下水，靠着木排的浮力，跟着怎么也能过去了。他们三个同意这样办，可是考虑张瑞麟身上有伤，不忍心叫他下水，执意让张瑞麟坐在木排上面。这是革命同志间的真挚感情，张瑞麟只好服从。这样走走又发现了问题，木排上没有一个人划水，既缺乏前进的动力，又不好掌握方向，全靠水里的人推着走太费力气。这时老史头和赵喜双叫身体较好的王德新上来划水，掌握前进方向。赵喜双和老史头不会水，为了避免发生危险，他俩用背包带把自己拴到木排上。经过这一番安排后，木排航行速度明显加快了。

　　刚出发时，王德新在上边划，赵喜双和老史头在水里推，木排前进速度还较快。但是由于江中小岛的阻挡，为了绕过它顶水上溯了很长一段距离，消耗了大量体力，绕过小岛以后，赵喜双和老史头已经筋疲力尽了。木排只靠王德新一个人划，还要带动水下的两个人，划行速度逐渐减慢。木排接近江心时，水流湍急，任凭王德新使尽全身力气，也划不过正溜，反而被急流冲下来。此时此刻，大家面临着两种可能：只要一过江心正溜，就进入了苏联边界，基本上就算摆脱了危险境地；过不了江心正溜，木排还要往下冲，下游不远处就有日军瞭望架子。一旦被日军发现，后果不堪设想。真是咫尺之间，生死攸关。

　　在这漆黑的夜里，大家正用尽全力摆脱这危险处境之时，突然江下游水面出现一个亮点，开始想是星星或月亮，但亮光越来越近，发现是一只大船，船上发动机的响声由小变大；船离木排越来越近，渐渐看清了船的轮廓，是一艘海军的炮艇，但辨不清是苏联船还是日本船。这个意外情况，使大家很紧张，非常担心碰上日本船。张瑞麟对他们三人说，如果真碰上敌人的船，想躲也躲不开了，只有破釜沉舟背水一战了，坚决不能让敌人抓住活的。说着把枪递给了水里的赵喜双和老史头，他俩由于在水中泡得时间过长，手已有些僵硬，几乎握不住枪。谁也没有说话，都在默默准备迎接一场新的战斗。

　　眼看炮艇接近了木排，紧张得令人窒息，但奇怪的是，没容大家多想，转瞬间炮艇却从木排旁边冲过去了。木排被炮艇掀起的浪花推出老远。颠簸起伏得很厉害，一会儿涌上浪峰，一会儿落入低谷。正在大家暗自庆幸时，只见行驶出百米以外的炮艇又折回来了。大家再一次做好战斗准备。炮艇减慢了速度，渐渐向木排靠拢，上边传过来俄语问话声："你们是什么人？"大家一看是苏联船，上边站着整齐的苏军官兵。心里马上有了底，别提有多高兴了。王德新过去到过苏联，会说一些俄话，听到艇上的问话，他马上用俄语回话："同志！我们是中国抗日游击队！"炮艇上几个苏联海军士兵乘小船来到木排旁边，用绳子把木排拴上，拽到炮艇下面，然后把四人一个个接到艇上。

上艇后，苏军开始询问情况，王德新用俄语说明了奉抗联领导的指示，回国寻找于天放小分队的经过。他们听后表示理解，然后苏军根据要求，把他们直接送到了卡萨特金诺苏军边防站。经过短暂的休息，他们晚上乘火车抵达伯力，由那里的苏联边防军安排住下。他们回到了抗联领导身边，并向李兆麟将军汇报了情况。他听后对张瑞麟说："你们虽然没有完成这个艰巨的任务，但那是客观原因造成的。你们几位同志，坚决执行了东北抗联领导的指示，无所畏惧，孤军深入敌后，为完成任务尽了最大的努力，做出了很大的牺牲，这是难能可贵的，值得学习和永远铭记。"

第七章　在佛山（嘉荫）、乌云战斗过的抗联将领

从1931年"九一八"事变到1945年"八一五"光复，长达十四年的岁月里，在中国共产党的领导和人民群众的支持下，佛山（嘉荫）、乌云这片热土上，曾有千余名抗联将士同日本侵略者进行了艰苦卓绝的斗争。他们用生命和热血谱写了可歌可泣、威武悲壮的历史诗篇，为抗日战争的胜利立下了不朽功勋。这里选录的17名抗联将士，都在嘉荫战斗过。本章重点反映他们在嘉荫抗日斗争中的贡献，让嘉荫人民永远记住这些为民族解放事业抛头颅洒热血的志士；让他们的丰功伟绩永载史册。

第一节　北满抗日联军总司令、第三军军长赵尚志

赵尚志（1908—1942年），1908年出生在辽宁省朝阳县，1919年，随父迁居哈尔滨。1920年至1924年因家贫不能继续读书，他当杂役、摆地摊、当信差。1925年在哈尔滨许公中学读书时加入中国共产党。由党组织派遣去广州投考黄埔军官学校。1926年夏从广州回哈，1931年12月被分配在长春、沈阳、哈尔滨进行革命工作。1932年在哈尔滨满洲省委工作，先后任满州反日

党团书记、省委常委、军委书记等职。1932年中共满洲省委派赵尚志去巴彦抗日游击队任参谋长、政委，游击队因缺乏经验而失败。1933年赵尚志在哈尔滨参加了反日义勇军孙朝阳部队，任参谋长。半年后，他同另六名同志脱离该部队，建立起珠河反日游击队，赵尚志任队长，在珠河、宾县等地开展反日游击活动。1934年6月，珠河游击队改编为东北反日游击队哈东支队，赵尚志任支队司令。

　　1935年，赵尚志率部队来到小兴安岭，和第四军、汤原游击总队一起解除了驻守亮子河金矿一个伪军连的武装，并把缴获的枪支、弹药和其他军需全部交给了汤原游击总队，为扩编第六军打下基础。1936年1月在赵尚志的倡导下，第三军、第四军，谢文东、李华堂所率部队和汤原游击总队在吉星沟集合，在浩良河镇召开东北民众反日联军军政扩大会议，贯彻"八一宣言"精神，会上成立东北民众反日联军总司令部，赵尚志被推选为总司令并帮助汤原游击总队组建成东北人民革命军第六军。

　　为扩大抗联影响，主动打击敌人，壮大抗日武装，赵尚志两次组织并亲自率军西征，把原来以汤原为中心的抗日游击根据地扩大到铁力、庆城及黑嫩平原，为长期坚持北满抗日斗争打下了基础。"七七"卢沟桥事变爆发，为配合全国抗战，赵尚志曾于1937年9月18日以北满抗日联军总司令和副司令李华堂、总政治部主任张寿篯（李兆麟）的名义发表通告，号召各界同胞迅速行动起来，光复东北，赢得民族解放和国土完整。这年日伪军秋冬季"大讨伐"更疯狂，更残酷，游击区遭受到不同程度的损失，北满失去党中央的直接领导，形势更加紧迫。为打通与党中央的联系，取得苏联军事援助，1937年，北满临时省委召开会议，决定派赵尚志为代表去苏联。但他一踏上苏联领土，便被苏联远东军羁押。一年半以后，赵尚志获释，一名苏联军官转告他被共产国际任命为北满抗日联军司令。

为继续坚持抗日，1939年6月27日，赵尚志率百余名战士从苏联渡过黑龙江，从嘉荫县观音山下登陆。第二天袭占乌拉嘎（北沟）金矿，扩大了人员，补充了给养。1939年12月，赵尚志率于保合、陈雷、刘凤阳、李在德、张祥、徐青林、张作兴、赵有财、姜乃民等二十余人，越江到苏联拉宾。随后，赵尚志和于保合去伯力参加会议。1940年1月，中共北满省委在召开的第十次会议上，做出"永远开除赵尚志党籍"的决议，后在周保中、冯仲云一再坚持不同意开除赵尚志党籍的情况下，只改去"永远"二字。赵尚志被调任东北抗联第二路军副总指挥。1941年吉东党组织认为赵尚志在二路军有"错误言论"，决定撤销其副总指挥职务。在此情况之下，赵尚志仍以光复东北为己任。1941年9月，他率小部队从苏联回到小兴安岭，以老白山为基地进行抗日活动。1942年2月12日，在去袭击鹤立县梧桐河警察所的途中，被混入队内的特务开枪打伤后被俘，8个小时后牺牲，终年34岁。1982年是赵尚志殉国40周年，中共黑龙江省委决定撤销1940年1月中共北满省委关于开除赵尚志党籍的决定，恢复其党籍，并恢复其名誉。经过了漫长的岁月，赵尚志终于得到了公正的历史定论。

第二节　抗日联军六军政治部主任、第三路军政委冯仲云

冯仲云（1908—1968年），1908年3月23日生于江苏省武进县余巷村。1926年考入清华学校大学部数学系。1927年5月，在蒋介石发动反革命政变，奉系军阀在北京捕杀共产党员的白色恐

怖中加入中国共产党。在党内曾任中共满洲省委秘书长、中共北满临时省委书记；抗日联军三、六军政治部主任、第三路军政委等职务，是党领导北满抗日斗争的主要负责人之一。冯仲云是早期来小兴安岭组织发动抗日的省委领导人。1932年深秋，冯仲云以省委下江代表的名义，帮助汤原县委建立苏维埃政权和创建红军游击队。后来由小到大，由弱到强，终成威震下江的东北抗日联军第六军。1936年9月18日，冯仲云以中共珠河县委宣传部部长的身份，参加了在帽儿山汤梨川三军被服厂举行的中共珠河、汤原中心县委及东北抗日联军第三、六军党委联席会议。会议选举产生了中共北满临时省委，冯仲云为书记。1938年1月，在日伪集中兵力"讨伐"，抗联和群众联系被割断，粮食、弹药来源断绝的极端困境中，时任北满临时省委秘书长的冯仲云和书记张兰生一起，在大、小古洞、铁力西北河上游小兴安岭密林中，坚持领导北满抗日斗争。

　　1939年5月，冯仲云以省委代表和抗日联军第六军政治部主任的名义，赴松花江下游，整理遭到日伪军打击破坏的下江部队和地方工作。1940年5月，冯仲云就任东北抗日联军第三路军政委之后，和总指挥李兆麟一起，在令人难以想象的艰难困境中，以草根、树皮为食，继续战斗，领导了大小兴安岭、松嫩平原的一系列游击战斗，曾攻克过克山、讷河、肇源等县城，震动敌垒。1940年3月，冯仲云在苏联开完会后，和夏振华、高禹民、王永昌、孙国栋、车健新、杜景莹一起率领部分在苏的抗联战士36人，从加里宁诺踏冰越过黑龙江至嘉荫县常胜乡通河镇（现通河村）登陆回国，到通北后方基地与李兆麟会师。向抗联三军指战员传达"伯力会议"精神和毛泽东同志《论持久战》，整顿改编北满抗联部队，并亲自指挥抗联小部队袭击圣浪车站等。

1942年参加抗联在苏北野营整训的领导工作。8月在苏整训的抗联部队统一编为抗联教导旅，任政治部情报科长。1945年9月10日，率二十多名抗联干部、战士和苏联红军一起进驻沈阳，任苏军沈阳警备区副司令，为东北的光复立下了战功，为建立巩固的东北根据地，以及共和国的建立，做出了特殊的贡献。1955年9月，荣获毛泽东主席亲自颁发的一级"八一"勋章、一级"独立自由"勋章。抗日战争胜利后，冯仲云先后担任松江省政府主席、国立北京图书馆馆长、水利部、水利电力部副部长等职，为新中国的建设呕心沥血，忘我奋斗，又建立了新的业绩。1968年3月17日，他在"文化大革命"中遭受不公正待遇，含冤逝世。

第三节　中共北满省委书记、抗联第三路军政委金策

金策，1902年生于朝鲜咸镜北道鹤城郡的一个贫苦农民家庭。金策青年时期就参加革命活动，曾在朝鲜被捕，流亡吉林省延吉县平岗基成村。1930年7月27日加入中国共产党，任宁安县东京城支部组织干事、区委书记和宁安县苏维埃临时政府主席。1931年11月，与杨靖宇、赵尚志、李熙山、陈谭秋、饶漱石、张浩、孟坚等40多人一起投身抗日斗争。1932年1月，被中共哈尔滨特委派到宾县农村工作，任宾州特支书记。1933年1月到珠河（今尚志市）抗日根据地，任珠河县委委员、蚂蚁河东党支部书记。5月，任珠河中心县委秘书长、哈东支队第三大队政治指导员、司令部军需处处长。1935年1月28日，东北人民革命军第三军成立，金策先后任二、三、四团政治部主任。1935年7月21日任四师政治部主任。

1938年8月7日同原三师政治部主任侯启刚、三师七团团长张凤岐等七十余人从宝清出发，到达梧桐河畔的老等山与王明贵率领的六军三师集结，准备远征。1938年9月6日，远征的干部战士每人只带着四穗小青苞米和少许粮食，冒着淅淅沥沥的秋雨，踏上了漫漫西征路，踏进了无边的沼泽，在人迹罕至的大森林中艰难地跋涉，9月下旬来到岔巴气西边的汤旺河畔。鉴于大部队行动目标大、不灵活和给养不易解决的实际问题，金策与各位指挥员研究决定把三、六军队伍分开行动。侯启刚主任带三军三师100多人的骑兵队伍乘木筏子，沿汤旺河南下，经柳树河口奔铁力；金策和王明贵师长带六军三师200余人北上老钱柜、再西折奔绥棱、海伦，这支部队穿越了小兴安岭原始森林。于10月8日到达绥棱白马石，与六军参谋长冯治纲、三军六师师长张光迪、三军三师师长许亨植会师。金策率队完成西征任务后，于10月10日，组织召开了三、六军干部会议，分析研究了西征部队到达岭西后的斗争形势，明确了由张光迪、陈雷带领六军三师八团一连和六军一师六团80余人到德都五大连池、嫩江沿岸开辟新游击区和成立西北临时指挥部，统一指挥已经到达岭西的三、六、九军。金策同许亨植一起南下铁力，一直到1943年底，金策一直以铁力北、南山区为基地，活动在铁力及其相邻的通河、木兰、庆城和绥棱等地。

1939年1月19日和4月12日，中共北满临时省委分别在铁力西北河尖山子和通河两地召开第二次执委会议。选金策为书记，改"临时省委"为"省委"。同时，决定以三、六、九、十一军为基础成立东北抗日联军三路军及其指挥部。从此，金策在东北抗日战场最困难的时期，成为中共北满省委第三任书记。1941年1月，北满省委书记金策和组织部部长李兆麟，途经嘉荫县沪嘉乡辖区至乌云镇旧城村庙后滩入苏，任北野营政治教官。1941年

3月，带领三路军教导队从苏联返回铁力安邦河上游的三路军总部密营时，三路军总部和六、九、十二支队在北满战场的兵力只有200人。1941年5月25日，任东北抗联第三路军政委的金策同志和部下8人，自苏方的音诺肯季耶夫卡渡江至嘉荫县乌云镇旧城村的庙后滩登陆回国，率领抗联小部队坚持北满的抗日游击战争。10月25日，李兆麟和金策致信给三路军总参谋长许亨植，令其"必须采取暂时迂回办法"，派大部人员入苏。许亨植把六、九、十二支队的150人集中起来，由六支队政委于天放带领，于11月15日越境入苏学习整训。随后，李兆麟再度到苏联北野营。这时，在北满的党和抗联主要领导人员只有金策和许亨植两人，队员也只剩下朴吉松同志带领的10余人和由张瑞麟、钳景芳带领的六七个人，以安邦河上游的深山密林为依托，战斗在铁力、庆城、通河、木兰、东兴一带。1942年2月20日，于天放从苏联返回，3月19日在总部会见了金策。1942年8月4日，三路军总参谋长许亨植牺牲，领导北满抗日斗争的重担完全落到了金策肩上。1942年10月末，当北满漫长而寒冷的冬天即将到来的时候，金策从老金沟来到安邦河上游抗联密营，主持召开了有于天放、朴吉松、张瑞麟、阎继哲等人参加的"龙南会议"，决定把三路军在北满的50余人小部队编成由于天放、朴吉松、张瑞麟率领的三个小队，分别活动在铁力南北。于天放小队坚持到1944年12月19日。1944年1月，中共北满省委书记、抗联第三军政委金策和张瑞麟率领在北满抗日战场上的小部队，在原始森林中穿山越岭行军，甩掉大股追敌，从汤旺河河谷进入结烈河套北行，经结烈河口踏着冰封的黑龙江越过国境线，到达苏联哨所卡萨特金诺，完成了这次战斗转移。到苏联后，金策被任命为东北抗联教导旅三营政治副营长，教导旅党委委员。

1945年8月15日，日本投降后，金策返回朝鲜，当选为朝鲜劳动党中央政治局委员、朝鲜民主人民共和国内阁副首相。在朝鲜解放战争时期，兼任军事委员会委员，前线司令员等职。1951年1月13日，在前线山洞，因一氧化碳中毒而牺牲，年仅51岁。

第四节　北满抗日联军总政治部主任、第三路军 总指挥李兆麟将军

李兆麟，1910年11月2日生于辽宁省辽阳县铧子乡小荣官屯。"九一八"事变后参加革命。1932年初回到辽阳县，参加辽阳东北抗日义勇军四十一军的抗日武装斗争，任参谋长。1933年8月到哈尔滨满州军委工作。1934年任游击队副队长、东北反日游击队哈东支队政委。1935年1月东北人民革命军成立，先后任二团、一团政治部主任。1936年1月起任东北反日联合军总政治部主任、东北抗日联军第六军代理政治部主任、东北抗日联军政治军事学校教育长、第三军政治部主任、北满抗日联军总政治部主任和东北抗日联军第三路军总指挥等职，是中共北满省委和北满抗联的主要领导人之一。

1935年12月12日，李兆麟转战小兴安岭。1936年1月26日，参加了在浩良河镇召开的东北抗日联合军军政扩大会议，被推举为东北抗日联合军总政治部主任，并按照会议决定，担负起建立汤旺河谷后方根据地的重任。1936年3月19日从浩良河东岸出发，采取远距离奇袭的战术，历经4昼夜、行程500华里，一举收缴了伪汤原县山林警察大队，使汤旺河一带完全在我抗日部队控制之下，为建立后方根据地创造了条件。1937年初，抗联三军分两批，进行西征，1938年12月下旬到达海伦，与第一、二批西征部队会师。1939年4月12日，中共北满临时省委执委会决定

取消"临时"二字时，李兆麟被任命为省委组织部部长。建立三路军总指挥部，李兆麟任总指挥，继续坚持更为艰苦的北满抗日游击战争。以小兴安岭为根据地指挥由抗联三、六、九、十一军改编的各支队，转战于大、小兴安岭，松、黑、嫩平原，消灭了大量敌人，牵制大批日伪军不能进关，支援了全国抗战。1941年1月，北满省委书记金策和组织部部长李兆麟途经嘉荫乌云镇旧城村庙后滩，在苏方的音诺肯季耶夫卡上岸，入苏任北野营政治教官。1941年3月，李兆麟率领一支40多人部队，自苏方加里宁诺边防哨所穿着滑雪板跨越黑龙江，在通河镇（现通河村）登陆，进入库尔滨河口，过沾河到达抗联密营。1941年10月，李兆麟率抗联三路军指挥部40余人在乌云旧城渡江至苏音诺肯耶夫卡，转移至苏联境内，在北野营进行整训学习。

入苏后的李兆麟任东北抗日联军教导旅政治副旅长，参加培训抗联部队，准备收复东北。同时，不断派出小部队回北满侦察和打击敌人。在抗联艰苦斗争的岁月里，为鼓舞士气，李兆麟和他的战友们一起创作了著名的抗日歌曲《露营之歌》。1945年8月，周保中和李兆麟率东北抗联教导旅参加苏联发起的远东战役，一举消灭了日本侵略军，光复了祖国东北。李兆麟随苏联红军进驻哈尔滨任苏军哈尔滨卫戍副司令。抗日战争胜利后，李兆麟担任中共北满分局委员、哈尔滨市委委员、滨江省副省长、哈尔滨中苏友好协会会长等职，为建立和平、民主、富强的新中国，同国民党反动派进行了针锋相对的斗争，为贯彻党中央"争取东北，建立巩固的东北根据地"的指示，做出了重要的贡献。1946年3月9日，李兆麟被国民党反动派暗害于哈尔滨道里水道街9号，时年36岁。

第五节 抗日联军第十一军军长祁致中

祁致中，原名祁宝堂，1913年生于山东省曹县曹家庄。1931年随乡亲闯关东，到桦川县境内的驼腰子金矿，成了淘金工。1933年2月，日军占领了驼腰子金矿。6月他们去驼腰子西150里外的榆树泡用金沫子换来一支狗牌撸子、一支七星子手枪和12发子弹，伺机夺取矿警枪支。6月下旬一天，孙继武装成借火抽烟的样子凑近日军班长三郎，将其击毙；祁宝堂开枪打死矿警机枪手，夺过矿警架在那里的步枪，消灭了一个班的日伪矿警。暴动成功了！祁宝堂自任队长，报号"明山队"。1934年3月，土龙山农民反日大暴动，成立了"民众救国军"，祁宝堂带队前去助战，击毙敌骑兵三十余人，并加入了"民众救国军"。3月19日，明山队配合景龙潭队于九里六屯击毁前来进攻的日军汽车十余辆，歼敌数百人。4月23日明山队攻占了驼腰子金矿，不久被编为民众救国军混成第一旅，祁宝堂任旅长。1935年1月，祁宝堂去珠河寻访赵尚志，与三军在窝里河相会。赵尚志、冯仲云会见了祁宝堂，向他讲解了共产党的抗日主张。欢迎他靠近中国共产党。冯仲云劝他："你的山林绰号不必叫了，你有志抗日，致力中华民族解放，就把名字改成'致中'吧。"祁宝堂从此改名祁致中。1935年冬，祁致中带部分队伍过松花江求助汤原县委，县委派刘忠民在三甲尹家大院会见了祁致中。刘忠民介绍他见了汤原县反日游击总队政委夏云杰。夏云杰介绍祁致中参加了共产党。

1936年1月28日，各抗日部队在浩良河召开军政联席会议，成立东北民众反日联合军总司令部，祁致中率部加入该司令部。5月初，民众救国军被日军包围在依兰县齐刚屯，祁致中急驰救援，将敌歼灭并袭击了增援日军。此时，祁部发展到600多人，富振声到部队负责政治工作。1936年5月20日，祁部和民众救国军第一团、东北民众军准备军等几股抗日山林队改编成共产党领导下的东北抗日联合军独立师，祁致中任师长。东北抗日联军政治军事学校在伊春成立后，祁致中参加学习三个月。除政治军事课程外，祁致中重点总结了几年来领导抗日部队的经验教训，在政治思想和指挥能力上都有很大提高。特别是对培训干部和建立后方根据地的重要性有深刻认识。回队后，祁致中在桦川县笔架山南建立被服厂，在七星碰子山里建修械所，并成立随军干部学校，培训干部。1937年4月，抗日联军总政治部主任李兆麟来到独立师与祁致中共处十余天，传达省委意见、谈心、帮助总结经验教训、整顿部队，发展党员，清除了一部分坏分子；使部队得到巩固，战斗力得到很大提高。6月初，独立师入富锦地区，在别拉音子山迫保卫团于正礼投降，攻打柳大林子伪警察署，解除40多名伪警的武装。6月15日，曾参加过李杜部抗战的富锦县七区头道林子伪警察署长李景荫率部队参加了独立师任参谋长，不久经祁致中介绍参加了共产党。1937年6月，召开北满临时省委执委扩大会议，决定改编独立师为东北抗日联军第十一军。祁致中任军长，并兼任下江办事处主任。"七七"事变后，祁致中率十一军积极开展游击活动。在富锦县七区、五区、二区，同江十一甲等地频繁出击，给日伪军以沉重打击。兵工厂急需炸药做子弹，祁致中持七军一师李学福师长的信，于1937年12月末去苏联求援。苏联边防军将其和从萝北过界的赵尚志、戴鸿宾等人关押在一起，长达一年半。十一军由李景荫领导。1939年5月30日祁致中获释。6月27日同赵尚志等百余人自苏联拉宾乘船横渡黑龙江至嘉荫县观音山脚下登陆，回国任东北抗联总司令部副官长。首战袭击佛山县乌拉嘎（北沟）金矿获胜。在这次战斗中，祁致中行动迟缓，未执行进攻命令，因而被错误处死在现小结烈河河源处，长眠于嘉荫大地，年仅26岁。东北解放后被追认为烈士。

第六节　抗日联军第六军军长戴鸿宾

戴鸿宾，别名高新生，人称"戴半拉子"。1911年8月18日生于辽宁省抚顺县两半山屯。1919年迁到黑龙江省汤原县西北沟靠山村，以种地为生。1932年初在汤原县西北沟靠山村参加抗日救国会活动，同年10月加入中国共产党并参加创建汤原游击队，后任小队长。1933年末任游击队中队长。1934年10月汤原反日游击队扩编为汤原反日游击总队，任总队长。1936年1月游击总队改编成立东北人民革命军第六军时，任二团团长，同年9月改任东北抗日联军六军四团团长，1937年2月任抗联六军军长。1938年2月过境去苏联，与赵尚志等人被关押一年半之久，获释后，被任命为东北抗日联军总司令部参谋长兼教导队总队长。1939年6月27日同赵尚志等百余人自苏联拉宾乘船渡过黑龙江至佛山（嘉荫）县马连村附近登陆，袭击佛山（嘉荫）县乌拉嘎（北沟）金矿，取得了归国后第一场战斗的胜利。1940年春任东北抗日联军第三路军第十二支队队长，同年9月18日离队到沈阳隐居。1945年东北光复后任东北民主联军第五支队队长。1945年10月15日重新入党。1948年5月任吉林省林务局副局长。1949年9月任吉林省公路局局长。1951年1月任吉林省交通厅副厅长、林业厅经营局局长。1963年12月任吉林市政协副主席。1968年3月28日病逝。

第七节　抗联三军五师师长景永安

　　景永安，中共党员，抗联三军五师师长。抗联三军主力西征后，留守部队第一、五师一部也分头出击牵制敌人兵力，为护送北满临时省委代表朱新阳过境赴苏，经汤原、鹤立披星露宿，到达萝北县城。1936年夏，抗联三军五师师长景永安率领全师三个团一百余人，在佛山县乌拉嘎金矿和宝南镇（现保兴乡辖区）一带开展游击活动。1936年初冬，五师师长景永安率100名步骑兵袭击了老沟和火烧营采金场，缴获了黄金、粮食等物资，补充了兵员，解决了部队的装备和给养。经过了三天休整，继续北上攻打佛山县城。12月2日下午4时许战斗打响，景永安师长率队经过近一夜的激烈战斗，攻克了佛山县城。12月3日，抗联部队入城，城内到处挂起红旗，受到群众热烈欢迎。景永安师长在江边的群众大会上，宣传了党的政策和抗日救国的道理，并当场对俘虏进行了教育，每人发给5元伪币路费，释放回家。会后还处决了日本翻译王万良和桥本中队长的老婆小林栗子。12月4日（旧历十月十八）清晨，抗联战士在街头巷尾张贴标语、散发传单，挨家挨户宣传抗日救国的道理。12月5日，朱新阳带翻译陈昌一、警卫员郑丙甲等三人过江去苏联，向中共驻共产国际代表团汇报珠、汤联席会议情况。景永安率部队经乌云、逊克转赴新的抗日战场。

第八节　抗日联军第三路军三支队政委陈雷

陈雷，原名姜士元，1917年10月25日生于黑龙江省桦川县火龙沟万宝山屯。1930年夏，考入桦川中学，1934年参加共产党人张耕野组织的"读书会"。1935年2月加入中国共产党。1937年秋任中共佳木斯市委组织委员、书记。1938年3月加入东北抗日联军第六军四师二十三团。经历了第一、二次石猴山战斗、马家沟战斗、石猴山东坡鞠家大院战斗之后，在黑金河见到北满抗联政治部主任李兆麟。并与之同去寻找省委，过汤旺河经四块石，于1938年5月在巴浪河谷见到北满省委负责人张兰生、冯仲云、魏长魁等。陈雷汇报了"三一五"事件中市委遭破坏的情况，接上组织关系，被留在部队，任命为六军组织科科长。因遭敌人袭击，省委机关转移到下江，陈雷所在的少年连改为军部教导队，陈雷任政治文化教员。

后来，在敌人不断对"三江省"进行"大讨伐"的严峻形势下，下江的北满抗联部队根据中共北满临时省委第八次常委会议决议，分批西征。由陈雷负责师政治工作的六军二师是西征的二批部队。1938年8月队伍在梧桐河岸集结出发。行军一个多月到达海伦八道林子目的地，与三军三师及北满临时省委书记金策会合。会师后，金策组织北征，军事负责人为张光迪、政治负责人为陈雷。队伍9月下旬出发，10月底到达德都五大连池。1938年11月中旬到达朝阳山，陈雷所在的先遣队改编为抗联一支队，张光迪为队长，陈雷任政治部主任。1939年2月下旬在上马场同日军巡逻队激战后，过界到苏联布市。苏军派陈雷去伯力学习。1939年6月27日，被苏方扣押一年半，释放后任命为东北抗联总司令的赵尚志，率100余名抗联战士组成的部队，渡黑龙江从现在嘉荫县的观音山登陆归国，陈雷为司令部工作人员，参加了攻打乌拉嘎（北沟）金矿、俘获日本测量队等战斗。9月被宣布为宣传科科长，年底重返苏联途经梧桐河金矿李把头碴营时，遇上了原六军一师师长陈绍宾带的队伍，陈雷险遭陈绍宾的毒手。

1939年12月赵尚志、陈雷他们在嘉荫县观音山南十里小河河口附近过江，第二次到了苏联，住在伯力西北的养蜂房进行训练。1940年5月末，遵照赵尚志命令，与队长刘凤阳率张祥、姜乃民、金学明、吴保安、邓生等十几个人组成的小部队回国侦察绘制了敌军阵地图，拍了照片，顺利完成任务。渡江回苏登陆后，队长刘凤阳被苏军哨兵开枪误伤致死。在这次行动中，陈雷任政委。刘凤阳同志牺牲后，陈雷担任了这支小部队的队长兼政委。7月末和8月，又两次过江侦察均胜利完成任务。

其后，拒绝了苏方的多次挽留，离开侦察小队，与张祥、刘铁石等七八个人回到伯力北野营。1941年初，李兆麟让陈雷收拢过江的第三军人员到北野营进行整训，在这里与抗联第六军的朝鲜族女战士李敏相爱。1941年3月21日，陈雷等40多人在李兆麟带领下，自苏方加里宁诺边防哨所穿着滑雪板跨越了黑龙江，在通河村登陆，进入库尔滨河口，过沾河到达抗联密营。5月中旬以宣传科科长身份到第三支队负责政治工作。和队长王明贵一起率领三支队转战在大兴安岭和黑嫩平原，在罕达汽、阿荣旗、呼玛河等战斗中获得重大胜利。1942年9月末回到北野营，被任命为抗联教导旅三营六连政治副连长，中士衔。1943年11月31日与李敏结婚。1944年春天，陈雷到北野营训练。以后调入旅党委机关任秘书兼一营党支部宣传委员和翻译连的中文教员。1944年十月革命节，陈雷晋升为准尉。1945年5月1日陈雷升为少尉，享受军官待遇，获得一枚OT-BATY银质奖章。1945年8月东北抗日联军教导旅配合苏军收复东北。陈雷率李敏、马贵云、李占春于9月13日到绥化，任苏联红军卫戍区司令部副司令，绥化临时县委、绥化中心县委书记，黑龙江省人民自卫军警备第一旅政委，6月任龙南地委副书记、专员兼军分区副政委。1947年7月任黑龙江省委秘书长。1949年7月兼任省工会主席、团省委书记。1952年6月任黑龙江省政府副主席、主席。1954年松、黑两省合并后任黑龙江省委常委、基建部部长、工业部部长等职；1958年6月任黑龙江省副省长。1966年在"文革"中遭受不公正待遇。1970年12月任省建委主任、省革委会副主任。1978年2月任中共黑龙江省委副书记。1979年12月任黑龙江省省长、省委副书记。1985年5月任中共黑龙江省顾问委员会主任。1988年6月离休。

第九节　抗日联军第三军四师政治部代主任于保合

于保合，又名万内，1914年生于吉林省伊通县。1928年在伊通中学读书时，受到革命启蒙教育。1933年12月，于保合受党的派遣到苏联莫斯科学习无线电专业。1934年9月学成回国。1935年，于保合被派往珠河游击根据地，任中共珠河中心县委秘书。1936年于保合参加中国共产党。当年春，受第三军司令赵尚志的委派，利用在老钱柜战斗中缴获的敌电台为教具，在巴兰河张木营子建立东北人民革命军第三军司令部电信学校，于保合任校长兼教官。1937年2月，第三军司令部任命于保合为留守一团政治部主任。为配合主力远征，他率部队去乌云、佛山（嘉荫县）一带，在嘉荫县青山乡建立翁泉河密营，开辟新游击区。在攻打佛山县境内马连站时缴获了敌人"围剿"抗联的军事行动计划，并连续攻打了嘉荫河金矿、金满沟金矿的伪警察所和护矿队，缴获一批武器给养。1937年4月下旬，在情况不确实的情况下，轻易地决定打老沟金矿，结果失利。按照赵尚志命令，于保合率部队40多人，经过几天急行军于5月初赶到岔巴气的老白山三军司令部休整。7月，于保合任抗联三军政治部宣传科科长、三军机关党委书记，并参加了在汤梨川帽儿山三军被服厂召开的中共北满临时省委扩大会议。会议期间，经赵尚志介绍与志同道合的抗联女战士李在德结婚。1937年12月，于保合任三军四师政治部代主任兼组织科长，同师长陆希田率少年连骑兵在富锦、桦南、双鸭山、依兰一带游击。

　　1938年初夏，于保合受中共北满省委书记金策的派遣给二路军总指挥周保中送信途中负伤。伤愈后，随四师师部活动，后与李在德去三军四师三十二团兼任团政委。年底，因密营给养不足，又遭敌人追击，于保合率全团同志去苏联。于保合在苏联几经周折，于1939年2月见到赵尚志后接受委派，负责无线电联络工作。6月末，在赵尚志的率领下，于保合随同一百多抗日将士从苏联一个叫拉宾的小村子渡过黑龙江，从现在嘉荫县的观音山附近登陆归国，返回了东北抗日前线。他被任命为东北抗联总司令部电信队队长和政治部组织科科长。在赵尚志率领下，于保合随部队参加了攻打乌拉嘎（北沟）金矿和袭击日军测量队、伏击敌人"讨伐队"等战斗。1939年12月份，苏联方面来电，通知赵尚志去苏联参加在苏联召开的北满省委和吉东省负责同志的会议。于保合等随同赵尚志等人自马连站越江到苏联拉宾。随后，赵尚志和于保合去伯力参加在苏联召开的北满省委和吉东省委负责人会议。在苏联时，于保合先是参加军队政治训练和学习无线电，后调二路军总指挥部。1940年10月，从苏联回国，任二路军报务主任。同年11月，于保合被任命为二路军总指挥部特派员，直接领导二支队的工作。1941

年5月，于保合被住命为二路军的宣传科科长兼电台报务主任。1943年冬，调苏联军人翻译班中国话训练班任辅导员。

1945年8月，日本投降后，于保合随周保中同机抵长春市，负责周保中专用电台的收发报工作。9月份，按陈云同志指示，检修日伪遗弃的直流电台及手摇发电机，及时交付部队使用。1950年朝鲜战争爆发后，于保合调空军工作，任华北空司通信处副处长。1951年2月，奔赴朝鲜，任中国人民志愿军空联司通信处副处长，荣获三级国旗勋章。1951年初冬回国后，一直在空军工作。1955年夏，被授予行政准师级；1956年春，被授予上校军衔；1957年2月，荣获二级"八一"勋章、二级自由独立勋章。1965年秋，被授予大校军衔；1956—1964年，任军委总军械部雷达局副局长、通信兵雷达局副局长、国防部第六研究所器材部副部长。1965年6月，任三机部供应局（物资局）副局长。1966年，在"文革"中遭受不公正待遇。1985年4月9日，于保合因病在北京逝世，终年71岁。

第十节　抗日联军第三路军六支队政委于天放

于天放，1908年生于黑龙江省呼兰县。1924年在齐齐哈尔市省立工业学校求学时，接受了进步思想的熏陶。1928年考入清华大学。1931年经张甲洲介绍加入中国共产党，并任清华大学党支部书记。1931年"九一八"事变后，受北平市委派遣，随入党介绍人张甲洲踏上悲壮的"打回老家去"的征程，协助张甲洲组建了巴彦抗日游击队。张甲洲任游击队司令，于九公任特派员、情报处长。根据他提供的可靠情报，巴彦抗日游击队奇袭兴隆镇、攻克巴彦城、血战东兴县，给日本侵略者以沉重的打击。

巴彦抗日游击队失败后，满洲省委派于九公到齐齐哈尔组建黑龙江特支，任书记。满洲省委及所属党组织遭日寇破坏，于九公化名于树屏和张甲洲到下江活动，于1934年3月进入富锦县。在富锦中学先后以教师、教务长、校长身份为掩护，配合张甲洲向学生宣传爱国思想，搜集情报，发展组织，购买枪弹，策动起义。1937年8月，中共北满临时省委得到日寇准备逮捕张甲洲和于树屏的情报后，通知他们尽快返回部队。在回队的前一天夜里，于树屏在与张甲协谈心中，按张甲洲建议改名为于天放。8月底，于天放来到抗联独立师任随军学校教育长。1938年秋，于天放任十一军一师政治部主任，同一师师长李景荫率部队随北满抗联总政治部主任李兆麟由富锦、宝清出发，穿越小兴安岭，经老白山西征到海伦一带开展游击战争。1939年1月东北抗日联军西北临时指挥部成立，建立了四个支队和两个独立师，王明贵任三支队队长，于天放任政治部主任，共同率队在海伦、望奎、绥棱、铁力、绥化等地以奇袭、伏击等游击战术打击敌人。1940年春节前夕的夜晚，于天放率领三支队50多名指战员，冒着零下40度的严寒，袭击了驻扎在铁力境内西北河北岸的敌人"讨伐队"，击毙日伪军60多人，另外还冻死冻伤部分敌人，缴获轻重机枪及其他各种枪支40多支，还有子弹、衣物甚多。1940年5月，于天放任抗联六支队政治委员。1941年盛夏，于天放率六、十二支队用两天两夜的时间长途奔袭巴彦县四家庙自卫团和伪区政府，缴获一个排敌人的枪支弹药和许多物资、现金。粉碎了敌人大肆宣传的"抗联被消灭了"的谎言。1941年11月15日，由第六支队政委于天放带领六、九、十二支队主力约150人，在乌云旧城渡江至音诺肯季耶夫卡进入苏联境内，在北野营进行整训学习。1942年9月于天放率孙国栋等在二道河子碳窑活动，接到工人报告说庆城一支"讨伐队"前来"讨伐"。于天放立即带着队伍埋伏在"讨伐"队必经路上，把"讨伐"队40多人打死大半，队长"王大巴掌"也被打死。11月于天放率孙国栋再袭二道河子伪森林警察队据点，打死伪警18人，俘虏2人，缴获枪30支、子弹5 000余发、粮食和一些衣物。在此期间，于天放带领小队战士，在铁力北的老金沟、西北河、圣浪分水岭及绥棱等山高林密、交通闭塞、人烟稀少之处，选向阳地点，掘土凿石、开荒种地和不失时机地四处打击敌人。1943年12月金策带队入苏后，北满抗联的斗争环境更加艰险、严峻。于天放小队只能与在铁力小白地区活动的马克正小队相呼应。敌人集中一切力量采用一切手段，断绝抗联与人民群众的联系。派遣特务侦察，叛徒带队围剿、跟踪、堵截、偷袭密营和屯垦点。安邦河、老金沟、分水岭，以及绥棱接近铁力地区等地密营，均遭受严重破坏。在这种险恶的情况下，于天放仍不失时机地出没在铁力、庆城、绥棱、绥化发动群众，坚持斗争。1944年12月，于天放率孙国栋等摆脱叛徒靳国丰带领敌人的追击后，又到宋万金屯并派孙国栋、杜希刚去绥棱北沟、小五部等地检查抗日救国会工作。1944年12月19日，由于叛徒出卖，于天放在绥棱县宋万金屯被捕。先后被押在庆城、北安监狱。判处死刑等待执行。于天放经过一番秘密准备后，于1945年7月12日，与同狱战友赵忠良打死日本看守，逃出了北安监狱。于天放越狱成功震动了整个"满洲国"。关东军下死命令：一定要捉到于天放，"全国通缉""捉住于天放者奖赏100万；隐藏于天放者，全村诛灭"，用10万日伪军警在北安省拉网追捕。于天放在当地人民群众的掩护下，甩掉敌人追捕，脱离了险境，并在讷河组织自卫队迎来东北光复。1947年，他撰写了《牢门脱险记》一书，记述了被捕后和越狱的惊险经历。抗日战争胜利后，于天放在1945年12月被任命为黑龙江省军区副司令员，1946年2月兼任黑龙江省参议会议长，1948年4月任黑龙江省高等法院院长，

1949年1月任东北军区黑龙江省军事部部长、副政委、军区司令员，1954年8月任黑龙江省政府副主席。在"文革"中遭受不公正待遇，于1967年5月3日，含冤离开了人世，时年59岁。

第十一节　中共北满临时省委青年部部长朱新阳

朱新阳，1912年9月24日生于黑龙江省宁安县，原籍湖北省阳信县，后迁入东北宁安县，到齐齐哈尔昂昂溪读书。1929年在五中读书时加入中国共产主义青年团。1930年在哈尔滨学院时，任团支部书记并转为中共党员，同年秋在大连任团市委书记，冬天去北平（北京）中国大学学习。1932年9月在珠河县任团县委宣传部部长。1933年10月参加珠河游击队。1934年筹建青年义勇军，仍回县委工作。1935年接替韩光任团县委书记。1936年9月召开"汤珠联席会议"，成立了中共北满临时省委，朱新阳当选为北满临时省委青年部长。受北满临时省委委派，于1936年12月初协助三军五师师长景永安攻克佛山县城之后，于12月4日清晨，带着警卫员郑丙甲（朝鲜族18岁）和翻译陈品一通过佛山县（嘉荫县朝阳镇）过江至苏联萨吉博沃，通过中共驻莫斯科共产国际代表团，向党中央汇报珠河、汤原中心县委和三、六军在帽儿山召开的联席会议情况。1937年春夏之交，朱新阳才向王明汇报。不久，被送到东方殖民地学院第四分校学习。1939年回到延安在警卫团任教员。1945年11月任齐齐哈尔市市长。1949年6月任旅大市副市长。1952年3月任市委统战部部长。1984年末任黑龙江省文史馆副馆长。1992年末离休。

第十二节　抗日联军第三路军副大队长张祥

张祥，1919年10月10日生于黑龙江省汤原县木良屯。1935年1月参加汤原反日游击队。1939年6月加入中国共产党，历任东北抗联第三军班长、排长、连长、副大队长。1937年12月，张祥随同抗联第三军九师七十五团奉命到浩良河与七十四团、红枪会的部队汇合，共同北上，到梧桐河东北的佛山县所辖的金矿（嘉荫河一带）开辟新区。在二道关门嘴子和一道关门嘴子（现嘉荫县保兴乡马连村南面）与日伪军展开激战，战斗坚持了六个多小时，甩掉了敌人。1939年夏，在苏联的张祥，在抗联六军一师代理师长陈绍宾和三团团长白福厚率领下，乘帆布大卡车来到加里宁诺，在夜幕笼罩下，乘船抵达通河镇（今嘉荫县常胜乡通河村），经过大约三天的行军，到达乌云河河畔，沿乌云河逆流而上，来到乌云河源头处越过分水岭，每天走40里路，在小兴安岭密林中穿行，经现在的汤旺河、新青区连续走七八天后，终于到达下江地区抗联总部和下江特委驻老白山汤东密营。1939年12月，张祥随同赵尚志等人自马连站行至观音山脚下，越江到苏联拉宾。随后，赵尚志和于保合去伯力参加在苏联召开的北满省委和吉东省委负责人会议。1945年"八一五"光复后，任巴彦县红军司令部副司令员。解放战争时期任团长。新中国成立后历任海军炮兵学校第五大队队长、海军高射炮二团团长、海军青岛基地司令员、海军第四航校校长、海军东海舰队航空兵副司令员、海军政治学校副校长。1967年张祥率部队参加抗美援越战争。1977年担任重建海军政治学校领导工作。1983年离休。1989年11月24日病逝。

第十三节　抗日联军三路军十二支队政治部副主任张瑞麟

张瑞麟，1911年2月生于辽宁省锦州。7月逃荒到吉林省扶余县。1933年2月在吉林五旅十四团迫击炮连加入中国共产党，同年5月随队哗变，任南满游击队迫击炮大队分队长，7月负伤后被派到城市工作。1936年6月任哈尔滨特委组织部部长，9月兼任哈尔滨市委书记。1937年4月党组织被破坏，张瑞麟隐蔽在工人中继续开展工作并建立党支部。1940年6月找到东北抗联十二支队后任政治部副主任。1944年1月，中共北满省委书记、抗联第三路军政委金策和张瑞麟率领在北满抗日战场上的小部队，于6月份去苏联，经过休整后，于农历七月十二，在代理师长陈绍宾和三团团长白福厚率领下，乘帆布大卡车来到加里宁诺，在夜幕笼罩下，乘船抵达今嘉荫县常胜乡通河村，经过大约三天的行军，到达乌云河河畔，沿乌云河逆流而上，来到乌云河源头过山，每天走40里路，在小兴安岭密林中穿行，经现在的汤旺河、新青连续走七八天后，终于到达下江地区抗联总部和下江特委驻老白山下汤东密营。1941年4月抗联三支队在辰清车站转移时与日军"讨伐队"遭遇，激战中白福厚壮烈牺牲。1944年3月末，按周保中、李兆麟指示，张瑞麟带6人小分队回国寻找坚持北满游击战的于天放小分队未果。1944年8月，按原路线返回黑龙江边，用水中的漂流木扎木排，在苏军帮助下，偷渡登陆苏军哨所卡萨特金诺返回北野营。1945年"八一五"光复后，张瑞麟历任嫩江人民自卫军副政委、嫩江军区政治部副主任、齐齐哈尔市委秘书长、副书记、书记、黑龙江省财经委副主任。1950年后，历任中共黑龙江省委统战部部长、黑龙江省政协副主席。1979年任黑龙江省人大常委会副主任。1985年离休，1999年5月25日，因病医治无效辞世，享年88岁。

第十四节　中共萝北县委书记王永昌

王永昌，化名老刘、王德，1901年出生于山东省寿光县。1932年加入中国共产党，受中共汤原县委派遣到萝北县开展党的工作。1934年任赵家屯救国会会长，同年5月，在帘区成立游击小队，在伪军中组织抗日士兵小组和在北大柜组织游击连，后编为东北抗联第六军五师四团。1936年3月，成立下江人民政府时任主席。1937年7月，任绥滨县县委书记。1938年1月，在中侠队、助国队进行改选工作。1939年在北安李殿芳屯以厨师和种花为掩护建立抗日救国会，坚持地下斗争。

1939年农历十一月份，接到冯仲云的指示，由王永昌、夏振华等带领的十余人小部队沿汤旺河逆流而上，越过分水岭后，沿乌云河顺流而下，经通河村进入苏联。

1940年3月，冯仲云在苏联开完会后和夏振华、高禹民、王永昌、孙国栋、东庭新、杜景堂一起，率中层干部和部分在苏的抗联战士36人，从加里宁诺过江，在通河村登陆回国。按上次的行军路线，到达乌云河畔后，在乌云河源处，与敌人交火三次，部队有两名同志牺牲，两名女同志负伤；战斗中击毙四个敌人，活捉两个俘虏。战斗结束后，部队沿汤旺河顺流而下，至通北后方基地，与李兆麟会师。

1945年"八一五"光复后，王永昌出任北安县委书记。1947年至1949年任嫩江省农业厅厅长。1952年病故。

第十五节　抗日联军第三路军三支队七大队大队长白福厚

　　白福厚，1931年生于辽宁省辽阳县刘堡黄家屯。少年时读过4年私塾。1927年，全家逃荒到黑龙江绥滨县安乐屯给地主扛活。1933年参加青年抗日救国军。1935年青年抗日救国军解散，白福厚到伪军三十八团当兵。1937年9月，伪兵哗变，白福厚参加了东北抗联六军，在一师六团任连长。1938年底，任东北抗联六军三团副团长，并加入了中国共产党。1940年春，任东北抗联第三路军第三支队第七大队大队长。1938年夏，代理师长陈绍宾带领抗联六军一师，被日军追到黑龙江边，于6月份去苏联；经休整于农历七月十二日，在代理师长陈绍宾和三团副团长白福厚率颇下，经苏方村庄加里宁锗，乘船抵达通河村回国。经过常胜乡平阳河村，乌云镇奋斗村，沪嘉乡福民村，到达乌云河畔。沿乌云河逆流而行，到乌云河源翻越小兴安岭，每天在原始密林走40里山路，连续行走七八天，到达下江抗联总部和下江特委驻地老白山下的汤东密营。

　　1941年4月，抗联三路军三支队，在北安市辰清车站转移时，与日军"讨伐队"遭遇，激战中白福厚中弹牺性。

第十六节　抗日联军第三军军事教官王玉生

　　王玉生，抗联第三军军事教官。1937年2月，抗联三军留守一团政治部主任于保合和军事教官王玉生率一连去乌云、佛山、萝北三县境内活动，在嘉荫县青山乡建翁泉河密营牵制敌人，以配合三军司令部远征海伦、北安、龙门一带，开辟新游击区。1937年3月，政治部主任于保合和军事教官王玉生率领抗联三军留守一团一连40余人，两次攻占马连站（现嘉荫县保兴乡马连村），又相继取得了嘉荫河金矿和金满沟金矿战斗的胜利。在情况不确实的情况下，指挥员轻易地决定打老沟金矿（现嘉荫河附近），结果失利。战斗中军事教官王玉生脚跟中弹，部队撤出战斗转移。王玉生需要用担架抬着走。深夜，又有伤员和担架，艰难地行走了4个小时才走出10余里。这时候天已经放亮了，部队在乌拉嘎镇金丰村南的半山坡上休息，准备做早饭。没料到敌人追上来了，从山下半包抄上来，部队仓促应战，边打边撤，敌人一齐开枪射击，在密集的枪声中，军事教官王玉生为了掩护战友撤退献出了宝贵的生命。王玉生的牺牲是抗联三军的重大损失，当东北抗日联军的火种珠河游击队只有十一人的时候，他就和赵尚志在一起，是抗联三军的创始人之一。他身经百战，出生入死，有丰富的战斗经验，曾当过三军五师的师长。不久任北满军事学校的教官。他性格豪爽，是一个天不怕、地不怕的英雄。他负伤后，为了不拖累部队快速撤退，独自一人留下断后，为了掩护战友，在顽强阻击敌人的过程中壮烈牺牲。

第八章　在佛山（嘉荫）、乌云留下战斗足迹的抗日英烈

十四年的抗日斗争中，涌现出数不尽的民族英烈，他们像璀璨的群星闪烁在历史的长空。在凶恶的敌人面前，他们不愧是英勇无畏的战士；在铁窗酷刑与绞架屠刀面前，他们不愧是铁骨铮铮的硬汉。曾在佛山（嘉荫）、乌云战斗过，后来为抗日英勇献身的英烈中，有中共下江特委书记高禹民、北满抗联司令部中队长刘凤阳、抗联三路军九支队二十五大队大队长孙国栋、抗联三军九师七十五团团长宋喜斌、抗联三军九师七十四团团长宫庆祥等。他们前仆后继、流血牺牲，为抗日战争的胜利，流尽了鲜血直至献出宝贵的生命。

第一节　抗联第三军九师七十五团团长宋喜斌

抗联悍将宋喜斌，绰号"五炮"。1911年生，原籍辽宁省宽甸县，曾任伪汤原县森林警察大队中队长，枪法精准。1936年4月参加抗联三军独立旅，7月被送到伊春政治军事学校，与抗联六军三师师长王明贵同为二期。11月毕业后担任抗联三军留守处负责人，活动在带岭北沟18公里附近，负责筹备给养。同时，兼

任三军执法处（后改名为稽查处）第二大队长，带领战士们在汤旺河口靠近山边处，负责看山护林，收缴木材税。凡是从山里往外运的原木不分大小，每根收税伪币一元。

1937年2月，抗联三军留守一团成立，团长崔春秀，宋喜斌任二连连长，在汤旺河沟里以征收皮捐和种地筹备给养，供应西征主力部队。4月，由于"老白党"（白俄猎民）告密，在老道庙沟娘娘宫（今伊春市西林区十八公里红星村东南山北坡山脚处）一带的第三军被服厂遭到敌人火烧破坏。虽然在厂长陈静芝的带领下，全部物资已经安全转移到四块石北满临时省委留守处，但是留守的老肖同志不幸牺牲。同年冬，宋喜斌利用大雪纷飞的有利战机，在得知敌人联合分队在娘娘宫一带巡逻、扫荡后，便率领一连战士，伏击毙伤敌人40多人，歼灭了"老白党"特务分队。

1938年2月初，抗联第三军哈北游击大队在通河改编为三军九师七十五团，宋喜斌任团长。随即与三军九师七十四团团长宫庆祥率部300余人转战萝北、佛山（嘉荫）的都鲁河、嘉荫河、乌拉嘎河黄金矿区；打下王八脖子、嘉荫河、火烧营等多处金厂。由于长期战斗，部队大量减员，七十四团团长宫庆祥负伤留守乌拉嘎河密营养伤后，部队只剩100多人。2月16日，宋喜斌带领部队攻占萝北县头卡，与敌发生激战。因敌人重兵支援，当日晚退入苏联。宋喜斌在战斗中不幸负伤，奋力爬过冰冻的江面进入苏联，与其他过境的抗联部队会合。

不久，退入苏联的大部分抗联官兵被转送新疆，部分被苏联边防军吸收为侦察员。宋喜斌则在苏联养病，病愈后回国参战，与姜立新带领部队在绥佳线南岔至铁力间，配合抗联兄弟部队数次伏击和偷袭勘察线路的日军护路部队。总计在全线路打死日伪军2 000余人。随后加入了中国共产党，并任后方留守处副处长，负责北满临时省委驻地的安全保卫工作，带领小部队坚持在四块石、通河大、小古洞河一带开展游击活动。当时下江1 000余名队伍，在冯仲云、宋喜斌、王勤等同志坚守下牺牲较少。当年的北满省委书记金策曾经要求张兰生同志务必要与宋喜彬同志一起活动。一方面领导队伍，另一方面建立与恢复地方组织。而且，在抗联部队大部已经转移至岭西地区，北满省委也曾对战斗在宝泉岭、汤原西部、鹤岗一带的抗联第六军四师二十九团政治部主任陈芳钧发出指示，要其尽可能设法与汤西帽儿山一带宋喜斌所率领的队伍取得联络和配合。

1938年9月下旬，为保护北满临时省委，宋喜斌带领30多名战士，在今南岔林业有限责任公司翠岗林场南部的四块石，与汤原县廉成平（绰号廉秃爪子）率领的日伪"讨伐队"600多人遭遇，战斗一昼夜，他一人就消灭四五十名日伪军。子弹打光后，就滚来滚去在牺牲的同志身上寻找子弹，并以大树为掩护，继续战斗。不幸被捕后，宋喜斌仍然大骂敌人、英勇不屈，被廉成平用木棒子打死。

宋喜斌与17名这次战斗中牺牲的战士，一同被安葬在"四块石"山西北坡。遗址处立有石碑，上面有抗联老战士陈雷手书"日月同光"四字碑文。三军政治部主任、北满临时省委书记冯仲云同志在回忆中多次提到他，称其"是个了不起的人物""是很顽强、英勇的，应很好地纪念他"。

第二节　抗联第三路军九支队二十五大队　　　　大队长孙国栋

孙国栋是东北边防军二十七旅六六七团团长王德林部下。

"九一八"事变，孙国栋随王德林的国民救国军英勇抗日，参加过攻打敦化城等战斗。1935年，孙国栋从伪军中拉出了一个排的兵力，组建了抗日武装，开进了绥棱东山里进行抗日。由于抗联三军的影响，孙国栋的队伍不断扩大。1936年被收编为第三军并改编为独立营，孙国栋任营长，加入中国共产党。1939年6月任抗联三路军九支队二十五大队大队长。1940年任三路军政治部特派员。1941年编入于天放的小分队，坚持发展抗日救国会，多次组织袭击敌人据点，成为日军的心腹大患。抗联六军一师老战士李敏回忆：孙国栋是与朝鲜族女战士柳明玉一起转入六军一师的。他15岁当兵，少年英雄，崭露头角。王德林的国民救国军失败后，孙国栋不堕抗日之志，继续坚持抗日。他一米七八的大个，英俊威武、作风干练，与柳明玉是一对恋人；由于部队四处游击，生活动荡艰苦，两个有情人未成眷属。后来，柳明玉去了苏联，孙国栋随六军一师留守下江根据地。长期的战火洗礼，他与团长白福厚、指导员杜景堂成为这支部队的实际领导者。1939年9月，从苏联回国的北满抗联司令赵尚志，把部队分派各处出击，老白山驻地身边只剩十几个人。心怀叵测的陈绍宾，趁机将赵尚志司令部包围，欲行缴械。由于赵尚志司令部的于保合、陈雷、李在德的极力斡旋，加上实际掌握部队的白福厚、孙国栋、杜景堂等中层领导的一致反对，才挫败了陈绍宾发起的一场抗联内部的分裂活动。部队西征开辟岭西根据地后，与白福厚、杜景堂成为下江留守部队的实际骨干。1941年夏，孙国栋任抗联三路军九支队二十五大队大队长。先后参加了石长南山、袭击王杨车站、攻打岩手警察分驻所、二道河子伏击等大、小战斗20余次，给敌人以重创。他与支队长于天放成为岭西抗日斗争坚持最久，令日伪当局闻风丧胆的抗日英雄。1944年12月17日，在绥棱北大沟小五部活动时，由于叛徒告密，与于天放、于兰阁、杜希刚等，在爱国会会员张万棱家中被捕。

1945年8月14日下午3时，也就是日本裕仁天皇向全世界广播"终战诏书"，宣布无条件投降前的十几个小时，伪满洲国哈尔滨高等检察厅日本检察官沟口嘉夫，急匆匆地驱车赶到道里水道街哈尔滨刑务支署监狱。他神情紧张而沮丧，像一头垂死挣扎的野兽，拔出手枪逼着监狱长奥园（日本人），要他马上从狱中提出不久前被判处死刑的孙国栋，立即执行绞刑。

看守陶涤尘打开13号牢房铁门，朝双手插腰、对墙傲立的孙国栋喊道："孙国栋，出来！"孙国栋慢慢地转过身来，鄙视地看了看守一眼，平静地说道："不忙。"然后从容不迫地用手梳理了一下长长的头发，理了理身上破旧的衣裳，环视了一下坐了3个多月的牢房，向前走了一步，伸手敲了敲身边的墙，向隔壁12号监房的难友阎继哲高声告别："老阎哪，我走了！你多多保重，我们就要胜利了。"然后，坚定地迈开步伐，来到院中，又缓缓地回过头来，深情地望着这个押着一千多"犯人"的牢房，高声说道："亲爱的难友们、同志们，我叫孙国栋，是东北抗联第三路军九支队大队长，现在就要与你们永别了。小鬼子今天虽然把我杀了，可我的爱国精神是永存的。"说着他举起带着镣铐的双手向难友们大声地告别道："各位多多保重，我们来世再见啦！"沟口嘉夫、陶涤尘上前推他，沟口嘉夫用刀背砍他，阻止他继续说下去。孙国栋轻蔑地看了看这些色厉内荏的敌人，厉声喝道："你们这些强盗，还能蹦达几时？中国人民饶不了你们！"接着，又朝目送他的难友们大声说："难友们！同志们！苏联红军打过来一个星期了，小鬼子马上就要完蛋了！光明的中国就在我们大家面前，为了这一天的到来，为了结束这亡国的苦难，我孙国栋，一介匹夫，为国而死，死有何憾！"说罢，仰天大笑，转过身来，拖着沉重的脚镣，高昂不屈的头颅，迈着坚定的步伐一步一步地朝监狱院中的刑场走去……

　　绞刑架旁，一向杀人不眨眼的刽子手郭天宝，慑于孙国栋凛然的正气，面色苍白，神情紧张，迟迟不敢动刑；朝监刑的沟口嘉夫喃喃地说："这5块钱我不要了，不要了……"（郭天宝每绞死一个"犯人"，日军给他5块钱）沟口嘉夫暴跳如雷，大骂"快动刑！ 快快地 ……"一边嚎叫着，一也抽出战刀架在郭天宝的脖子上，威逼他马上动刑。郭天宝这才哆哆嗦嗦地把沾满无数抗日志士鲜血的绞索套在了孙国栋的脖子上。"中华民族解放万岁！""中国共产党万岁！"绞绳慢慢地收紧，一位英雄在向即将到来的胜利告别。天地呜咽，气壮山河，年仅31岁的孙国栋，这位伟大的抗日英雄就这样进行了他最后的斗争，迎着即将到来的光明英勇地就义了……

第九章　佛山（嘉荫）、乌云籍的鄂伦春族抗日英烈

　　游猎于小兴安岭南麓原始森林中的鄂伦春民族，同属毕拉尔路。其狩猎区域广泛分布于逊河、沾河、库尔宾河、乌云河、结烈河、戈佩乞河、乌拉嘎河、汤旺河流域，远至铁力、依兰山区。鄂伦春族在接受中国共产党的领导和教育后，迅速提高了阶级觉悟，反抗日本帝国主义的斗争不断掀起高潮。不少鄂伦春族直接参加了抗日联军，同日本帝国主义进行了殊死的斗争。游猎在铁力和依兰山区的鄂伦春族孟庆海等数名猎人，1935年参加抗日联军，同日本法西斯进行了英勇的斗争，不幸在袭击北安的战斗中光荣牺牲。铁力地区的鄂伦春族宪扎布和孟淑云夫妇，从小参加抗日联军，曾多次同日伪军作战，宪扎布在攻打铁力的战斗中，因遭飞机扫射而牺牲，孟淑云并没有因此而气馁，一直坚持到抗日战争胜利。当时，北满抗日联军三、六、九、十一军中都有鄂伦春人参加，其中第六军有40余名鄂伦春族战士。抗联第三军指挥部的鄂伦春族战士安得有和元宝，从小参加部队，在革命队伍中进步很快，1941年在参加嫩江的战斗中英勇牺牲。

　　1933年，日军占领了乌云河、嘉荫河、库尔宾、河汤旺河流域的鄂伦春族猎区。日本特务机关成了鄂伦春族的直接统治者。

鄂伦春族人与之进行了英勇顽强的斗争。许多鄂伦春族人在抗日中流血牺牲，为民族解放流尽了最后一滴鲜血。

第一节　岔巴乞黄毛丧敌胆

1936年8月，日寇集中日伪军400人，从汤原出发，沿汤旺河进攻抗联六军设在岔巴乞的后方基地。当时，主力部队远征在外，很难返回阻击敌人进犯。留守基地年近古稀的鄂伦春族炮手黄毛（鄂伦春族姓氏邬，原籍乌云县乌底河人）站出来说："打！敌人从河西来，咱上河东去，我能打着鬼子，鬼子打不着我。隔条河鬼子想冲也冲不过来，顶多打它两次敌人就不敢上了。"于是，两名抗联战士带着备用枪支和弹药随黄毛来到河东的一个小石礤子后隐蔽。河西沿有一片500米宽的草甸子，是日伪军的必经之地。黄毛让战士在石礤子不同射击点放置子弹上堂的枪支，自己打几枪换一个地点，打几枪换一个地点。不久，敌人出现了，前边是两个骑马的军官，中间是步兵，后边的马驮着机枪、子弹和迫击炮。

"叭叭叭……"枪声响了，先击毙了两个骑马的军官。然后，朝敌人前头打一阵，再朝敌人后队打一阵，枪声不紧不慢，弹无虚发，一连击毙敌军四五十人。敌人趴在草甸子里抬不起头，抬头就被击毙。相持到中午，趴在地上的日军摆起白旗，让伪军喊话："我们是中国人，是日本人逼来的，别打了！"黄毛让抗联战士回话："你们还敢不敢来了？"敌人赶紧回答："不敢了，不敢了！"战士回答："再来就打包渣（全打死）！"敌人夹着尾巴逃了回去。结果，只打了这么一仗，敌人就被抗联百发百中的枪法吓破了胆。一直到1938年3月，没敢向汤旺河腹地进犯。

在长久的抗日斗争中，年迈体衰的黄毛，因病返回毕拉尔路鄂伦春人原籍的乌云河猎区养病时，不幸病逝。

第二节　神枪手安德有、元宝逞威风

抗联三军指挥部的鄂伦春族战士安德有和元宝，都是弹无虚发的神枪手，担负着保卫军部的任务。他俩从小参加部队，在革命队伍中练得一手好枪法。

1937年冬，日寇进攻在勃利一带战斗的抗联三军。当时，三军司令部就住在屯里的一户地主大院里，大院四周是开阔地。鄂伦春战士元宝和安德友，在地主大院的炮搂里沉着射击，先后击毙击伤围攻大院的日军五六十人。后边的敌人见抗联凭险固守，枪法又那么准，只得撤退。元宝兴奋地向军长赵尚志报告："鬼子全让我们打死了，快去拣枪吧！"说着，从炮搂向外瞭望，被一个落在炮楼底下，负伤未死的日本兵开枪击中头部，不幸牺牲。

这次战斗，抗联缴获了日军丢下的步枪、机枪、掷弹筒等许多武器装备，军长赵尚志却十分惋惜地说："我宁要一个元宝，也不在乎那些枪炮！"

第三节　三军六师独立营营长薛和

日本人占领铁力以后，许多在铁力山林游猎的鄂伦春人猎手被收编为山林警察队。薛和拒不就范，毅然拉起反日山林队，活动在铁力南部山区。

1936年春，东北抗日联军总司令赵尚志，率三军主力西征庆、铁，返回汤原根据地时，把六团政治部主任祁占海（外号祁大虎）留在安邦河上游和蒙古山一带坚持斗争。在此危难之际，薛和在铁力南30公里的凌云山老道庙，参加了六团队伍，被编为独立营任营长。薛和枪法精准，百发百中，经常设卡子，打得敌人措手不及，使日伪军胆战心惊。一次战斗中，双腿被敌人机枪打断，伤愈后身残志坚，抗日决心不挫，继续战斗在铁力南山。从此，行军走路由两个战士用大筐抬着，上马下马由两个战士抱着。六团的队伍逐渐在战斗中发展壮大，扩编为抗联三军六师，张光迪任师长。

1936年农历八月下旬，六师作为三军二次西征先遣队到达铁力、庆城北十六道岗。宿营时，被铁力日伪"讨伐队"300多人包围。天亮时战斗骤然打响，睡在密营前大树下警戒的薛和闻声而起，危急中抓过身边的匣枪立即鸣枪向部队报警。接着沉稳射击，一颗颗子弹打出去，弹无虚发；转眼间七八个摸到木营前的日军、汉奸应声倒地。站在高处指挥的日本军官，见薛和的枪法如此厉害，立即命令身边的轻重机枪一起向薛和扫射。薛和隐身的那棵大树顿时笼罩在密集的火网之中。刚刚装上第二梭子弹，还没等继续射击，这位鄂伦春族抗日英雄倒在了敌人的机枪弹雨之中。这次战斗中，由于薛和及时报警，主力得以及时撤离。同时牺牲的还有掩护全师撤退的三军六师二团团长杨福珍，政治部主任陶春喜和二团的二十几名抗联战士。

第四节　三军一师警卫连战士李宝格烈和李桂下布

李宝格烈又名李宝太，1884年出生于乌底河山里。1928年举家迁往汤旺河沟里，以狩猎为生。1931年日军发动侵略战争，李宝格烈带领儿子李桂下布和女儿李桂丽艳（后改名李桂香），辗转游猎到通河县小古洞山里。1936年初，李宝格烈一家目睹了日本侵略者欺压中国人民的凶残本性，带领儿子李桂下布加入了抗联三军。不久，女儿李桂丽艳也参加了三军被服厂工作，后来，她同抗联朝鲜族战士金大宏结为夫妻，1945年东北光复后同去朝鲜，均成长为朝鲜民主共和国的高级干部。

1936年春，日伪派出大股"讨伐队"，对抗联三军一师进行围剿。三军一师为摆脱"围剿"，和敌人在山军辗转周旋，拖得敌人疲惫不堪。一次作战中，师长常有君负了重伤摔下马背，警卫战士李桂下布，立即冲过枪林弹雨，跳下战马把常师长背下火线。

1937年4月，北满省委通知哈东游击队司令李福林到风山沟里开会，由警卫连担任护送。午夜到达二道河子地下交通站宿营被敌探发现，当夜纠集日伪军六七百人来袭。拂晓四五点钟，李福林司令带领警卫连边打边撤，把敌人引到二站山北。李格宝利带领部份战士守东山，李桂下布带主力守西山。战斗非常激烈，从上午打到黄昏，敌人多次进攻都被击退。李福林司令决定乘天黑前突围。李格宝利端着机枪冲锋，李福林司令被打断双腿，李格宝利背起李司令就跑，没跑多远，敌人集中火力射击，李格宝利中弹牺牲，时年53岁。

父亲牺牲后，李桂下布更加勇敢地与敌继续战斗。1937年11月，三军一师在通河县顺江截击日军爬犁，日军在爬梨上开枪抵抗，李桂下布端起机枪跃出伏击掩体，向敌人猛烈射击，敌人被打得爬在爬梨后不敢动弹。此时，一颗子弹击中李桂下布头部；李桂下布牺牲时，年仅26岁。

第五节 三军五师向导李英格烈

李宝格烈的三弟李英格烈，同是乌底河山里的鄂伦春族猎民。1936年12月2日，抗联三军五师师长景永安率部北征佛山（嘉荫），攻克嘉荫县城佛山镇。抗联三军一师李宝格烈的三弟李英格烈，在二哥的影响下，曾为抗联三军五师师长景永安部队送情报，当向导。

1936年12月，抗联三军五师师长景永安部队继续北征。1937年1月，转战逊克县乌底河流域。在乌底河山里狩猎的李英格烈遇到抗联部队分外亲切。立即向景永安部队提供附近松树沟伪警察署的日伪军布署详情，当景永安师长决定攻打松树沟伪警察署时，李英格烈主动为景永安部队带路当向导。到达攻击地点时，李英格烈腾出自己的房子给抗联做掩体，还带领战士火烧了伪警长闫基烈的住房，使躲在李英格烈房子里的攻击部队居高临下，看清伪警察署的日伪军守备兵力布署情况。

据点内有日军守备队1个小分队，伪军1个排，以及松树沟警察署署长戴凤鸣带领的7名伪警察和十几名自卫团员，兵力较空虚。12月的一天深夜，抗联部队80多人乘虚而入，三面包围了松树沟伪警察署，打掉岗哨，占领了有利地势。枪声一响，日伪军警乱作一团，胡乱还击。这时，已抢占制高点的抗日联军，以手榴弹和重机枪等重火力将敌人分割成三部分。一个排的伪军被堵在炮楼里，伪警察和自卫团在戴凤鸣的指挥下退缩到战壕里，只有日军守备队疯狂顽抗。抗日联军在不断缩小包围圈的同时，将位于伪警察署西侧的伪警长阎基烈的住房点燃，熊熊大火照亮了整个战场，把日伪军警兵力部署全部暴露在明处。抗日联军先后击毙了日军的2名机枪射手，不断向敌人逼进。黎明前日军突围，向逊克方向潜逃，拂晓时战斗结束。这一仗，打死日军3名，打伤2名，生俘伪自卫团团长杨福增（后释放），缴获了一批武器装备。抗联部队一位排长牺牲。当伪军主力部队赶来增援时，抗联部队已撤离多时。这一次战斗，唤起了逊克民众抗日救亡信念。

抗联部队在逊克县松树沟取得战斗胜利后，返回嘉荫县境内，经常胜乡的圈岗村、平阳河村、乌云镇的奋斗村、宏伟村，向南行至沪嘉乡的黎明村、晨光村，进入乌伊岭区，沿汤旺河南下，返回了老白山密营。

抗联部队撤走后，日本特务怀疑李英格烈为抗联内线，多次到他家盘查，审问。李英格烈不得不带领全家逃进深山，直到1945年东北光复时，才回到乌底河老家。

1946年至1947年冬，东北民主联军（整编前的第四野战军）一面肃清国民党挺进军顽匪，一面配合地方搞土改。当时，号称国民党挺进军第一军混成第六旅的土匪，在山里有一些秘密仓库，他们的全部粮食都藏在那里。为了消灭这股土匪，熟悉山林情况的李英格烈，带领剿匪部队，一个个地找到这些仓库，把粮食归入县城粮库，烧毁粮仓或敌人避风雪的营盘。逼得顽匪无粮吃，无藏身之处，李英格烈再立新功。流窜的顽匪恨透了李英格烈，时刻想报仇。1947年7月3月夜里，残匪突然闯入李英格烈村里，将逃入山林的李英格烈，枪杀于密林中。李英格烈时年60岁。

第十章 "八一五"光复初期，剿灭日伪余孽的斗争

第一节 光复初期佛山（嘉荫）、乌云的敌我斗争形势

1945年8月7日，苏联红军出兵东北。8月9日，攻占乌云镇；8月12日攻占宝南镇（今保安村），同日占领佛山（嘉荫）县城。从此，乌云、佛山两地（皆属现嘉荫县辖区）光复。8月中旬，苏联红军分别进驻乌云、佛山，设立红军司令部。为了维持社会治安，由苏军主持，先后在乌云（现乌云镇乌云村）、佛山（现嘉荫县朝阳镇）、保安（现保兴镇保安村）成立了维持会。其主要成员是伪官吏、地主以及金矿大柜、把头等日伪头面人物。10月，进驻两县的苏联红军回国，维持会改组为临时县政府。不久，实权落在地主武装保安队手里，临时县政府自行解体。

1945年8月上旬，我三江人民自治军在萝北县境内收编的土匪李清泉部，奉命赴鹤岗整编途中，从观音山对岸拉宾站苏联红军司令部骗取印信，自称三江人民自治军接收佛山（嘉荫）县城。中旬，中共合江省委任命李巨川为县长，率十余人赴佛山（嘉荫）县建政，被李匪缴械。李清泉部被鄂伦春族武装消灭后，李巨川等积极开展工作，向马毓年、陈士勋、纪洪福等宣传

我党的方针政策，组建佛山（嘉荫）县人民自治军，维持地方治安。但纪洪福等人表面应付，暗地却从鄂伦春族人手中购枪20余只，以地主、富农、伪警察为骨干，纠合30余人组成保安队，准备迎接中央军并密谋杀害李巨川县长及其随行人员。此事被当时的金矿局副局长徐延年得悉后告知了李巨川。李巨川和随员得以脱险，返回佳木斯。此后，佛山（嘉荫）县政权被保安队把持。纪洪福自封为金矿局局长，收"官金"，发"中央军"票子。他们搜刮民脂民膏，吃喝嫖赌，无所不为。

当时的乌云、佛山两地（皆属现嘉荫县）政治局面混乱。活动在佛山（嘉荫）县境内有两支武装力量：一支是纪洪福、李万渠、王明轩、宋纪廷等人纠集的保安队，约一百人；另一支是王瑞益、杜秀臣的鄂伦春族武装"栖林"队，约40人。他们都聚集在乌拉嘎金矿。保安队是乌合之众，战斗力很弱，唯"栖林"队十分强悍。鄂伦春族人因长期游猎山林，骁勇慓悍，枪法准，熟悉山路。争取鄂伦春族武装力量投向人民一边，剿灭土匪武装，成为当时解放佛山（嘉荫）县的斗争焦点。

第二节　一战金山

1946年1月，中国共产党领导的三江人民自治军富锦军分区解放了萝北县。同年12月，合江省委书记张闻天根据李巨川的汇报，令鹤立中心县独立团加强对乌拉嘎（北沟）金矿（距离现北沟村西北15华里）的侦察工作。1946年初，李巨川到萝北县城凤翔镇。2月初，派采金工人出身的侦察员王金山赴金矿侦察敌情。王金山和王瑞益同在太平沟金矿采过金，是结义弟兄。1936年前后，他们曾和赵尚志领导的抗联三军有过来往。1940年王瑞益从太平沟转到乌拉嘎金矿，既做着鄂伦春族的"驸马"（王瑞益是鄂伦春"袖头"杜秀臣族弟杜孟德的姑爷），又当着采金把头，有车有马，在金矿是有钱有势的头面人物。王金山首先到三栖林（现乌拉嘎镇金星村）找到了王瑞益。深夜，王金山向王瑞益讲了共产党的主张和民族政策，希望能把鄂伦春族武装拉过来。接着，王金山去南沟侦察，被保安队小队长孙长海杀害。几天后，县长李巨川带着四名警卫员化装成猎人到了三栖林，隐蔽在王瑞益家侦察敌情。

1946年2月下旬，鹤立中心县委书记、独立团政委刘忠甫，团政治处主任刘银希率独立团一连和两个新编骑兵连，与佛山县县长李巨川及十余名政府工作人员二百多人，从鹤岗出发，经萝北县城凤翔镇，取山道直奔佛山（嘉荫）县城。部队走到兴东镇，得知据此不远有大股土匪活动的情报；用电台与拉宾站的苏军司令部联系，确知刘光才"挺匪"七百余人正从逊河、奇克向乌云、佛山（嘉荫）进犯，鉴于敌众我寡的形势返回鹤岗。

第三节 二战金山

1946年5月，黑龙江省军区副司令员、抗联老战士王钧任北路剿匪总指挥，与省军区参谋长关静寰，省警备二旅旅长张光迪，警卫团团长李春生，省骑兵团团长李行、政委崔国荣等率部到达黑河地区，拉开剿匪序幕。

1946年8月初，鹤岗独立团政委刘忠甫和佛山县县长李巨川率一连、四连、二连的两个排、团部机炮排，以及政府工作人员三百余人，从鹤岗出发，经萝北县城凤翔镇，沿梧桐河经王家店、三间房、炮台店（现乌拉嘎镇辖区，在金矿通往萝北的公路上），走山路向乌拉嘎进军。

佛山（嘉荫）县保安队队长纪洪福、王明轩等人得知我军进剿的情报后，慌忙召集小队长以上头目们秘谋，决定在五龙桥（现乌拉嘎镇金丰村东北2华里）、关门嘴子（距离现乌拉嘎镇金丰村西北9华里）等险要地段伏击我军。当我军先头部队行进到乌拉嘎河边的三栖林（现新青林业局乌拉嘎经营所）时，突然遭到小股保安队袭击，当即有三名战士负伤，两匹战马被击毙。傍晚，我大部队到达三栖林。由于我军纪律严明，深受鄂族群众欢迎，王瑞益等人还让出了房子作为我军的临时指挥部。

从三栖林到北沟约40华里，有一条可供车马通行的伪警备路，路旁多是低山丘陵，唯五龙桥、关门嘴子山势陡峭，草木葱笼，地形异常险要。次日拂晓，我军迎着蒙蒙细雨向北沟进发。当先头部队一连前进到五龙桥时，突然遭到保安队骑匪伏击，十几名战士中弹牺牲，8名战士负伤。一连长指挥部队把匪徒赶跑后，迅即进到关门嘴子。随后，二连、四连和机炮排也赶到了，这时扼守在山路左右山峰上的敌人猛烈地射击，我军一时又有很大伤亡。刘政委带着警卫员和通讯员隐蔽地登上一个山头观察地形和敌情，发现敌人火力集中在去北沟右侧的山峰上，便命令一、二连正面佯攻，四连从山后迂回包抄，又命令机炮排密集轰击，将保安队仅有的一挺机枪打哑了。四连在连长任广太指挥下，出其不意地从敌后攻击，保安队立刻阵势大乱，仓惶溃逃。一、二连迅速占领了右侧山顶，左侧敌人见失去支撑，也撤走了。我军通过关门嘴子险地，进到隋家菜园子（距离现金丰村西北12华里）。这时，埋伏在南山和西山的敌人，与从关门嘴子撤下来的残敌合兵一处向我军发起突然反击，机枪手牺牲，炮手和李巨川也负伤。18岁的警卫员贾新年接替炮手向敌阵地发炮，另一个警卫员接过机枪猛烈地向敌人扫射，各连、排分别向关门嘴子东西两侧山麓攻击前进,敌人乘夜色向东北方向逃窜。战斗整整进行了一天,我军伤亡50余人,翌日凌晨进驻北沟。

北沟(距现金丰村西北15华里)是日伪时期黑龙江沿岸的金矿重镇,1940年采金最盛时,矿工总数达4 000多人,年产黄金33 200两。1943年日本人封沟驱走了工人,烧了工棚子。光复后这里又陆续聚集了不少采金工人,有一千余人。但当地没有耕地不产粮食,我军进驻后,最严峻的任务是给养供应。然而,保安队纪洪福、王明轩、宋纪廷等人熟谙地形,而且深知我军弱点,妄图在我军立足未稳之际,切断给养,进而达到挤走我军的目的。在五龙桥、关门嘴子战斗中,他们居高临下,躲在暗处伏击,伤亡很小,有一定的战斗力。保安队头目王明轩便带主力潜伏在交通要道上截击我军的后勤供应。

不久,独立团增援部队一个排,押运粮食经过三间房时,遭到几十名保安队伏击,两名排长,四名战士牺牲,十余名战士被俘(其中大部是运粮民工),给养全部被抢走。几天后的深夜,隋家菜园子的岗哨又被敌人打掉,两座地堡被敌占领,站岗的三名战士两人牺牲,一人突围。第二天清晨,刘政委令四连长任广太指挥一排又从土匪手中把阵地夺了回来。

在我军进驻乌拉嘎金矿的日日夜夜里,淫雨绵绵,连日不晴。指战员们都穿着单衣行军打仗,粮食缺乏,许多人病倒了。由于敌人封锁,部队经常断炊,常用野菜、野果充饥。刘忠甫虽然也发着高烧,仍带病指挥战斗、安排巡逻、检查岗哨、了解敌情,和指战员们一道深入采金点发动工人护矿、恢复生产。

1946年8月20日,刘忠甫率十余名骑兵赶回鹤岗,到省军区汇报战况,请求援兵。省军区首长同意从独立团留守部队中抽一个连增援金矿。连长王兴业率先遣排先期出发,被敌前堵后截,全排30余人壮烈牺牲。当刘忠甫闻讯率部队赶到时,敌人早就撤回佛山（嘉荫）县城了。

保安队虽然几次伏击得手，但自知势孤力单，迟早有灭顶之灾，便派李万渠、孙长海去乌云找国民党东北挺进第一军混成第二旅旅长刘光才求援。当时，"挺匪"正受我黑河剿匪部队围追堵截，难以立足，于9月中旬窜到佛山（嘉荫）。在保安队的头目中，纪洪福是佛山（嘉荫）当地地主，有较强的正统观念。见"老挺"奸污妇女、抢劫财物，便私下议论"老挺不像中央军成不了气候"，被李万渠告密。刘光才一怒之下将纪洪福、宋纪廷、孙占亮、于世顺、董贵田五人枪毙，取消保安队，成立公安局，封李万渠为局长，把保安队队员一部分拨给公安局，另一部分安插到各连，准备长期盘踞佛山（嘉荫）。

我军得知保安队与"挺匪"勾结，企图反扑乌拉嘎金矿的消息后，刘政委决定返回鹤岗。鉴于以往因地形不熟而遭受伏击的教训，刘忠甫、李巨川等反复做了王瑞益的工作，王瑞益同意给我军当向导。最初确定的撤退路线是经三栖林（今乌拉嘎镇金星社区乌拉嘎河北）、腰站（距离现在的乌拉嘎金星社区东北12华里处）、保安村（现保兴镇保安村）。王瑞益到腰站时，果然发现有保安队和鄂伦春60余人据险把守。王瑞益说服了鄂伦春人。鄂伦春族武装一撤，保安队大部也遛了。我军顺利地通过了腰站到达保安村。刘忠甫派王瑞益到佛山侦察敌情。他到佛山时，恰遇"挺匪"进村。保安队有人向"挺匪"报告说"王瑞益是八路探子"。刘山东子便下令将王瑞益抓起来枪毙。当时，刘光才名为一旅，其实不足700人，旅下只有两个团，即十八团和二十团。二十团的团长莫东生、副团长莫金生、营长莫德林等骨干都是鄂伦春族人。王瑞益的叔伯小舅子杜常山急忙找莫东生向刘山东求情，刘便把王瑞益放了。王从莫氏三兄弟那里得知"挺匪"就要攻打乌拉嘎金矿，连夜动身（骑马）返回，翌日拂晓赶到保安村，见我军已经撤走了。

原来，我军到保安村后，就与苏联拉宾站边防军司令部联系，得知"挺匪"七百余人已到佛山，即将向乌拉嘎金矿运动的情报，便决定立即撤退。因船只少，只得分水、旱两路走。刘政委率四连、机炮排和伤病员乘船，后勤处负责人王卫范率一、二连走山道，到凤翔会合。部队到凤翔时，李诚副团长率两个骑兵连正在迎候（李部原奉命去金矿送棉衣，到凤翔后因敌情不明未敢贸然行进，经与苏军联系得知刘部已顺流而下），两军会合后返回鹤岗。李副团长的两个骑兵连留守凤翔。刘忠甫因二进金山轻敌冒进，部队伤亡很大，受到军区首长批评，在军区干部会上做了检查。

第四节　三战金山

1946年9月下旬，"挺匪"进入乌拉嘎金矿，抢掠黄金以充军饷，并封王瑞益为独立营营长、金矿局局长。王虽表面接受"封官"，却拒绝了随"挺匪"行动，暗中仍派人找我军联络。

1946年10月初，"挺匪"窜入萝北，打开了凤翔镇，据当年的合江省军区副司令员贺进年回忆：凤翔事件中，鹤岗独立团损失了两个骑兵连，县长邵万才、独立团政治处主任胡惠良被枪杀，县政府被敌人打垮。合江省军区立即抽调部队七百余人，其中包括三分区五团三个连（由副团长薛有良带领），军区警卫团三个连（由副团长吴升开带领），鹤岗独立团四连等，在省军区李荆璞副司令员率领下，12月初攻入凤翔。经梧桐河、王家店、炮台等地攻取乌拉嘎（北沟）金矿。

"挺匪"得知我军主力攻占凤翔的消息，迅速撤回金矿。稍事休息，又狼狈地经保安（现嘉荫县保兴镇保安村）、佛山（现嘉荫县朝阳镇）向乌云（现嘉荫县乌云镇乌云村）窜去。保安队见"挺匪"败退，也钻进小结烈河（距离现北沟东北1.6公里处）深山藏匿起来。王瑞益见"老挺"大势已去，决定先避避风头。在我军到金矿前夕，率鄂伦春族青壮年40余人向小结烈河、大碴子（现嘉荫县青山乡大碴子村）方向撤退，经青山乡建业村、结烈河村，一直撤到嘉荫县红光乡辽源村西侧的稻田村。

李荆璞率部进驻乌拉嘎金矿后，一面发动群众了解匪情，一面派出侦察员探寻敌人行踪。刘忠甫、任广太等是第二次到金矿，情况较熟。他们耐心地做鄂伦春族人的工作，反复宣传党的民族政策。鄂伦春族群众见我军纪律严明，对老百姓和气，便说出了栖林队的去向。李荆璞派人把王瑞益找回来。王瑞益率部回来后，被邀请参加了我军战斗动员大会。王瑞益等鄂伦春族首领和围观群众受到很大鼓舞。会后，王瑞益把班排长召集起来，进行了认真商讨，最后鄂伦春族人答应为我军带路。据侦察获悉，"挺匪"已从佛山村经红光乡太平村、燎原村，嘉荫农场（稻田村），经向阳乡的育林村、育强村、育红村、王家店村、黄鱼卧子村向乌云撤退。因敌人是骑兵，我军是步兵，要消灭敌人必须出其不意地实施包围，聚而歼之。因此，李副司令员决定避开大路，撇开佛山，取山间小路，隐蔽地接近敌人。从金矿到乌云三百余里，部队经青山乡的大碴子村、建业村、建华村、建边村、清河林场、红石碴子，翻山越岭，经三昼夜行军到达距乌云三十余里的雪水温。老百姓说"挺匪"还盘踞在旧城和乌云没动。旧城（现乌云镇旧城村）原名温河镇，是民国期间乌云县治。因濒江处是漫滩不能停泊轮船，在其上游名叫单灯罩的地方，修建了码头，取名乌云站。日伪统治时将乌云县城迁到此处，取名乌云镇，是国境线上边防重镇，共有人口六百余户。因坐落在沿江冲积平原上，攻守各有利弊。李副司令员决定老五团攻旧城，警卫团和独立团四连取乌云，两地同时发起攻击，分而歼之。警卫团因迫击炮、钢炮等重武器搬运不便，旧城挺匪在河沿村与"挺匪"合兵一处，向西逃窜。警卫团的先头部队咬住敌人接火，俘敌二三十人。

第二天，"挺匪"又聚集在福民（现沪嘉乡福民村）、隆安（现沪嘉乡隆安村）一带。当夜，我军又兵分两路追击，一路是从乌云镇乌云村进发，经乌云镇的灯罩村、腰屯村、河沿村、夹信子村、宏伟村至沪嘉乡的福民村。另一路是从乌云镇旧城村出发经乌云镇的南地营子村、大沟口村、沪嘉乡的新安村、新龙村、隆安村，抵达福民村。

"挺匪"在福民稍事停留，连夜向逊克县松树沟方向窜去。逊克县境属黑龙江省辖区，李副司令员因敌情不明，返回乌云休整，就地剿灭残匪。残匪逃出福民村，横越逊克、孙吴县境，直取爱辉县西岗子。结果，在黑河军分区三旅一团、嫩江军分区警卫团、骑兵团打击下，屡遭重创，已成惊弓之鸟。

1947年1月，合江省军区与黑河军分区分别命令合江军区李副司令员、黑河军分区三旅旅长廖中符，相互配合围剿残匪。李部从东、东南，廖部从西、西北，包抄夹击，与逊克独立团配合捣毁了刘山东的老巢，焚毁了营盘和仓库。1月下旬，残匪已无立足之地。这时，部队采取的封锁沿山村庄，派小部队突袭，大部队堵击的作战方法十分奏效。一次，活动于逊河的五团一部突袭匪部兴亚村，逊克独立团在嘎达敏堵击，歼敌100余人。敌人开始分化瓦解，纷纷向我投降。残匪被围在小兴安岭北坡方圆二百里的荒山密林中，弹尽粮绝、靠杀马充饥，失去控制的挺匪余部各自溃散。刘光才、张景云、李亚州等匪首，窜匿逊克松树沟村李双福地营子。2月初，黑河三旅十团二连的两个排与逊克县公安局配合，突然将刘山东以下十七名匪首包围，除二人被击毙外，其余皆捕获归案。3月，匪首刘光才、张景云、李亚洲被押至黑河公审，就地枪决。

刘光才"挺匪"被剿灭后，佛山县境内的大股土匪武装基本肃清，只有少数窜逃的小股土匪，仍潜伏山林伺机窜扰。

1947年2月，乌拉嘎金矿解放，矿山行政中心设在现乌拉嘎金矿的北沟镇，佛山县与金矿政企合一，县址亦设在北沟镇。合江军分区独立团副团长史纯儒，率独立团四连进驻北沟镇并任金矿局长。

1947年8月，合江军分区派谷铁流、王德生率分区警卫连（因连队指战员多由朝鲜族组成，故称朝鲜连队）进驻北沟镇，史纯儒和四连调回军分区。同月，佛山县工委与县政府同时成立，谷铁流兼任工委书记，王德生兼任县长。县工委、县政府与乌拉嘎金矿合署办公。当年冬季，乌拉嘎金矿成立反奸清算委员会，建立了工人自己当家的采金班。同时，组织土改工作队，到佛山村、宝南村进行农村土改试点工作。至此，佛山（嘉荫）、乌云人民才彻底摧毁日伪反动统治势力束缚，获得真正解放。

第十一章　肃清残匪，土改建政

第一节　佛山（嘉荫）县建政初期的肃清匪患与土地改革

　　佛山（嘉荫）县土改　1947年末，合江省各地的土地改革已基本完成，只有建政较晚的佛山（嘉荫）等县，土地改革尚未开始。为支援新区建设，合江省组建了佛山县民运工作团。工作团从陈郁任团长的勃利县土改工作团抽调董云峰等十余人组成。腊月三十，工作团领导向董云峰等工作团员交待了去佛山（嘉荫）民运工作团开辟新区的工作安排。第二天是正月初一，工运团员们年也没在勃利过，立即赶赴佳木斯，向合江省委报到。初二就来到兴山镇（即鹤岗）与正在那组建的佛山（嘉荫）民运工作团会合。当时，工作团的团长是张绍久，团部下设三个队，队员由19人组成，其中7名党员。董云峰是党组成员兼工作队队长。与工作团一起行动的还有已进驻佛山（嘉荫）的分区警卫连一个排30余人。连同工作团共有长短枪50支、子弹三千发、手榴弹一百颗。工作团集中住宿在兴山镇（鹤岗）乌拉嘎金矿转运站。初三，全体工作队员分乘三挂马车，由刚刚脱离刘光才"挺匪"的鄂伦春马队队长王瑞益（绰号王八老三）做向导，开赴北沟镇。

　　正月初六，来到北沟镇，在那里休整了7天。由县工委书记谷铁流、县长王德生布置了工作任务，交待了土改政策：依靠贫雇农，团结中农、知识分子和上层知名人士，打击地主、富农和恶霸，肃清残匪，成立农会，组建武装，建立政权搞好土地改革，发动大生产运动，维护社会治安，提高和改善人民生活。

正月十二日工作团带一个警卫连，步行两天到达佛山村。当时，县工委和县政府的驻地在乌拉嘎金矿局的北沟。如今的县址朝阳镇是当时的佛山村。乌拉嘎是矿区，没有耕地，开展土改的重点区域在佛山村（今朝阳镇），其次是宝南村（今保兴镇保安村）、稻田村（今国营嘉荫农场）。全县共有自耕农1 100户，占有耕地34 000亩，占全部耕地89.1%。据土改工作队摸底，全县有地主、富农20余户，占有耕地面积4 170亩，占全部耕地10.9%。

正月十四，县工委派朝鲜连队一部，同土改工作队一起到达佛山村。工作队队部设在原朝阳镇的五金商店（原王洪喜商号）。从正月十四起，土改工作队开始接触群众，寻找依靠对象，划清打击对象。发展了赤贫户郭兰亭、龙殿清、贺桂文（三人皆为伪满开拓民）以及原住户张桂林、赵玉玺、姜秀英、王守仁等一批依靠对象参加了农民会。经过几天的工作，当摸清基本情况后，把全村划分四片，每片由工作队员和农会骨干包片开展工作。经过一段时间的发动，把分散在各片的打击对象，全部集中并隔离起来。然后，把他们的土地、浮财（动产）分给贫苦农户，粮食贮的都不多就没分。大约20天，这项工作完成，便把集中的打击对象逐个放回了家。后来，《土地法大纲》颁布，20户左右被集中的对象中，有几户应该被划为中农的，又重新改划，不动产没动，已经分了的浮财能退的也全部退了回去。不久，农会根据《土地法大纲》给农户分了土地，包括地主、富农也分配了土地。一般情况都是按人口平均，地主、富农也按人口分得了同样数量的土地，只是有些户分的地离家远些。从当时的情况看，当地老住户生活富裕些，多数地主、富农都是老户。日伪时期从桦南、桦川等地迁来的开拓民则十分贫困，多数人穿苞米叶鞋，没有被褥铺盖。除土地、房屋平均分配外，定出贫困等级，按等级分配浮财大车、马、衣物等，黄金、大烟土没收归农会所有。

保兴山下遭劫 当时，原保安队队长王明轩，土改时隐匿深山，纠集残匪聚集在佛山村南20多里的保兴山一带的丛林中活动。这股残匪经常袭击途经保兴山下的过往船只，抢掠粮食、衣物、钱财，对新生政权进行骚扰破坏。同时，还偷袭附近的村庄，偷马盗粮，对翻身农户进行反攻倒算，阻碍土改进行。

王明轩是佛山村老户，日伪时期到富锦县当上了伪警尉。"八一五"日军投降后潜回佛山，同地主纪洪福共谋，按农民土地多少摊钱，购买枪支弹药，组成了保安队。后窜入金矿，纪洪福自任金矿局长，王明轩是保安队大队长，带领保安队截杀商贩，抢掠钱财，收管砂金，压迫和盘剥工人，阻截我军解放乌拉嘎金矿。当时，佛山（嘉荫）县的对外交通主要有两条干线，一条是经乌拉嘎的三楼林村，再经王家店去兴山镇（鹤岗）；另一条是黑龙江航道。与上级领导联络、部队弹药、粮米给养供给，群众日用物品，当地黄金、土特产品都要经过这两条通道进出。为保证交通线的畅通，县工委、县政府成立后，做了王瑞益的工作，让他担保金矿至兴山镇公路的畅通。

王瑞益带领鄂伦春马队下山归附人民政府后，县工委便派王瑞益带鄂伦春马队仍游猎于王家店、炮台一带，边打猎边护路。县人民政府发给子弹、给养和护林费。从此，保证了佛山至兴山的公路畅通，使金矿几千名矿工的粮食给养，每年开采的一万五千两黄金运送出山有了保障。

黑龙江水道是中苏两国的国际交通线。当时中苏友好，为了保证航道的畅通，很大程度上依靠苏联边防军扼制土匪窜扰，保证航运。但是，由于王明轩潜伏在保兴山一带，仍使航道遭受骚扰和破坏。1948年开江后，大同村的三只船往佛山村运送粮食，粮船来到保兴山下，遭到王明轩的袭击。那次是逆水行船，船舱又装满粮食，吃水深，由十多名船员在岸边拉纤。王明轩带领匪徒躲在保兴山下的密林中，打死船工3人，打伤6人。我方护船战士在船上还击，战斗十分激烈。直到苏方边防巡逻艇越过主航道接应，才击退了王明轩匪帮，把受伤的船工送过江去苏联治疗。船上的粮食一部分被王明轩匪徒掠去，大部分翻沉到江水中，几乎全部丧失。

智歼残匪 船队在保兴山下遭到劫掠后，驻守乌拉嘎金矿的朝鲜连队与土改工作队的武装队员配合，到保兴山一带剿匪。部队分驻在大同村、永安村等土匪经常窜扰的村屯。同时，在上山的路口设卡子，封锁了土匪上山下山的道路。

经过几天的侦察，战士们发现残匪潜伏在保兴山的密林中，除非断粮从不下山。为了防止残匪下山弄粮，战士们不断增岗加哨，集中兵力截断粮道。同时，派侦察员跟踪匪徒足迹，终于查清了保兴山匪徒的聚集一处山顶大地窖中。地窖顶部同地面一样平坦，上面和四周长满树丛和荒草，伪装得十分隐蔽。如果不是跟踪足迹发现匪徒钻入地窖里，就是来到地窖边，不仔细观察也发现不了。地窖里十分宽敞，住着十几个残匪，搭有火炕和地灶，可以取暖和做饭。

一连几天，下山的匪徒都被岗哨截回，残匪下不了山，断了吃粮，加上剿匪部队步步进逼，残匪十分惶恐。他们在地窖周围的树上，挂上揭了盖的手榴弹，四周的地下也埋上了地雷。一天晚上，连队同土改工作队的武装队员，按侦察员侦察的线路摸上了山顶，用机枪封锁了地窖的出口。接着，手榴弹一颗接一颗地在地窖顶上炸响。不一会儿，地窖被炸塌，手榴弹落进了窖里。里面的匪徒死的死、伤的伤，没死的匪徒拼命地向外扑，慌乱中有的被机枪击毙，有的碰响了自己挂在树上的手榴弹，死伤大半；其余的匪徒都做了俘虏，唯王明轩逃窜下落不明。战斗中，因碰响地雷和挂在树上揭了盖的手榴弹，许多战士负了伤，带队冲锋的吴班长同两名战士在战斗中牺牲。

歼灭残匪后，建政工作进展顺利。1948年11月，县工委把全县划做乌拉嘎金矿和佛山、保兴、稻田三个区。董云峰任佛山区党支部书记兼区长。由于干部不足，翌年一月，又将三区合并为佛山中心区，由董云峰任区委书记、委员有池墨林、许光第、马文有、黄恒义。中心区下设佛山、保兴、稻田三个中心村，各中心村建立了党支部。

密林剿匪 佛山（嘉荫）县境内的残匪肃清后，毗邻的逊克县建政工作刚刚开始，残匪尚未肃清。逊克所辖的乌云镇经常遭受残匪袭扰。

1949年3月，在乌云镇袭击西关，杀害我指战员7人的残匪30余人，来到了稻田村。深夜，残匪趁住在村政府的民兵熟睡之机，缴了民兵的枪，俘虏并杀害了孙维佳、孔宪国、李万荣三人。当时，佛山中心区委没有电话，一切通信联络全靠通讯员奔跑。直到第二天中午，佛山中心区委才接到稻田村遭到土匪袭击的报告。区委立即召集区小队警戒。同时，向驻在乌拉嘎的县工委报告，请求县大队支援。县大队接到报告立即出发，赶到佛山村后又向稻田村奔袭。土匪退出稻田村进入原始林，朝西向汤旺河一带逃去。县大队稍事休息，又循着残匪的足迹进入原始林，向西追赶。经过连夜行军，第二天来到汤旺河边，追上了残匪。经过激战，县大队击毙残匪十多人，活捉了残匪首领并当即镇压，余下的残匪四处散去。这次战斗中，县大队的白指导员和两名战士牺牲，三人都是朝鲜族战士。这次剿匪后，佛山县境内的匪患基本根绝。当年5月，县大队奉命调入逊克县，参加肃清逊克残匪的斗争。之后，便留在了逊克县。

首轮干部培训班 1948年7月，合江省委任命张绍久为佛山工委书记兼县长，副县长王玉春。县工委、县政府的工作重点仍然是黄金生产。1月，东北行政委员会发出"建政工作问题的指示"，要求在东北解放区土地改革业已完成的地区准备基层建政工作。9月，县工委和县政府决定把全县农村分为佛山、保兴、稻田三个区。保兴区区长许光第、佛山区区长董云峰、稻田区区长池墨林，开始区、村建政工作。

1948年11月，为解决建政工作中区、村干部的缺乏，在保兴村的大桥屯举办了佛山县首期干部训练班。选拔了一批各区、村的农会骨干和土改中觉悟高、有实际能力、有一定文化的青年30余人参加。两个多月的时间里，由民运（土改工作队）工作团领导讲《土地法大纲》《中国农村社会各阶级分析》《新民主主义论》《东北解放区县、区、村人民代表选举条例》和《东北解放区县、区、村人民政府组织条例》，以及全国解放战争形势与当前农村干部的工作任务。从学员中发展了佛山县首批党员郭兰亭、贺桂文、龙殿清、赵玉玺、梁振东、常宝奎、张清亚、刘子云、徐立臣等13名。干训班结束，学员分到保兴、佛山、稻田的17个自然村、屯，开展基层建政。

1949年1月，将三个区改为佛山、稻田、保安三个村，设佛山中心区人民政府，区长董云峰。5月15日，佛山县划归黑龙江省黑河地区；翌年3月16日划属松江省。12月12日召开全县第一次党员大会，公开党组织，与会党员27名。1951年8月31日至9月2日，召开佛山县第一次党代会，张绍久任县委书记，中共佛山县工委改名中共佛山县委。9月，佛山县委、县政府又将驻地乌拉嘎（北沟）金矿之外的17个自然村、屯，合并为佛山、保兴、稻田三个村。1952年1月1日设立乌拉嘎区政府。12月1日在佛山村西屯进行建政试点，由村民选举产生村政府。佛山村下辖佛山东屯、佛山西屯、永安村、新发村、太平村五个自然村（屯）。稻田村下辖稻田村、高升村、双河村、振兴村、敬业村、正义村六个自然村（屯）。保安村下辖仁合村、保安村、大同村、兴农屯、互助屯、共荣屯六个自然村（屯）。12月，县政府又将驻地乌拉嘎（北沟）金矿下辖的大结烈河、南沟、小结烈河、河北屯、四支列、小河潜、七支列、三间房、鹿儿倒、炮台店、北沟、腰站12个自然村（屯），设为乌拉嘎区。全县村政府成员全部经村民民主选举产生，为加强村政权领导，各村设半脱产干部两人。

第二节　禁赌、取缔妓院与反动会道门

——佛山县（嘉荫）建政初期的社会改造

聚赌、狎妓是旧社会遗留下来的两大陋习。建政初期，禁赌、取缔妓院与反动会道门，成为佛山（嘉荫）县工委、县政府的一项重要社会改造工作。

禁　赌　东北解放前，乌云、佛山（嘉荫）两县赌风盛行。乌云设治时，赌捐一直占各项地方税捐的首位。1923年"乌云设治局地方警学捐收支比较"记载：当年收赌捐洋元602.50元，折合现大洋104.1元，高出地亩捐2倍，占捐税总收入的33%。1927年9月至1928年6月，佛山设治局全境警费收入900元，而赌捐竟占480元，占警捐收入的50%以上。

日伪时赌博比民国时期少，但私下赌博很多。佛山有赌场1处，乌云有赌场2处（乌云、旧城各1处），赌具有牌九、纸牌、麻将、宝盒等。民国时，参赌的主要是闯关东的单身汉和部分官吏；伪满聚赌的多是赌棍、伪警察和采金工人。金沟历来赌风盛行，财东、把头和官吏勾结起来设赌抽份，骗取工人血汗。如1939年乌拉嘎小鹿儿岛的宝局号，由佳木斯专卖局局长蔡伯然任经理，设局聚赌、发彩票。宝局内设赌场十余处，赌具有麻将、纸牌、天九、色子等二十余种，每晚可容纳赌客五六十人。宝局号还发行彩票，设头彩、二彩、三彩若干，开彩前"跑惠"的来往鹤岗、佳木斯和各金沟。采金工人中虽也有中彩的，不过点缀一下，以达到欺骗目的，绝大多数人上当受骗，疯癫丧命，而宝局号经理蔡伯然和一些财东、把头却发了横财。

新中国成立后，佛山（嘉荫）县工委、县政府组织民政、公安大队与农会、矿山工人管理委员会，在农村和矿山禁赌。矿山管理委员会把伪满时聚赌的赌头和赌场经理作为打击对象。乌拉嘎金矿局北沟分局的矿山管理委员会，把由佳木斯逃来金矿的原宝局号经理蔡伯然逮捕审判，使公开聚赌和赌场、赌局很快禁绝。

取缔妓院，改造妓女 乌云、佛山（嘉荫）设治前，宝兴镇、温河镇、朝阳镇都开设妓院。两县设治后，妓院按人头缴纳地方捐。1932年乌云设治局规定：一个妓女每人每年收警学捐大洋3元至5元，当年妓捐实收洋元1 460元，折合现大洋191元；以此推算两地共有妓女60余人。1927年妓捐收入洋元1 626元，折合现大洋279.36元。1931年乌云有妓女50余名。佛山设治的当年收妓捐洋元989元，折合现大洋170元（以此推算有妓女40余人），在各项捐税中占第三位。

日伪时期，佛山（嘉荫）县共开设妓院十余家，佛山村有朝鲜妓院三家；乌云有妓院两家，有妓女二十多人。其中，日本妓院一家，有妓女三人；其余都设在金矿的采金点。旧社会，金矿工人都是单身汉，他们受财东、把头、大柜、二柜的层层盘剥，生活困顿潦倒，偶而遇到富矿，手头有些钱款也很难带出金沟，便染上酗酒、狎妓、聚赌、吸毒的陋习，而财东也广设酒馆、烟馆、妓院、宝局，用吃喝嫖赌把矿工捆住，使其"有金存不下，没金走不了"。民国初年，太平沟金矿官办妓院、明妓、暗娼到处都有；日伪时期乌拉嘎金矿北沟分矿有妓院多家。宿官妓一宿3钱至1两；宿私娼由老鸨随口要价。东北解放后，县政府下令取缔妓院，明妓暗娼一律禁止。对家在外地的妓女发给路费遣送回家，愿意留在当地的由农会或矿工管理委员会介绍，可自愿与当地工人、农民结合，组成家庭。乌拉嘎金矿有12名矿工、干部与"新妇女"（东北解放后人们对从良妓女的称谓）结合，组成了家庭。

取缔封建帮会 东北解放前，流行在乌云、佛山（嘉荫）两地的封建帮会主要有清远堂、家里教和白云道，堂主、教长、道首多为地方各界头面人物。东北解放后，又有流散的日伪官吏、军警宪特操纵，成为与人民政权敌对的反动势力帮凶。

佛山（嘉荫）县工委、县政府成立后，把各类封建帮会作为打击对象，在民主改革和社会改造中予以取缔。有反动罪行的骨干分子，则逮捕法办，罪大恶极者予以镇压；一般成员和教徒，经教育登记后予以解散。

清远堂 1925年1月，由乌云设治局居民王成贵、肖罗贤等十余人发起筹建"南海圣庙"，庙址位于乌云城南门里，称"清远堂"。开始时有信徒30多人；其中，男20余人、女10余人，房舍51间。其后不断发展，到日伪时有教徒数百人。1932年4月，佛山（嘉荫）县居民派人去乌云县请领"布政教"（传教士），清远堂传入佛山（嘉荫）县，发展信徒70多人。

清远堂信奉南海观世音。凡在礼者，授以五字箴言，即"观世音菩萨"五字。惟在礼中之人则别曰"南海圣号"，虽逢父母妻子兄弟亦不肯告诉"观世音菩萨"五字。其渊源即前清之兴中会，其中或别有用意（或曰同心灭大清），故密而不告人。而今该公所之宗旨，以戒烟戒酒为目的，在官厅方面，以其尚无分外之举，且清远堂主张清静无为，不嗜烟酒，重饮茶，焚香打坐，忌言南海大士。因供奉"观世音菩萨"，自称"清礼教"又称"礼门教"，故被人认为佛教支派，于社会稍有裨益，故不加取缔。

民主改革中，查其内部成份极为混杂，其"布政教"多为地主乡绅，成员中亦有伪满官吏、警宪加入。并且，在土地改革中，常与农会对立，故被佛山县政府定为封建帮会组织予以取缔。

家理教　家理教又称"在家理"或"在理教"。伪满初期传入佛山（嘉荫）县，但没有摆香堂收徒弟。家理教创于明朝末年，为清朝民间秘密结社之一。亦供奉"南海观世音"，奉佛教之法，习儒教之礼，行道教之行；自称融三教为一体。供奉"天地君亲师"，宗旨"义气千秋，论资排辈"。伪满后期，佛山（嘉荫）县家理教徒中，最大辈份是22辈。入教仪式称"摆香堂"或"进香堂"，官绅财主必居长辈，操生杀予夺之权；警特匪徒也多据为长辈；平民百姓也有加入者，辈份都很低。

1945年1月，被三江人民自治军收编的李清泉、鲁从杰、张宝田等，在奉命整训途中假道接收佛山（嘉荫）县，为取得维持会长马毓年及社会名流的支持，在朝阳镇伪协和会院内"摆香堂"代师收徒，当即吸收马毓年、陈士勋、田士均等为家理教徒。之后，马毓年、陈士勋、田士均等以家理教为号召，组织保安队，长期与人民政权对抗。家理教徒入教后领取叫"海底"的册子，内写教规、暗语、教史。教徒相认要对暗语，如"打的什么旗，上的什么船，烧的什么柴，穿的什么衣，吃的什么粮"等。家理教在教徒间提倡"讲究义气、互相帮助、生死相依、患难与共"。

佛山县家理教被反动武装保安队控制，成为与人民政权对抗的工具。被佛山县工委、县政府定为反革命组织。其骨干分子均被逮捕法办；其组织成员自行向政府登记自首，作为一般历史问题处理；其组织予以取缔。

白云道 白云道是日军投降后，传入佛山县的反动封建会道门。1946年8月，保安队匪首纪洪福找白云道头子"扶占"，请"狐仙"指点他们如何与人民解放军作战。当鹤立中心县独立团打垮保安队的抵抗进入乌拉嘎金矿后，白云道头子还为保安队"扶占"，说"共产党、八路军在佛山（嘉荫）县站不长，很快就要完了"。

1949年3月12日，松江省公安厅发出关于"调查封建帮会与封建迷信团体"的通知。4月18日，公安局开展调查摸底工作，遵照中共中央东北局"依靠群众，打击头子，争取被骗道徒，捣毁组织"指示，于7月12日宣布取缔白云道。

第三节　三次"打大烟"与"金星店事件"

—— 佛山（嘉荫）县建政初期的禁烟缉毒斗争

1947年8月，佛山（嘉荫）县工委、县人民政府建立后，为打击和肃清吸毒、贩毒和种植大烟的犯罪活动，曾在鄂伦春族游猎、居住的嘉荫河、乌拉嘎河一带的乌拉嘎矿区，开展大规模的搜山禁烟斗争。先后三次派出公安部队、护林队和地方民兵武装，共捣毁烟田417.57亩，收缴鸦片94.41两，捕获毒犯110人，切断了毒品贩卖的来源。接着，又在鄂伦春人和采金工人中采取严厉的戒烟行动，使20多名吸烟成瘾的鄂伦春猎民和近百名的采金工人戒除了大烟，保障了鄂伦春民族和采金工人身心健康，安定了社会秩序，巩固了新生的人民政权。

明、清时代，嘉荫县境内的嘉荫河、乌云河和乌拉嘎河一带，是鄂伦春人的捕鱼、射猎的游猎区域。19世纪末，这一带发现了金矿，清政府在嘉荫河一带设置了观音山督办衙门，开采黄金。从此，山东、河北、热河诸省的破产农民和各地反清会党起义失败的兵士、流徙囚犯，不断涌入矿区，遂使鄂伦春人游猎的嘉荫河、乌拉嘎河一带人口大增。一些人还啸聚林野，种植鸦片，贩毒、吸毒，在山林中形成了一批"大烟户"。由于这些人慓悍不驯，官府难于驾驭，曾把山林土匪、采金工人和大烟户一并称为"山匪、金匪、烟匪"。日伪时期，日本侵略者为了转移矿区采金工人与鄂伦春猎民的反满抗日情绪，分化鄂汉民族间的关系，采取软硬兼施的威胁、利诱手段，收买拢络部分鄂伦春人参加山林队，由日本特务机关控制，搜集各族人民反满抗日活动情报，为日本帝国主义的法西斯统治服务。他们在对鄂伦春人利用的同时，又加以控制和消灭，采取了种族灭绝的手段。其中之一就是鼓励鄂伦春人吸食鸦片。对20岁以上的鄂伦春人，发放鸦片证，按证领取鸦片，一天一份，每份一个"大烟泡"，一月发给30份。还规定鄂伦春人每月逢五逢十的日子，要到日本宪兵队送交情报，只要送上了情报，不管真假虚实，通通发给"大烟泡"；使许多人吸食上瘾，面黄肌瘦，精神萎靡，什么活也不能干了。为了取得烟土、烟膏，日本人又明禁暗不禁地纵容入山的"大烟户"种植大烟，造成大烟种植和贩毒、吸毒日益泛滥。使这个挣扎于艰苦生活中的民族，又陷入了可怕的精神麻醉之中，引起了许多人，甚至整个家庭的多种疾病，过早死亡；许多人因吸毒而抛尸荒野。吸毒破坏和瓦解了鄂伦春民族正常的生活秩序和传统的伦理道德，使整个民族陷入贫病堕落的深渊。

"八一五"光复时，大烟户已遍布山林。从北沟、南沟、柳树河、二道木营、三道木营到嘉荫河老沟、金满沟、班必富、九里庄、太平沟，到处都有分布。其中，尤以柳树河到十里小河一带，种植为甚。当时，有终年藏在深山的种烟户，也有专门收取贩卖大烟的贩毒户。这些人用鸦片向鄂伦春猎手换取猎物、粮米、油盐、衣物、生产工具等，他们之间互通信息，形成了一个颇有影响的贩毒帮伙。

第一次搜山"打大烟" 1949年，鄂伦春族游猎、居住的嘉荫河、乌拉嘎河一带的砂金矿区，土地改革与反把头斗争结束，保安队、刘山东子挺进军等残余土匪武装肃清，民主建政工作已完成。为了保证社会秩序安定和鄂伦春人、采金工人免受大烟毒害，佛山（嘉荫）县工委和县人民政府，把巩固人民政权的中心工作，转向了"搜山禁烟"。当时，采取的办法就是在大烟即将割膏的季节，由县政府组织公安队、护林队和民兵武装，组成搜山队深入山林，见到种烟户就把人抓起来，并砍掉烟苗。行动中，由于大烟户往往事先探得消息，逃往深山躲藏，搜山队便砍掉烟苗，烧掉烟户窝棚，称为"打大烟"。

第一次"打大烟"是在1950年的8月。当时，由设在乌拉嘎金矿北沟分矿的县政府派出公安部队、护林部队30多人，又从矿工中选拔了一部分民兵，重点搜查鄂伦春人居住地附近的团结沟一带山林。搜山队分几个搜查小组，分别搜查了团结沟北面的柳树河子，东面的十里小河，东南的二道沟的大烟地，大烟户早已逃走躲避。这次，虽然没有抓到多少种大烟的，但所过之处共查出大烟地40余块，烟苗150余亩，收缴烟土70多两，在经济上给了大烟户一个沉重的打击。由于没有捕到多少种大烟的人，那些人不久就潜回烟田，重操旧业了。于是，县工委和县政府又决定进行第二次行动。

第二次搜山与金星店事件　第二次"打大烟"是在1951年的9月。这次行动前，县公安部队对第一次搜山中抓获的大烟户，保安村仁合屯的农民宫茂胜、郭老廓，进行了收监教育。在宫茂胜坦白交待的基础上，按已掌握的线索进行搜捕。县政府组织了公安部队、护林队和民兵共100多人，分成几个小组，由宫茂胜、郭老廓分头引路，采取突袭的办法，在同一时间一齐上山搜捕，除捣毁烟田105亩外，还捕获了大烟户16人，斗争十分激烈。在搜捕中，有的大烟窝棚被搜山队包围后，大烟户手执大斧躲在窝棚里顽抗，怎么喊话也不出来。还有的大烟户被抓住后又在山上逃脱。结果，搜捕中有的大烟户因顽抗被打死、打伤。种大烟的大同村农民李兴洲就在抗拒搜捕中被打伤。当时，李兴洲后屁股上拴个茶缸子，子弹打在茶缸子上穿个洞后，又把他后屁股穿了一道沟，倒在山上被抓了回来。当天，被抓的大烟户全被绑着带回来，集中到金星村的店里，由搜山的公安部队看管。

这些大烟户中的一些人是专门为鄂伦春人种大烟的。每年，鄂伦春人往山上送粮食给养，收成的大烟由大烟户与鄂伦春人分成。当时许多鄂伦春人烟瘾很重，打掉了这些大烟地，又抓了大烟户，就断了他们鸦片的来路。由于搜山队对大烟户与鄂伦春人间的这种关系掌握不准，对鄂伦春族人的工作没做好。当天夜里，韩吉林领着几个鄂伦春猎手，带着枪冲进了金星店，用枪逼住了搜山队的李凯东，搜山队也把枪掏了出来，双方子弹上膛，处于一触即发的紧张状态。这时，外面打了一枪，枪响后吓得住在店里的人喊着："不好了，鄂伦春反了！"边喊边往店外跑，村里的老百姓听到枪声往北沟金矿跑，一时大乱；一些没经验的民兵也离开了店里。结果，被抓来的大烟户趁机跑散了。

第二天天亮，驻在乌拉嘎（北沟）金矿的县政府公安部队带着机枪、小炮赶到金星村，一看店里的大烟户除受伤的李兴洲还趴在炕上外，全逃走了。这就是发生在第二次"打大烟"中的"金星店事件"。

第三次搜山与大烟户的肃清 "金星店事件"发生后，县工委和县政府总结前两次打大烟，捣了烟田抓了人，但种大烟的人不光没减少，反而还增多了的教训。派熟悉山林情况的护林员曲佐臣等，深入团结沟附近的山林中摸大烟户的情况。曲佐臣整整在山上转了三个多月，发现光团结沟一带就有50余大烟户种大烟。这些大烟户中多数人与游猎在团结沟和乌拉嘎河北小屯的鄂伦春人联系。经过工作，曲佐臣把那些大烟户由哪一个鄂伦春猎手供给粮食，一年交给鄂伦春多少烟膏、烟土，全都摸透了，向县政府交出了一份大烟户与鄂伦春猎手间的联系名单。

1952年6月末，县政府把在鄂伦春人中有影响的王瑞义、杜功山、莫卜林、杜孟德、韩来所等找到县政府。由县委书记、县长和公安特派员一起和他们谈话。开始，这些人谁也不肯说出自己与大烟户有联系。当公安特派员拿着曲佐臣调查的联络名单，说出谁家养的大烟户是谁，在什么地点种了多少大烟，谁什么时候送去的粮食，什么时候取的烟膏，取走了多少时，才不得不说了实话。接着，县政府就动员他们回到山林里，把和自己有联系的大烟户都找下山来，交给县政府处理。鄂伦春人都很讲义气，说"他们给我们种大烟蹲笆篱子（监狱），这不行"。谁也不肯回去找人，提出条件说"只有不让这些大烟户蹲笆篱子，我们才回去找"。县政府考虑一个不蹲不符合政策规定，提出首恶者一定要蹲，并指出一个姓肖叫肖大肚子的大烟户。肖是乌云镇的逃亡地主，不光自己种大烟，抽大烟，还到处贩大烟，是这次打击的首要分子。一些鄂伦春人还是一天天拖延时间，不肯回山。县政府看出他们的目的是拖时间，给山上的大烟户留下割烟膏的时间。经请示上级后，县长真的给他们立了"凡这次弃暗投明自动下山者，既往不咎"的字据。写好了字据后，王瑞义、杜功山、莫卜林几位鄂伦春猎人才回到了团结沟，与团结沟的鄂伦春猎人，一起上山去找给自己种大烟的大烟户下山。县政府在做好鄂伦春人工作的基础上，又进行了第三次搜山查禁。

第三次搜山从1952年7月15日开始，到8月13日结束，历时29天。由于有鄂伦春人的配合，进行得比较顺利。经过对大烟户逐个地进行工作，使久居山上的54名大烟户全部下山；共捣毁烟田172.5亩，收缴大烟膏24两。搜查中打死打伤继续顽抗不下山的烟毒分子各一名，通缉在逃毒犯3名。这次搜山，将大烟户基本肃清。在嘉荫县境内持续了几十年的种毒、贩毒活动，遭到了毁灭性打击。

大烟户的新生　为了巩固三次"打大烟"的成果，防止大烟户重操旧业，县政府与当地的乌拉嘎金矿商议共同解决这些大烟户的今后生活出路问题。经过教育、动员，大部分人被安排到北沟、小乌拉岛、腰乌拉嘎和南沟老公司、暖毛沟的几个采金班，参加采金劳动。最后，只剩下了与鄂伦春人关系密切的李长青、王大包、胡罗锅子、老苏头、老董头和一个姓潘的年青人。平时，鄂伦春人上山狩猎，他们就在屯子里看家、做饭、打木拌子，住在鄂伦春人家中。这些人中，因老苏头、老董头已年过七十，经县政府同意留在鄂伦春屯，其余的人仍然动员上采金班采金。但是，当时乌拉嘎金矿各个金沟多数"头绪"不好，采金生产不十分景气。结果，他们都泡在鄂伦春屯里，谁也没去采金。深秋，鄂伦春人都上了山，他们几个没事做，在屯子里闲逛。县政府看这样下去不行，就派干部把他们找到一起，动员他们上山去找金苗报矿。经过动员，老苏头，老董头同意上山。他俩还动员年青些的李长青、王大包一起去。但是，究竟到什么地方去找矿，谁也没有主意。结果，虽然答应了上山还是没动地方，仍然闲逛在团结沟。

一天，鄂伦春护林队队长王瑞义的丈人、鄂伦春猎手杜孟德从乌拉嘎河的河北三栖林小屯来团结沟，县政府干部孙永富就找杜孟德问："三叔你江北江南（指黑龙江）都跑遍了，看看哪块能有好山头，给老苏头他们几个找个沟。"于是，杜孟德就和大伙在一起商量找矿的事，说来说去大家都觉着团结沟那形挺好，有座山，有后堵，有关门嘴子迎门岭，都说"韩来所屋西头那条从南山沟来的小河子里就有金子"。大伙找来了旧金簸子和几把金锹、金镐，就奔团结沟的南山沟去探矿。到南山沟挖了几锹沙子就放在簸子里，还真摇出了七八块碎金片。第二天，王瑞益听说团结沟南山出了金子，就骑着马来了。又同县政府干部一块从南山沟绕上去，从南山沟东山泊子绕了出来，说"有金，就这趟沟找"。县政府干部就让李长青、王大包、李瞎子、胡罗锅子、老潘几个人上去按碃。当时，胡罗锅子住在团结沟小屯河北、老潘正在鄂伦春猎手莫卜林家做饭都没去，只有王大包、李长青、李瞎子三人上去了。李瞎子带头张罗，干得挺猛。因为往下挖了两米多深就有水往上涌，只好边打水边往下挖，挖一层用簸子摇一阵，层层都有金子，一连按了三个碃，每个碃金子都挺多。

回来后，大伙就把得到的金子包好，派人去北沟金矿报矿。矿里马上派人来到团结沟，又组织探矿队来探，发现团结沟确实金子挺厚，就开始放段。当时，南沟、北沟正采不到金子，工人赔大帐，各金班都打发人来领段。因为事前杜孟德出了主意，王瑞益骑着马在山地子上绕了一圈，便和老苏头、老董头、李长青、王大包、李瞎子一样，算是报矿的人。金矿划段时，让杜孟德先挑一段，杜孟德随便指了个地段，便发了财。王瑞益要了较好的一段，拉起个金班，把"打大烟"时搜山查禁出的大烟户全都收在他的金班里，由他和一个叫胡老八的挑头当班长，两个绰号都有个"八"字，金沟里称他们为"双老八班"。报矿的老苏头得到报矿的"抽份款"开了饭馆，老董头拿了抽份款离开了金沟。李长青、王大包、李瞎子都在王瑞益金班里管事，当年冬天都发了财。大烟户中，除那个肖大肚子，搜山时畏罪逃进深山，因烟瘾发作瘫痪在山里，不久死去外，其余的都找到了生活出路。

严格的戒烟措施　打掉了大烟田，肃清了大烟户，虽然断了大烟的来路，但是许多烟瘾很大的鄂伦春人，断了大烟便精神萎靡不想吃、不想喝，仍想方设法地掏弄烟膏、烟土。他们虽然不会种植大烟，还有可能寻找大烟户入山，使大烟户继续存在。于是，县政府又派干部、医生组织鄂伦春人戒烟。负责戒烟的县政府民政科干部崔龙活，到鄂伦春人居住的团结沟、乌拉嘎河北的三道栖林屯和其它鄂伦春人居住的地方，登记吸食过大烟的人，按着年龄大小、吸食鸦片时间、数量，中毒的深浅，把有烟瘾的鄂伦春人男女老少共20多人，集中在县政府所在地北沟金矿。又从黑河协领公署领来戒烟药，分三个疗程进行戒烟，每个疗程十天。有一般性大烟瘾的经过三个疗程，基本可以戒除烟瘾。

开始，鄂伦春人谁也不肯服戒烟药怕药死。医生、干部就做工作，进行教育。为了开展工作，还把戒烟的20多人划分成两个戒烟小组。第一戒烟小组的组长是杜沙布，第二戒烟小组的组长是韩吉林。每天谁离开戒烟的大院要向组长请假，由组长监督服药。除了戒烟药外，还有各种维生素、鱼肝油丸、镇静药等。因为，戒烟的开始阶段，烟瘾越大的越难忍，重一些的人往往连拉带吐，吃不下东西，睡不了觉。戒烟院就发给营养药和镇静药吃。戒烟的过程中，也有一些风波。当时，有一位姓莫的鄂伦春猎手，外号叫"老天爷"，来了烟瘾就大吵大闹，还偷着下小馆去喝酒，喝完酒回到戒烟院里就耍酒疯，有的人也跟着闹哄，干部做工作也不听。这个人是杜沙布小组的，就交给杜沙布小组管教。他一闹腾，杜沙布小组就把他捆起来塞到铺底下，塞过几次也就不闹腾了。

为了让大家安心戒烟，县政府从保兴拉来猪肉，大马哈鱼，每天馒头、大米饭，伙食非常好，尽量让戒烟的人能吃下饭去。

经过一个疗程戒除后，大家情绪稳定了下来，每天按时服戒烟药，按时集中在一起，由干部讲全国形势，大夫讲抽烟的害处，戒烟的好处。经过三个疗程的戒除后，绝大部份有烟瘾的鄂伦春人，消除了烟瘾，都能吃能喝，身体也一天天恢复了健康。但是，也有几个烟瘾重，中毒深的人，经过三个疗程戒除效果仍不明显。于是，第二年春天又送到黑河协领公署办的戒烟院去戒烟。

在鄂伦春人戒烟的同时，县政府还在金矿局工会的配合下，调查了采金工人中吸食鸦片的情况，把戒烟药送到各个分矿，在矿工中进行了戒烟。经过一年的戒烟，到翌年春，在鄂伦春人游猎范围的乌拉嘎金矿区内，基本戒除了吸食鸦片的现象。由此，彻底清除了鄂伦春人和采金工人的种毒、贩毒，鄂伦春人和采金工人们，都过上了安宁温饱的生活。

第十二章　佛山（嘉荫）县建政初期的生产支前

第一节　恢复黄金生产，支援解放战争

1947年2月，国民党挺进军被消灭，乌拉嘎金矿获得解放。1948年8月，合江军分区派谷铁流、王德生率合江分区警卫连进驻北沟，佛山（嘉荫）县工委、县政府同时建立。谷铁流任县工委和金矿工委书记，王德生任县长和金矿矿长，县委、县政府和金矿合署办公。乌拉嘎金矿建立反把头清算委员会，在矿区开展反奸清算斗争，取消把头，建立工人自己当家作主的采金班，成立矿山管理委员会，吸收工人参加矿山管理。1949年1月，合江省併人松江省。县工委书记、县长、金矿政委、矿长都由张绍久兼任。工委委员由张绍久、田玉春、王义春三人组成。田玉春兼任佛山县副县长、金矿副矿长，王义春任金矿秘书科长。佛山县驻地仍在北沟（现金丰村西北15华里处）。

拉沟找矿，建设碛道　佛山（嘉荫）县黄金资源丰富，采金历史悠久，是个靠采金业立县的边境县城。建政初期，己开垦耕地不多，粮食不能自给。由于没有吃粮，加上国民党刘光才挺进军和佛山（嘉荫）地方土匪保安队两次进占金矿的抢掠破坏，大部分碛道被毁弃，光复后聚集矿山的工人，靠土豆、山野菜度

日； 生活苦不堪言，多数工人去鹤岗下了煤窑或返回了关里老家，矿山采金生产几乎停顿。

由于1943年冬季的大封沟和1946年刘光才挺进军和佛山（嘉荫）县保安队的破坏，当时的矿区不光水道堵塞、碃道破坏，连房屋也几乎损毁殆尽。加上，多年来土匪出没无常，矿工没有拉沟探矿，有数的几条金沟全是日伪封沟时放弃的残沟贫矿，80%的矿工没碃可做，所采的金子养活不了矿区的上万人口（当时佛山县总人口14 000人左右，乌拉嘎金矿占了10 500人）。

许多矿工没粮吃、没衣穿，多数人以土豆、山果等充饥，许多日伪时期从关里抓来的劳工和东北籍矿工，都因生活无法维持想回原籍种地。为了恢复碃道和发现新沟新矿，安定矿工队伍，县工委和各分矿管委会和工会的干部走遍方园几百里的几十条大、小金沟，宣传解放战争的胜利形势，宣传省委书记张闻天"要多生产黄金"的号召。同时，派人把流散到鹤岗下了煤矿的淘金骨干迎回矿山淘金。在佛山工委的领导和发动下，分散在南沟、北沟、大结烈河、四支列的一百多个采金小组，都分别恢复了各自的一段碃道，开始采金作业。但是，在残沟贫矿中淘金，劳动量大、产量不高，要拿出更多的黄金支援解放战争，就得找到新沟富矿。于是，县工委又号召矿工拉沟找矿，寻找新沟富矿。

为了生产支前，合江省委十分重视乌拉嘎（北沟）金矿的黄金生产。负责省委工作的张闻天同志，在关于佛山县工委的工作中指出："佛山县要把生产金子放在第一位，要多生产金子支援前线。这是巩固解放区，支援解放战争的需要，也是提高解放区人民生活水平的需要。"当时的合江省委书记张闻天，还提出了"一两黄金武装一名战士"的生产支前口号。他指出："我们每生产一两黄金，就是为前线增加一名杀敌有生力量，佛山工委当前的工作，就是组织发动工人多生产黄金。"于是，佛山（嘉荫）县和乌拉嘎金矿工委组织矿区建政工作队，集中主要精力抓矿区的生产探矿和硝道建设，全力以赴地抓紧生产自救与生产支前。

矿工们积极响应合江省委和佛山县工委的号召，在矿山工委和各分矿管委会的组织领导下，工人们斗倒把头、当家作主，纷纷组成采金班组，走进深山密林拉沟找矿，以当家作主的精神，投入生产自救和生产支前中来。光复初年，受日伪破坏、政治土匪国民党挺进军和地方土匪的骚扰破坏，伊春林业生产大部分停顿；翠峦、南岔、金山屯的许多林业工人迫于生计，纷纷投奔乌拉嘎黄金矿区，争先恐后地进入南沟采金新区拉沟探矿，投入采金生产；使乌拉嘎的黄金矿业得以迅速恢复。从1946年至1947年初，仅南沟分矿就找到了新沟10余条，建设新采金作业点40多处。其中，矿工袁德学探出了老冻沟，当年建设了8处矿点；崔继璜、杨焕君探出了暖毛沟，建设了9处矿点，瞿连步探出了南大泊子；赵德顺探出了警备道西小泊子，孙国志探出了小南沟，孙立相、林志生探出了林志生小沟。此外，李希芝、张臣、徐乃良、刘明钢、张金诚都有了自己的硝道。这个时期南沟发现的新沟还有腰乌拉嘎、大西南沟、小西南沟、小东沟等10余处。短短的时间内，乌拉嘎矿区从矿工无硝可做的残沟贫矿，变为新沟遍地、矿点林立的砂金新区。

由于旧硝道的恢复和新沟富矿的接连发现，进沟淘金的人又聚集起来。1948年，光发现新沟新矿最多的南沟分矿就有采金工人2 000多人，县政府驻地北沟分矿也有1 400多人；加上大结烈河和四支列两个分矿，采金工人在4 000人以上，整个佛山（嘉荫）的黄金生产已恢复到日伪全盛时期的规模。

第二节 "一两黄金，武装一名战士"

——佛山（嘉荫）、乌云两县的生产支前

1948年正是人民解放战争从防御转入进攻的一年，各地翻身农民踊跃参军参战，前线迫切需要财力物力支援。当时，合江省委又向矿工提出了"一两黄金武装一名战士"的口号。佛山（嘉荫）乌拉嘎（北沟）金矿工委提出："多生产一两黄金，就为前线多增加了一份杀敌有生力量"和"后方多流汗，前方少流血"，号召矿工生产支前，多生产金子支援前线，为全国解放多贡献一份力量。这个期间，在矿工委的组织带动下，各级干部、党员，吃苦在前，享受在后，他们说话和气，办事公正，大公无私，艰苦奋斗，与日伪大柜、把头形成鲜明对照；在矿工中产生了极大的凝聚力和感召力。应当说，佛山的采金工人认识共产党，明白了"只有共产党才能救中国"的道理就是从那个时期开始的。"

正是佛山（嘉荫）县和矿山工委干部、党员的楷模作用，调动了翻身矿工的生产积极性.推动了采金生产的蓬勃发展。当时，黑龙江省的金矿大部分处于关停状态，分布在南起嘉荫河、梧桐河，北至上马乞河、白老爷河百公里方园深山密林里的4 000多名矿工，响应合江省委和佛山工委号召，在各个采金队之间展开了采金支前劳动竞赛，不仅夏秋的采金季节，响应"早上碃、晚下碃、早晚多上一个溜"的支前竞赛倡议；许多金班还在入冬封冻季节，破冰挖透冻层，修建了地下碃道；尝试冬季碃道生产作业，实现了冬闲变冬忙的黄金生产大发展。1947年的黄金产

量，比1946年增加了2倍多，年产黄金达到18 000两并继续增长，形成了解放战争时期的"南沟金潮"。

当时，佛山（嘉荫）县已开垦的耕地有限，粮食不能自给；但黄金资源丰富。在合江省委书记张闻天"多生产黄金支援前线"的号召下，乌拉嘎黄金矿区的广大采金工人，三年累计生产黄金75 000余两。按当时的金价，每两黄金折合东北流通券50万元；每斤小米市价50元，每上缴一两黄金相当于上缴公粮10 000斤。三年解放战争期间，解放区的币制采取的是粮本位制，即每个币制单位含小米多少斤。税收以缴公粮的形式，每垧地按小米价格折算缴公粮数量。根据资料记载，解放区早在1946—1947年，粮食的征收能力就达到小米47亿斤。其中：北满解放区26亿斤，山东解放区11亿斤，华北解放区8.6亿斤，西北解放区2.2亿斤。75 000黄金折合小米7.5亿斤。其中，1947年生产的20 000两黄金，折合小米8.06亿斤；相当于北满解放区当年税收总量26亿斤的28.3%。

第三节　75 000两黄金和喷气战斗机"黄金号"

解放战争初期的单兵装备比较简单，一般包括随身携带的武器、弹药、着装和装具，单兵负荷量一般不超过20公斤。10 000斤小米中的2 500斤可以武装一名战士的枪械、子弹、四枚手榴弹、一套棉军服、一套单军装及军被、军鞋、军用背壶、洗面盆、钢盔等全部装备；7 500斤则为一名战士一年的给养和少量的生活津贴。75 000两黄金等于为前线武装了人民战士75 000名。当时，正值东北野战军三下江南、四保临江期间，总的来说北满的部队是越打越强，越打越多，纵队人数基本达到3万人。

南满的3纵、4纵只能算保持编制而已。两个纵队最困难的时候，加一起也就4万人而已； 当时，挺进大别山的中原野战军，每个纵队只有1.5万人左右； 王震领导的西北野战军第八纵队，兵力只有0.7万人左右。

按当时全国各野战军每个纵队的平均兵员计算，75 000名战士的整体兵员，相当于当时三个纵队的规模（注）； 有力地支援了人民解放战争，不仅为解放全东北贡献了佛山（嘉荫）人民的的一份力量，在中国革命胜利的奠基中，也是一块很有分量的基石。

1950年6月25日，朝鲜战争爆发，战火逐渐燃烧到鸭绿江边。10月25日，中国人民志愿军跨过鸭绿江，与朝鲜人民军并肩战斗。

为了支援中国人民志愿军的抗美援朝，全国人民掀起了捐献飞机大炮的爱国主义热潮。乌拉嘎金矿的广大矿工，立即投入了捐献飞机大炮中。当时，各分矿采金工人每天都义务多上一个溜，把采金所得捐献飞机大炮。当年的4 000多名矿工，还从自己当月的份金中拿出金子来捐献。

老工人崔继璜回忆：1951年南沟分矿的1 800多名采金工人，除每天多上一个溜做义务捐献外，每个工人又都从份金中踊跃捐献。当时，我从份金中捐献黄金2分，现在还保留一枚蓝天红地上镶嵌白色飞机的抗美援朝捐献飞机大炮纪念章。

大结烈河工人付家骏回忆：当时，我们工组三个人捐献了东北流通券200万元。小结烈河商店店员卢广余回忆：小结烈河共有9名干部，大家除了义务淘金外，都积极捐献，我工资最少，每月才有东北流通卷30万元，去掉饭伙只余三四万元钱，听了报告后，把攒的20万元全部捐献了。这样，在9个人中，我还是捐献最少的。

仅一个多月的时间里，乌拉嘎金矿的全体矿工，就捐献了东北流通卷7 000万元，与黑河、桦南金矿的采金工人，共同捐献了东北流通卷20 000万元，购置了喷气战斗机"黄金号"赴朝作战。

第十三章　佛山（嘉荫）、乌云在抗日战争与解放战争中的历史贡献

　　地处小兴安岭腹地的佛山（嘉荫）、乌云老区，是一片英雄的热土；在东北的革命斗争和新中国的诞生中，具有特殊的历史地位。可以说，佛山（嘉荫）、乌云老区为新中国的诞生，做出了巨大的历史性贡献。

　　一是抗日战争进程中，北满抗联的主要领导人、北满抗联总司令、三军军长赵尚志，北满省委书记、抗联第三路军政委冯仲云，北满省委书记、抗联三路军政委李兆麟，北满省委书记、抗联三路军政委金策，抗联十一军军长祁致中，抗联六军军长戴鸿宾，抗联三军五师师长景永安，抗联第三路军三支队政治部主任于天放，抗联三军四师政治部代主任于保合，北满省委青年部长朱新阳，抗联第三路军三支队代政委陈雷，抗联第三路军十二支队政治部副主任张瑞麟，中共下江特委书记高禹民，抗联第三路军六支队大队长孙国栋，中共萝北县委书记王永昌，抗联六军留守团团长白福厚，抗联三军九师七十五团团长宋喜斌，抗联三军九师七十四团团长宫庆祥，都曾在佛山（嘉荫）、乌云战斗过。14年的烽火岁月中，牺牲在佛山（嘉荫）、乌云老区的革命英

烈，有北满抗联总司令、抗联三军军长赵尚志，抗联十一军军长祁致中、中共下江特委书记高禹民、中共萝北县委书记王永昌、北满抗联司令部中队长刘凤阳、韩相根，抗联六军留守团团长白福厚、抗联三军九师七十四团团长宫庆祥等100余名。他们前仆后继、流血牺牲；为抗日战争的最后胜利，流尽鲜血直至献出了宝贵的生命。

　　二是抗日联军三军、六军指战员，在敌强我弱的极其艰苦环境下，挺进佛山（嘉荫）老区，光复佛山（嘉荫）县城（是北满抗联从日伪占领下，光复的北满四座县城之一）。在广阔的原始密林中的嘉荫河、乌云河、乌拉嘎河、大结烈河、翁泉河建立密营；开辟广阔的游击区，广泛地开展了抗日游击战争，凭借白山黑水御辱杀敌。历经破击太平沟、奔袭火烧营、嘉荫河金厂，打开马连站、金满沟，血战老沟、松树沟、梧桐河、大结烈河、乌云河，光复佛山（嘉荫）县城，夜袭乌拉嘎（北沟）金矿等百余战，瓦解日伪政权20余个，击毙日军"国境"监视队队长桥木、指导官武士岚、伪佛山（嘉荫）县参事官吉村胜露生，俘获伪佛山（嘉荫）县县长夏虞卿、伪佛山（嘉荫）县警察署署长宋作霖等日伪军警数百人，沉重地打击了日本侵略者。

　　三是北满抗联三、六军，沿流经小兴安岭原始密林中的嘉荫河、乌云河、乌拉嘎河、大结烈河，开辟了"佛山－萨吉博沃、马连站－拉宾、通河镇－加里宁诺、旧城－音诺肯季耶夫卡、大结烈河口－卡萨特金诺"五条国际通道，在日本侵略者集中百万关东军于东北，抗日联军处于最危困的1938—1944年，先后有1 000余名久经战火考验的抗联指战员，通过五条国际通道撤往苏联，设立了南、北两个野营进行整训，建立了东北抗日联军教导旅，坚持抗日游击战争；为抗日战争胜利后，与国民党争夺东北，建立巩固的东北根据地，准备了一批重要干部和军事骨干。

　　四是苏联红军解放东北时，800余名抗联教导旅各级指战员，随苏联红军进军东北，配合苏军参加了松花江下游和乌苏里江流域的佳木斯、牡丹江、绥芬河、饶河、宝清等地作战。之后，他们分赴东北各地进驻了东北的57座城市，积极进行建军、建政工作。在苏联红军撤回国前的短短3个月时间内，建立东北民主联军80 000余人；成为党中央向东北进军，建立巩固东北根据地的主要策应力量。

　　五是从1947年至1949年的三年时间里，佛山（嘉荫）的采金工人，累计生产黄金75 000两，按照当时合江省委书记张闻天提出的"一两黄金，武装一名战士"的生产支前口号，等于为前线武装了人民战士75 000人；大约合3个纵队的有生力量；为打赢辽沈战役，解放全东北，建立新中国，做出了历史性贡献。

第十四章　改革开放前的经济建设

　　1949年10月，新中国建立。1951年10月，佛山县人民政府从乌拉嘎金矿北沟迁至朝阳镇。1952年12月，佛山县由合江省划属黑龙江省黑河行署。1953年春，黑河地委派干部充实加强嘉荫党政机构。经过革命战争洗礼和土地改革中涌现的新干部，以不同于以往时代官吏的形象出现在人民群众面前。到1952年初，经过土地改革实行了耕者有其田。继之，又经历了一系列的民主改革，在全县流行近百年封建会道门，娼妓、聚赌、种植与吸食鸦片等社会公害被铲除；封建迷信，尔虞我诈，唯利是图等污泥浊水被荡涤。代之而起的是携老爱幼，团结互助，助人为乐，拾金不昧的社会新风。

第一节　新中国建立初期的经济恢复

　　清末民初，嘉荫的生态资源仍处于原始状态，游猎的鄂伦春人不事稼穑，徙址不定的淘金工人春来冬走，居于沿江温河镇、双河镇、朝阳镇、宝兴镇、宝南镇等地的居民，主要以采集山产、打木桦、狩猎、采金维持生计，只开垦少许土地，粮食尚不能自给；比较活跃的商人以黄金、酒、鸦片、皮张与对岸俄民交易日用百货，转手渔利。市场通用俄制衡器，市面流通俄币"羌洋"。

1929年后，虽废止"羌洋"，改以现大洋为本位币。虽然乌、佛两县政府都比较注重民族工商业的发展。但由于农业自给自足的自然经济占主导地位，没有金融企业，货币流通量小，市面上长期存在着以物易物的原始交换形式。商人利用交通闭塞，货流不畅，囤积居奇，伺机牟取暴利。

日伪政权在乌、佛两县建立之后，一方面疯狂地掠夺黄金资源，抑制民族工商业发展，导致手工业作坊破产，商号倒闭。为大规模地移民生产粮食"以战养战"，仅1941—1943年从宁安、穆棱、桦川、桦南等县强行移民1 300户，5 000余人，进入三棵松、振兴、福民大岗开垦荒原。然而，因其横征暴敛，竭泽而渔，致使开拓民走死逃亡过半。殖民主义统治不但摧毁生产力，也扼杀了刚刚兴起的民族工商业。

日本帝国主义长达14年的殖民统治，致使乌、佛两县经济凋敝，民不聊生。1949年新中国建立时，佛山（嘉荫）全县仅有1镇1区3乡40多个自然屯，总人口 10 251人，社会生产总值不足200万元，国民生产总值100多万元；仅有耕地30 000余亩，粮食不能自给。县城朝阳镇只是个三四百户人家的村（屯），经历新中国建立后17年的经济恢复，虽然发展缓慢，但一直在逐步地发展之中。

自1953年开始执行第一个五年计划，到1966年，全县各级干部和广大群众，披荆斩棘，艰苦开拓，把广袤的荒原变成国家商品粮生产基地，使农业生产出现了质的飞跃，为实现农业现代化奠定了初步的基础。

1964年11月，嘉荫至汤旺河公路通车；同年国营嘉荫农场开荒建设；创造了当年建场、当年上交商品粮165万公斤的优异成绩，被省农垦总局命名为"建场样板场"，1965年全县粮食由定补转为商品粮输出。"一五"计划至"二五"计划期间，全县共安置移民379户2 407人，全国各地自动流入农业人口1 230人，接收城镇知识青年4 364人，开荒建点41个生产队。同时，国家农田基本建设投资不断增加，17年累计投资216万元，修防洪排涝工程127万元、办良种场、全丰农场45万元、发展水产业20万元、改良畜禽品种与防疫24万元；全县逐步建起农业技术推广站、种子站、农机站、畜牧兽医站等农业生产服务事业机构31个。耕地面积增长6.5倍，粮豆薯总产量增长3倍；人口增长至17 834人，增长了73.97%，县政府驻地朝阳镇人口达到9 920人，增长了近25倍。镇内新建砖混、砖瓦和草泥结构房屋10万多平方米，正街繁荣路两侧，砖瓦房鳞次栉比，杨柳亭亭玉立。镇内重点建设了党政机关、文教、卫生、商业等市政和公用事业建筑；设有中学1所、完小二所、医院、银行、邮电、旅店、影院、百货商店、供销社、副食商店、发电厂、码头、粮店、木器厂、食品厂、制粉厂、榨油厂等工商企业近百家。黑龙江江畔建长堤、砌花圃、设游人凳；镇南迎门山建省广播电台转播台。城乡面貌发生了深刻变化，人民生活安居乐业；一个新兴的边疆新城，正初具规模。

第二节　新中国建立后的移民开发

经济恢复时期的移民开发　新中国成立以后，人民政府采取多种措施鼓励和扶持移民开发。

1955年至1959年，国家有计划地从哈市、山东省往嘉荫县移民518户3 132人。其中，1955年自哈尔滨市移民60户261人、从山东省鄄城县移民99户446人；1958年自山东省单县移民100

户518人；1959年自山东省梁山县移民120户600人；同年，接收山东省枣庄市支边青年600人；总计接受哈尔滨市和山东省移民3 132人。

1965年至1971年，哈尔滨市、齐齐哈尔市、上海市，移入知青2 417人，南岔铁路机务段移入插队知识青年210人，外地零星来嘉荫插队知识青年13人，总计2 652人。至1975年虽然大部知青返回了原籍，仍有300余人留在嘉荫安家立业。沪嘉乡与所属的晨光、青松、福阳、温泉、三岗等村落，就是当时上山下乡的上海知青和插队干部垦荒建成的；福民、隆安、新安等村，则由上山下乡的上海知青与当地农户共同建成。

1974年，根据黑龙江省政府在嫩江县召开的"开荒建点"会议精神，双城、肇东、明水、巴彦、安达、北安等县（市）部分农户，自愿迁移来嘉荫县开荒建点。乌拉嘎镇的金水、金丰村，向阳乡的茅兰沟、王家店村，保兴镇的庆丰、常兴、东兴、靠山、靠江村，青山乡的建华村、建边村、建业村，红光乡的东升、红边、红旗等村落，都是1975年至1978年间，由自愿迁移来开荒建点的农户和原住地农户共同垦荒建成的。

新中国建立以后，人民政府采取各种措施鼓励和扶持移民垦荒，使荒原得到了较快的开发，耕地面积逐年扩大。发展最快的为以下三个时期：

（1）1953年佛山县划归黑河地区管辖，地、县加强了对农业生产的领导，把开荒扩大耕地面积列入重要日程。从1954年至1960年，全县用畜力开荒3 6545亩，平均每年开荒6 000多亩，其中1958至1960年，由于大批山东移民迁入，3年开荒23 000亩。但因连年遭受黑龙江洪水灾害，实际播种面积仅增加1万多亩。

（2）1962年贯彻执行"调整、巩固、充实、提高"八字方针和《农村人民公社工作条例》（修正草案）之后，调动了农村干部、社员的生产积极性，加之农业机械的逐年增加，垦荒又有了较快的发展。从1963年至1969年共开垦荒地 71 095亩，7年耕地面积翻了一番。在此期间重点开发了保兴乡的仁合大岗。同期，国营嘉荫农场在双河大岗和振兴大岗开荒近22万亩。

（3）1974年以后，国家扶助黑龙江开荒建商品粮基地，嘉荫县被列为全省开荒重点县之一，每开1亩地国家给补助开荒费15~20元。1975—1982年，全县新开荒332 018亩，平均每年开垦41 500亩，8年耕地面积又增长1.4倍。到1983年末，耕地面积已达4 3.5万亩。但在开荒建点中，由于只求数量，忽视质量。仅红光、向阳、保兴、富饶四个公社开垦后不能耕种的新荒地就有3万多亩。新建的五子旗、平顶山机械化垦荒点，建点两年开荒3万多亩，都因交通闭塞，成熟的小麦收不回来，造成严重损失而被迫停办。如柳树河子机械化垦荒点，1980年建于保兴乡互助村，该村原有56户247人，86名劳力，从各村抽调干部和技术骨干25人，招收劳动力29人。到1982年末共贷款141.7万元（1980年31.3 万元，1981年52.9万元，1982年57.5万元），购链轨拖拉机8台，胶轮拖拉机4台（拖带农具完整配套），联合收割机6台，汽车1台，75千瓦发电机组1台，还有粮米加工等设备。建点当年开荒1万亩，播种1 169亩，总收入20万元，扣去支出，平均每人收入244元。1981年开荒5000亩，播种 11 100亩，总收入15.7万元，扣去支出，平均每人分配33元，欠集体52 元。1982年播种6000亩，收入2万元，平均每个劳动力倒挂276元，每人平均欠集体82元，经济发生严重困难，被迫停止。

沪嘉乡的开发 1970年至1972年，28所上海中学的300名知识青年，和40余名下放干部和当地农民组成的垦荒队伍，在人迹罕至的荒原上开辟了一片人居之地。从此，中华人民共和国的版图上增添了一个新的乡级行政建置，被称为嘉荫县"青藏高原"的沪嘉农场。沪嘉农场1975年改为沪嘉人民公社；1984年改为沪嘉乡。现有8个行政村：福民村、黎明村、青松村、温泉村、福阳村、隆安村、新安村、晨光村。年降雨量450~500毫升，无霜期105天，是典型的高寒山区。

"沪"上海市的简称，"嘉"嘉荫县的简称；农场故称沪嘉。因为大海，横亘在中俄边境上的黑龙江才与相距万里之遥的黄浦江水系相连；因为知青，地处塞北的嘉荫与南国的世界大都市上海有了跨越时空的密切联系；因为"上山下乡"，嘉荫人民与上海人民结下了血浓于水的友谊和亲情。

一段紧张的垦荒攻坚，知青们用自己的血肉之躯，使二岗、三岗、四岗、福民大岗的荒原上田野纵横、阡陌相连。他们用三杆跑位，昼夜突击的韧性战斗，在短短的两年时间里，开垦荒原9 386亩，创造了西米干荒原垦荒史上的奇迹。连同原有的耕地2 137亩，垦区已有了耕地11 559亩，人均22亩。从此，垦区转入了边垦荒、边生产建设之中。1972年布点任务完成，一连在二岗、二连在四岗、三连在隆安大岗、四连在福民大岗建立生活、生产基地，实行"屯垦戍边"。1973年，建五连、六连。五连为工副业连队，搞基本建设与木材加工，又称基建连。六连是以四连在西米干河的垦区为基础，扩建的新连队。1975年将富饶公社前卫、隆安、新安三个生产大队划入农场辖区，列为七连、八连、九连。1976年末，以一连托管方式，吸收外来移民在一岗垦荒，组建十连、十一连。

不久，垦区就发展成为拥有30 000亩耕地、2 400余人口、40余台大型农机具、1 000头以上大牲畜，设有医院、商店、发电厂、机修厂、粮米加工厂、11个机耕连队，每年可生产粮豆1 000万公斤的乡级行政建制。在新版的中华人民共和国地图上，沪嘉乡的名字旁的一个小圆圈填补在那片空白之处，那是共和国授予垦荒者的闪光勋章！

落马湖开发　1991年10月，县委、县政府组织干部和科技人员，先后4次对落马湖地区农业资源进行考察和论证。1992年4月1日，嘉荫县落马湖开发指挥部正式成立，县政协副主席金文任总指挥；同时成立嘉荫县人民政府农业开发指挥部，指挥部挂靠在县农业委员会。当年，县财政局自筹资金124万元，农民集资51万元，对落马湖西部地区（青山乡辖区）进行实验性开发：共开垦荒地435.13公顷，其中青山乡直管机耕队开荒220公顷，农民自费开垦荒地215.13公顷；修筑公路20公里，公路从落马湖腹地上马村开始，与汤旺河林业局营林公路接通，并在汤旺河至嘉荫公路48公里处交会；开荒点修建简易住房960平方米。

1993年7月，县落马湖开发指挥部对落马湖东部地区（保兴乡辖区）进行考察后，决定巩固西部，开发东部。当年，东部开荒800公顷，西部开荒200公顷；修筑自保兴乡三合村向北至东湖村的公路11公里。

1995年5月，县农业开发指挥部更名为嘉荫县农业开发办公室，隶属于县农委；县落马湖开发指挥部工作职能并入。

1997年，落马湖地区开发已经形成一定规模。开发区内建起上马村和东湖村，总户数为190户，总人口为1 440人；耕地面积达3 947.5公顷，年总产值达1 000万元。

1998年2月，县委九届十五次常委会议决定，在落马湖开发区成立上马（青山乡行政辖区）和东湖（保兴乡行政辖区）两个经济管理区，隶属于县委、县政府，机构级格均为正科级，核定行政编制各3名，设书记兼主任1人、工作人员2人，属县财政局预算内单位。1998年3月20日，两管理区挂牌，行使工作职能。

1999年1月，两个经济管理区撤销；村屯、耕地分别纳入青山乡和保兴乡行政区划，由当地乡党委和乡政府管理。至2005

年，落马湖地区已成为嘉荫县农业、牧业、北药业发展新区。青山乡上马村总户数达到280户，人口792人，耕地面积达到1 004.2公顷；保兴乡长岭村、沿湖村、东湖村总户数达到190户，人口412人，耕地面积达到2 184.53公顷。

第三节　改革开放前的城乡经济概况

改革开放前的经济概况　嘉荫经济走上不断发展的康庄大道，始于人民政权建立。1948年全县实施土地改革，翻身农民开展了大生产运动，实现了由传统的重副轻农，转入以农为主，逐步走上林牧副渔全面发展的轨道。50年代初，工业相继创建了木材加工、农机、制酒、榨油、粮米加工、皮革、砖瓦各业。商业先后兴办了供销合作社和贸易公司，城乡社会主义经济占据了统治地位。

1964年嘉东公路通车以前，黑龙江是全县唯一的交通要道。夏则江航，冬则冰走，村、镇悉临江而建；入冬江水结冰期间，内外交通断绝，城乡皆为"孤岛"。行旅艰难，人口不繁，各项事业的发展无不被交通所阻。1964年秋嘉东公路通车，1965年嘉荫农场诞生，当年开荒3万亩，全县人口由上年的14 314人增加到17 834人，粮食总产由上年的558.8万斤增加到1 124.4万斤，商品粮由差进转为差出，农业生产实现了第一次大发展。村、屯开始由沿江向腹地扩散。随后又修筑了逊富、嘉马、稻富、保兴山等公路，全长达374公里，同时还相继修筑了9条地方道路，全县城乡初步形成了公路网络，邮电通信、商品流通、工业布局、农业结构都随之出现了新的变革。

1949年至1958年，由于农业生产使用旧式农具，10年全县耕地面积仅增加975亩。1959年至1969年的10年间，由于使用大型农机具，耕地面积增加99 004亩。70年代农业机械化程度迅速提高，沪、哈、齐等城市知识青年进入农村，农民的文化素质和干部素质都有提高。到1981年全县耕地面积达35.907万亩，农业生产实现了较大发展。

1949年至1958年，全县工商企业虽然起步，规模小，设备简陋，但经营得法，注意经济效益，家家均微有盈利。1958年至1981年，地方国营工业经历了"两上两下"。党的十一届三中全会以后，随着全党工作重心的转移和经济体制改革的深入，电力、煤炭、木材加工业、机械修造业、粮米加工业、酿酒业、制砖业、服装业才走上健康发展的道路。

1957年至1972年，国营商业与供销合作商业经历了"两合两分"，都有较大损失。直到1980年贯彻执行"三多一少"和开放搞活的方针政策，流通领域才在改革中出现新局面，并成为地方财政收入的主要来源。嘉荫革命老区走过了艰难曲折的发展历程，全县巨大的资源潜力远未发挥出来。农、工、商各业的发展只有在改革开放正确道路的指引下才开始出现。1985年统计，农业产值实现2 106万元，占全县国民经济总值的34.2%；工业产值实现2 129万元，占全县国民经济总值的34.5%；商业（含物资、供销）、饮食服务业产值399.4万元，占全县国民经济总值的6.5%。与1949年比较，农业增长了38.4倍，工业增长710倍，商业社会商品零售总额增长了20倍。然而，37年的经济运行并非顺遂，寻轨看路，既为前车之鉴，亦可用以资政。近年来，中苏边境贸易出现发展势头，为开拓地方市场，发展商品经济提供了难得的机遇。

1985年嘉荫县幅员在黑龙江省70个县份中居第12位，而总人口却居于倒数第4位。农业人口人均占有耕地10亩，草地18亩，水面6.6亩。农村拥有大中型拖拉机424台，机引农具2 073台，联合收割机147台，农用汽东33台，手扶拖拉机638台。田间机械化作业程度达70%。然而，全县粮、豆、薯平均亩产长期徘徊在70公斤上下，最高年分单产仅101.5公斤，最低年分单产只有40公斤，单产不高，总产不稳；粮食勉强自给，肉蛋尚不能自给。泡塘水面广阔，人工养鱼刚刚起步。1985年全县有地方工业企业38家（其中国企20家），国有企业盈利额31万元，亏损额10万元；集体企业盈利额12万元，亏损总额6万元，总利润额仅27万元。商业销售网点342个，社会商品零售总额2 565.5万元，国有和供销合作商业总盈利13.8万元。从1953年到1985年，全县各项税收累计2 358.1万元，企业财政退库竟达3 411.7万元，农、工、商各业发展潜力都十分巨大。改革开放带来的中苏边境贸易发展，为开拓地方市场，发展商品经济提供了难得的机遇。

第四节　改革开放前的农业合作化的探索

互助组　佛山县互助合作运动出现在1949年，开始组织的是以插锄换工为主要形式的临时互助组，以后逐步发展成三大季节组和常年组。常年组仍以一家一户为生产单位，生产资料私有，在组内用换工互助的形式，解决生产中人、畜力不足的困难。1952年以后，互助合作运动发展加快，到1953年全县总农户为739户，参加互助组的704户，占总农户的96.3%。其中，常年组22个、237户，占参加互助组户数的33.7%。三大季节组59个435户，占参加互助组总户数的61.8%。临时互助组10个32户，占参加互助组农户的4.3%。

初级农业生产合作社　1954年，在佛山村王立发、谊玉来互助组的基础上，试办第一个初级社。入社20户，实行土地入股，统一经营，社员共同劳动，秋后按每户投入的劳动力、畜力和土地多少进行分红。生产资料所有权不变。初级社试办第一年，劳动力平均收入298元，比一般互助组劳动力平均多收入53元。

1955年春，县委在全县推广王立发初级社的经验，新建起7个初级社。初级社实行大牲畜入社分红，每头牲畜年分红最高玉米55公斤，最低20公斤；土地入社吃租，每垧年吃租玉米20~25公斤；大车入社吃租，每年租额327公斤玉米；犁、耙等农具作价归社，4年还齐。8个初级社当年有5个增产增收；3个因生产无计划，劳动力窝工，计酬不合理，干部多忙于事务，参加劳动少，生产中出现问题不能及时发现并解决，管理混乱，社员群众有意见，经济效益差。

高级农业生产合作社　1957年，县委在全县试办高级社，实行土地、耕畜、大型农具等生产资料作价归集体所有，取消了土地、牲畜分红的报酬，每个社员投入土地、耕畜、大型农具等生产资料，作为一定数量的股金，实行评工记分，按劳分配。

高级农业合作社组建后，当年遭受黑龙江洪水灾害，沿江土地大部分被淹，粮食减产五成多。由于开展生产自救，大搞副业生产，增加收入，社员平均劳动日值仍有1~3元以上。但是，发展不平衡，有的高级社领导水平低，缺乏办社经验，制度不健全，管理混乱，损失浪费严重，社员劳动积极性不高，劳动日值不足1元。

针对存在的问题，1957年2月对全县高级社进行全面整顿。按照有利生产，有利团结，群众自愿的原则，将社队规模过大的稻田高级社划分为稻田、高升、双河三个高级社。以合理确定劳动报酬，提高劳动效率和劳动质量为中心，推行了"三包"（包工、包产、包成本）、"四固定"（劳力、畜力、农具、土地）

的管理经验。同时调整了合作社的领导成分，强调领导权掌握在贫下中农的手里。经过整顿，多数高级社的管理情况有所好转。

　　1959年9月，根据党中央、毛主席的号召，迅速掀起了"人民公社"运动，历时一个多月，实现了全县"人民公社化"。

第十五章　改革开放中的经济社会发展

第一节　落实家庭联产承包责任制

1980年春，嘉荫县在保兴、富饶、常胜等公社的7个口粮不能自给的贫困生产队试行口粮田包到户的责任制，当年均实现口粮自给有余。

1981年，全县又有19个生产队试行口粮田、责任田包产到户。

1982年1月，嘉荫县召开农村四级干部会议，批准44个贫困生产队实行"包产到户"或"包干到户"，占生产队总数的31%。当年2月，省、市工作组进驻嘉荫县，纠正"双包"到户的做法，使联产承包到户的生产队由44个减少到19个。

1983年，嘉荫县委根据中共中央、国务院〔1983〕1号文件精神，制定了《农业生产联产承包责任制试用细则》。5月春耕前，全县实行"家庭联产承包"的生产队116个，占全县生产队总数的81.7%；实行专业承包的生产队7个，占生产队总数4.9%；实行农机组和劳动力联合承包的生产队15个，占生产队总数10.6%；仅有4个生产队未实行联产承包，占生产队总数2.8%。

实行"家庭联产承包"的生产队将大中型拖拉机承包到组、户经营或作价卖给农户；大牲畜、小农具等生产资料全部作价，用抽签形式卖给农户；耕地分为等级，按劳动力与人口数平均包到各户经营。生产队按土地等级、数量及农机具状况收取积累。当年，全县农副业总收入达1 497.3万元，农民人均纯收入达352元。在连续遭受各种自然灾害的情况下，全县社会总产值，商品粮出售，农副业总收入，人均收入都创造了历史最好水平；同1978年比，实现了"四个翻番"，跨入了全国112个翻番县的行列。

1985年，个别生产队根据农业生产实际情况做了"微调"，更加完善了联产承包责任制。全县农村全部实行"家庭联产承包经营制"经营，并产生各种专业户576户，占农村总农户的8.9%，其中种植业199户、畜牧业23户、林业19户、渔业39户、工业81户、运输业27户、建筑业17户、商饮服务业109户、其他行业62户。在专业户中，年收入万元以上有65户。全县还出现机械化家庭农场43个，其中独户家庭农场18个、联户家庭农场25个。当年，还涌现出新的合作与联合体34个138户。

嘉荫县委、县政府对中共中央办公厅、国务院办公厅《关于进一步稳定和完善农村土地承包关系的通知》（中办发〔1997〕16号文件）和黑龙江省委办公厅《关于贯彻落实中办精神的通知》高度重视，于1998年10月14日召开县委常委会议，讨论了嘉荫县关于农村土地二轮延包贯彻落实情况。会议决定，按中共中央、省委的要求，认真贯彻落实中办发〔1997〕16号文件精神，成立嘉荫县农村土地二轮延包工作领导小组，下设办公室，办公室设在县农委（县农业局），统一抽调工作人员下派到各乡镇，宣传、贯彻、检查、监督农村土地二轮延包工作，使嘉荫县农村土地二轮延包工作顺利开展，稳定了农村大好形势，提高了农民对土地投入的积极性。1998年，全县共发包村集体耕地19 854.93公顷，预留机动地254.8公顷；签发土地承包合同8 028份，发放集体土地使用证书8 028本。当年实现农林牧渔等总收入13 649.3万元，农民人均纯收入2 027元，比1983年增加了1 675元。

2003年3月《农村土地承包法》的颁布，更加稳定了农村土地承包关系，同时鼓励经营承包地少的农户依法进行土地承包经营权流转，解放出来的农村劳动力进城务工，进行二次创业，增加农民收入。2005年，嘉荫县实行《农村土地承包经营权流转管理办法》，规范农村土地承包经营权流转行为，保护农民合法权益。2005年，全县出现专业村14个，其中木耳村7个、黄金采掘村3个、蔬菜村2个、养猪村1个、经济作物村1个；从事建筑业370人、商业150人、运输业68人、饮食服务业43人、手工业47人、修理业14人；农民人均纯收入达3 999元，比1983年增加了3 647元。

第二节　农村经济与产业结构调整

1986—1997年，在稳定和完善家庭联产承包经营制的基础上，不断调整种植结构，完善农村科技社会化服务体系，积极探索统分结合的双层经营体制等，使农村经济体制改革逐步深化。发展各种合作经济，放手调整农村产业结构，逐步形成以农、林、牧为基础，乡镇企业为支柱，第三产业为纽带，农（林、牧）工商综合经营，在保证粮食生产前提下，适当扩大经济作物生产，发展林业、畜牧业、养殖业和其他多种经营生产，提高其在农村经济中的比重，形成具有较强生产能力和较高经济效益的产业结构。

经济结构调整　1988年，全县在继续稳定和完善家庭联产承包制的基础上，通过建立合同定购制度，发展农村合作组织，实行原生产队资金折股到户，建立统筹金制度，不断深化农村改革，提倡集约经营，施行科学种田和救灾扶贫工作；从增加投入出发，把亩施肥标准、土地合理轮作、大型农机具使用、低产田改造、农田标准化作业纳入承包内容；继续推行粮食与化肥、柴油挂钩合同定购制度，对完成合同定购外的农副产品及时放开。按照农村商品经济发展需要，发展多种经营生产，扩大经济作物种植面积，发展林业、畜牧业、养殖业，兴办家庭农牧场和养殖场以及林业专业户，大上荒山、荒滩（简称"两荒"）造林、木耳栽培、山特产品采集，增加农民收入。同时，根据嘉荫县资源特点，以粮食、饲料、果酒、饮料、食品加工、建材、黄金和小木加工为主，发展适合农村经营的工、副、建、运、服各项生产，促进乡镇企业的发展。当年，多种经营产值达到668.4万元，比1983年增长14.5%；乡镇企业产值达到1 312万元，比1983年增长139%。

1990—1997年，农村种植业进一步调整种植结构，改造低洼地，发展水稻生产，变水害为水利，落实水稻生产优惠政策，推广旱育稀植新技术。畜牧业以发展黄牛、生猪、家禽为重点，提高肉蛋自给率。乡镇企业以发展资源型加工企业的技术开发为重点，突出农副产品加工，提高生产技术水平。农村改革围绕着统分结合的双层经营机制，解决暴露出来的深层矛盾，在稳定家庭联产承包制方面，完善土地承包合同。全县下放乡镇"六站"（农业技术推广站、畜牧兽医站、林业站、农村合作经济管理站、农业机械化管理站、水利站）管理权和逐步完善农村科技社会化服务体系。在发展集体经济方面，采取机动地创收、土地扛价承包、加强提留征缴、兴办村办企业等，使农村集体经济有一定的发展。努力发展外向型农业，利用边贸契机，鼓励乡镇、村和有能力的农户联户兴办边贸公司，参与边境贸易，扩大劳务输出规模和领域。1997年农业总产值实现13 127万元，比1993年增长80%，年平均递增15.8%；农民人均纯收入实现2 598元，比1983年增长172.45%，年平均递增14.6%。

1998年，嘉荫县在保持现有耕地面积的基础上，增加科技含量，挖掘耕地潜力，提高耕地利用率，调整种植结构，因乡、因村、因户制宜，发展水稻、白瓜籽等作物，逐步实现粮、经、饲三元种植结构。在进一步加强对土地承包管理的基础上，积极推进集约经营方式，促进生产力发展。深入开展清理农民不合理负担专项检查，严格执行中共中央提出来的农村提留、统筹控制在上年农民人均纯收入5%以内的标准，制止不合理的收费和摊派，减轻农民负担。建立和完善以党支部为核心的村级组织工作制度，即以民主选举、民主议事为主要内容的民主政治制度、以财务管理为主要内容的经济管理制度、以村务公开为主要内容的社会事务管理制度、以村民自治章程为主的村民自治制度。兴办乡镇企业，大搞综合开发，围绕农业生产开展有偿服务，增强集体"统"的功能。搞好农村信用合作社的改革，把农村信用合作社逐步转变为农民入股、社员民主管理、以社员和农民家庭经营为服务方向的合作金融组织。调整和优化农村产业结构，发展烤烟、白瓜籽、食用菌、柞蚕、绒山羊、养鱼、养鹅等项目，在种植结构和区域布局上压缩大豆种植面积，增加小麦、玉米、水稻、马铃薯、杂粮等粮食作物面积和烤烟、白瓜籽等经济作物面积。全县实施"199888"农业科技典型示范工程，即全县建立1个科技示范乡、9个科技示范村、9个科技示范户，扶植8个种植业大王、8个养殖业大王、8个农民企业家。

1999年，全县农业总产值实现14 044万元，比1998年增长12.9%；规划绿色食品大豆、水稻、食用菌、畜禽产品、鱼产品、蔬菜六个生产区。1999—2000年全县水稻试种66.67公顷。

2001年，沿江的6个乡镇扩大水稻种植面积710公顷；2002年，增加到1 551公顷，平均每公顷产量实现446.67公斤。绒山羊养殖从1995年的540只，发展到2002年的13.9万只。同年，实现绿色食品基地1.46万公顷，有机食品种植面积0.52万公顷；建立一处400公顷的北药生产基地，北药种植600公顷。在科技兴农上也取得突破，大豆垄三栽培、良种繁育、精量点播、大垄密植、水稻旱育稀植、大田伏秋整地等农业标准化作业手段和优良种子、化肥、高效农药等综合增产防害措施都得到了推广和利用，推广农业适用技术落实示范面积7 733.33公顷，建立示范村33个、示范户471户。引导和支持农民因地制宜发展北药、马铃薯、向日葵、温室蔬菜、袋栽木耳、江水养鱼等种养业，发展专业村、专业乡，努力形成一乡一业、一村一品的合理布局。根据不同地域、资源，在沿江乡、镇扩大水稻种植；在山区、半山区乡镇发展绿色食品种植业和以绒山羊为主的畜牧业，结合实施森林资源管护经营责任制，推进非公有制林业的发展。2002年末，全县民有林实现6 666.67公顷；大豆、木耳块、山珍四宝、芸豆、复合肥五大类十三个品种，已获国家绿色食品证书。

产业结构调整 2003—2005年，嘉荫县集中力量培育壮大优质大豆、绒山羊、民有林、绿色食品、北药、农副产品加工，木材精深加工、矿产品加工、旅游和边贸10大优势特色产业，变资源优势为经济优势。

优质大豆，培育以优质大豆为主的种植业。抓住国家大力实施"大豆振兴计划"的机遇，积极发展大豆产业，推广高油、高蛋白大豆品种的分区域种植，建设6 666.67公顷专用大豆生产基地，完善县、乡、村、户四级科技示范网络建设。

绒山羊，培育以绒山羊养殖为主的畜牧业。重点加强良种繁育、技术服务和信息网络体系建设。2003年，全县绒山羊存栏已达18万只，绒山羊养殖户达到1 510户，占全县农户总数的14.8%；生产羊绒43吨。同时继续发展黄牛、鹿、本地鸡、獭兔等特色养殖，不断壮大畜牧业总体实力。

绿色食品，培育壮大绿色食品产业。依托良好的生态环境，积极申报绿色食品认证，向养殖业延伸，扩大绿色食品种植规模，推进专业化基地建设和标准化生产。2003年，全县有机食品种植面积达到16 666.67公顷。

北药，培育北药产业。围绕市场需要，依托资源优势，重点建设符合（优良农业生产规范）标准的五味子、防风、柴胡等北药生产基地，培植种植大户，发展"订单生产"，推进产业化进程。保护并合理利用现有野生中草药资源，建设野生、半野生中草药基地。2003年，全县北药种植面积1 533.33公顷。

民有林，培育壮大民有林业。向"家家有其山，户户有其林"的方向迈进。2003年，按国家要求及时兑现各种政策，全县民有林发展到10 000公顷，其中退耕还林2 000公顷。全面实施生态效益补助试点工程，积极发展袋栽木耳、中草药、山野菜等种植和蜂、蚕养殖等林下经济。

积极搞好扶贫开发。坚持开发式扶贫和扶贫到户的方针，多渠道增加扶贫投入，动员社会力量进行扶贫开发，重点支持贫困村强化基础建设，改善生产、生活条件，增强自我积累和自我发展能力，特别是抓好退耕还林等政策性机遇，加快扶贫开发步伐，帮助贫困农民尽快脱贫。

三色经济　嘉荫县农村经济在改革中不断发展，在结构调整中不断得到增长。2005年，在不断完善家庭联产承包责任制和调整经济结构的同时，结合发展的实际，提出发展高油脂高蛋白大豆为主的金色经济、以发展绒山羊养殖为主的银色经济、以发展民有林为主的绿色经济的"三色经济"。

金色经济 发展以"双高"（高油脂、高蛋白）大豆为主的金色经济，主要发展优质、高产、高效的种植业，优质大豆面积53 473.33公顷，粮豆薯总产量达到12.4万吨。全县建立大豆优良品种展示区9个，面积5 546.67公顷；先进管理模式示范区9个，面积8 153.33公顷。发展壮大以国家级生态示范区为品牌依托的绿色食品产业，绿色食品种植面积20 000公顷。

银色经济 发展以绒山羊产业为龙头的银色经济。把绒山羊产业作为富民强县的主导产业，建立和完善1个省级绒山羊良种场、15个良种扩繁场和8个人工繁育站；建成规范化养殖小区8处、标准化羊舍176栋，小区养殖量达5万只；落实青贮玉米种植212.53公顷，建青贮窖88个，贮藏青贮玉米13 540吨。投资40万元为全县各乡镇统一配置防疫设备。实施国家天然草场恢复和改良项目，为绒山羊产业可持续发展提供保障。全县绒山羊存栏36.2万只，养殖户2 032户，养殖覆盖率19.6%；产绒量130吨，产值5 000万元。

绿色经济 发展以民有林为重点的绿色经济。嘉荫县对2002—2004年度造林地进行补植补造，并顺利通过市级验收。至2005年，全县民有林面积6.68万公顷，其中流转民有林4.62万公顷，流转总蓄积量146万立方米，荒山荒地造林1.07万公顷，退耕还林0.45万公顷，共收取活立木流转预收款1 758万元，并对光荣林场实施整体流转。人参、沙棘、地栽木耳等林下种植业和蜂、鹿等林下养殖业得到较快发展，完成封山育林0.87万公顷。

至2005年末，全县农业总产值实现59 726万元，农民人均纯收入实现3 999元。全县农作物播种面积6.77万公顷，粮、豆、薯总产量达到12.4万吨。通过实行区域化种植和标准化生产，优质大豆平均每公顷产量达1 757.4公斤，特别是大豆行间覆膜示范田平均每公顷产量达2 135公斤，比普通大豆增产21.5%。绿色食品种植面积2.01万公顷，实现产值7 500万元。全县北药种植和改培面积0.52万公顷，实现产值3 992万元；种植和改培面积超百亩的大户有106户。认真贯彻中央1号文件精神，及时落实促农增收政策，为全县应补农民发放粮食直补金和水稻良种补贴款730余万元。继续巩固农业基础地位，狠抓基本农田保护，全县列入平价耕地面积5.8万公顷，建立7个总面积为4.93万公顷的基本农田保护区，保护率达85%。完成土地复垦面积65.9公顷，土地复垦率达62.8%。特色养殖、种植业发展迅速，全县水产养殖面积766.67公顷，养殖林蛙70万只；养鹿680只，种植袋栽木耳626万袋。

第三节 完善企业经营承包责任制

1986—2005年，嘉荫县国有企业改革措施是不断完善经济责任制，在加强企业技术改造、增加新项目和新品种以及试办集体企业的同时，退出国有资产，发展民营、私营企业，扩大企业经营自主权，建立现代企业制度，培植发展企业集团。

1986年，嘉荫县通过集资的办法扩大企业经营自主权，办起食用菌厂、木楂厂、人造理石板厂。县木器厂实行百元产值工资含量和全面质量管理的办法，把职工的计酬方法同企业的效益联系在一起。对县煤矿、县胶合板厂、县制酒厂、县印刷厂等企业实行厂长任期目标责任制，签订经济责任书或经济合同书，把经营者的利益同企业的效益联系在一起，从而增强厂长的责任感与扭亏增盈的积极性；同时，在企业内实行劳动定额和岗位工资。商业企业主要实行经理任期目标责任制，开始试行小型企业租赁经营。粮食企业开展增产节支活动，实行粮食购销双轨制，开始实施粮食定购任务完成后，销售粮食每百公斤给予供应平价柴油、化肥和按20%支付预购粮定金。经过一年多的技术改造，部分企业新产品开辟新销路，企业经济效益有所提高。

1988年，嘉荫县与省外贸公司、乌拉嘎金矿联合开发建立卫生筷子厂；县食品厂与上海古华食品厂联营生产上海饼干；县胶合板厂在进行企业承包过程中，完成县林业局兼并胶合板厂的工作；县印刷厂实行岗位工资；县制酒厂、县煤矿、县胶合板厂、县木器厂都实行第一轮承包责任制。县商业局从转换经营机制入手，大力推行承包租赁制。县制油厂与西粮库实施厂库合一；县制粉厂全面实行厂长负责制。

1990年，县国有企业开展进档达标工作，县煤矿、县制酒厂、县制粉厂、县食品厂企业升格。各企业以销售清欠为突破口，采取全员销售队伍的建设，强化企业的销售工作，努力活化企业资金；关停资不抵债的县木制品公司。

1991年，企业进行第二轮的承包经营，有关部门与县煤矿、县制酒厂、县文具厂、县印刷厂、县木器厂等企业签订第二轮承包责任书；其中县制酒厂、县印刷厂、县木器厂三户企业，由原来个人承包改为集体承包。对因经营管理不善、亏损严重的县二轻经贸公司，进行全面整顿和清产核算，更换企业法人代表。调整部分企业的产业产品结构：县工艺术制品厂转产麦饭石，县工业硅厂转产膨润土，县农机制造厂铸造生产线改造生产水暖铸件。

1992年，县物资局改为县物资总公司，下设八个独立核算公司。各商业企业实行全员劳动合同制和全员风险抵押金制度，实行经理聘任制、职工优化组合，实行企业与职工去留的双向选择；打破工资框架，干部、职工按照不同的责任收缴风险金；打破单纯依靠三级批发站进货的局面，开始多渠道的购货方式。在拓展横向联合中，嘉荫县同丹东市第四建筑公司联合建立丹嘉麦饭石食品公司，生产四种保健品新式面包。粮食系统进一步完善企业承包责任制，把风险机制、竞争机制纳入企业管理，增加干部职工的紧迫感和危机感。

1993年，企业改革比较大的是商业系统的企业，对小型的零售网点，如副食品商店、百货商场、凤鸣商店实行国有民营，通过向职工出租柜台，调动职工自主经营的积极性；县五金公司实行站店合一，进行缩小批发、扩大零售试点；原县百货公司解体，设立日用百货经营部，百货大楼实行百元工资含量的工效工资，全员风险抵押；糖酒食杂店、批零商店实行部组承包、优化组合；县食品厂实行车间承包制。向阳乡与乌拉嘎金矿合资兴建鑫磊石材有限公司；朝阳镇与辽宁抚顺第二砖厂合资新建抚阳砖厂。

1994年，嘉荫县开展内引外联和企业产权制度改革。县林业局胶合板厂与美国益利华、中国包装进出口总公司合作开发装饰条和高档地板块项目。县农机修造厂与哈尔滨锅炉厂合作生产锅炉辅机。县百货公司、县糖酒公司实行依法破产；副食品商店实行国有民营，对百货大楼实行部组包租柜台。县卫生筷子厂完善有限责任公司制，关停县木器文具厂，县制酒厂剥离经营，县印刷厂实行有限责任公司制，县物资总公司下属的机电公司进行依法破产。粮食系统对13个独立核算企业分别进行改革。对4个粮库和县粮贸公司进行有限责任公司改造；对县粮食局基建物资站实行清产核资后招标租赁经营；对劳动服务公司实行集体租赁承包；对佳良商场实行破产；对批发市场门市部提出个人租赁经营或全员职工集资入股、全员风险抵押承包两种方式，任选其一；嘉荫粮库在所属小单位中推行含量经营，承包经营；乌拉嘎粮库实现全员承包；友谊宾馆推行劳动合同试点；粮食车队实行单车承包；县制粉厂与嘉荫粮库实行厂库合一。

1996年，县印刷厂、县制油厂、县制酒厂、县农机修造厂等4户企业实行委托经营，签订二级委托经营合同，收缴风险抵押金。县佳友木制品公司生产一线全员实行计件工资，以单箱卫生筷消耗木材质量标准为依据制定工资定额。县发电厂将指标细化，按岗位核定煤耗。在产权改制上，县农机修造厂、康嘉制衣有限责任公司、精制木炭有限责任公司、县人造板厂清产核算，实行破产。粮食系统继续完善巩固法人经济责任承包制度，对县制油厂进行股份有限责任改造；对第三产业和多种经营项目采取委托经营、承包经营、租赁经营等多种模式；对木耳块厂实行二级法人承包，剥离经营，定利上缴；对商业猪场实现转让经营；将友谊宾馆实行委托经营。

1998年，嘉荫县提出抓大放小的改革思路，县制酒厂内部职工出资18万元购买企业资产，按照《黑龙江省股份制合作企业暂行办法》，实行股份合作制改造。县印刷厂以整体资产30万元出售产权。县木器厂、山珍企业公司实行先售后股份的全体职工股份制改造。当年，县工业局购进河南太康造纸机械厂设备生产卫生纸、面巾纸、烧纸、包装纸等；县乡镇企业局引进福州市、绥化市、长春市、伊春市等地方私营企业到保兴工业小区开发装饰条，旋切单板，加工家具料及地板块毛坯等；引进海伦市私营企业在朝阳镇建旭鑫面粉加工厂，引进鹤岗市私营者建卫生筷子生产线。嘉荫粮库分离出制粉厂，山珍食品公司、第二粮店；乌云粮库分离出富饶宾馆；嘉荫二粮库分离出制油厂。

1999年，产权制度改革进一步深入，本着"一企一策、稳定推进"的原则，对县发电厂实施破产，红石水电站不能并网发电而被关停；对县木耳块厂实行整体出售，然后进行股份合作制改造；对县建材厂实行产权整体出售，与桦南县桦宇磁化肥有限公司合资建立嘉宇有机活性磁化肥有限公司。县粮食局实行"商品一条龙责任管理"和费用分环节定额管理，完成木耳块厂改制。

2000年，嘉荫县对县制油厂进行整体出售，对县煤矿实行个人承包经营，对县黄金公司实行目标责任制管理，对县制粉厂实行租赁经营。由于民营商业和个体、私营商业的迅速发展，国营商业对系统内所属企业进行全面改制，对县医药药材公司实行破产，对股份制公司医药公司、新特药店、第二药店进行产权出售，撤销县酒业公司和县食品公司。至此，国营商业退出流通主渠道，民营商业，集市贸易占据主导地位。这一年，县燃料公司、县再生利用公司依法破产；县木材公司、县化建公司、县综合商店、县物资贸易中心因经营不善，注销营业执照。县物资总公司机构撤销，其职能划入县经贸委员会；完成县粮食局下属友谊宾馆、制粉厂、第二粮店的承包和租赁工作。

2001年，县煤矿、县黄金公司2户企业实行委托经营，分别更名为农友腐植酸有限责任公司和金海矿业有限责任公司；对县林业综合厂实行外埠租赁；对餐具有限责任公司、盛佳木业有限责任公司分别进行整体出售。粮食企业中的粮贸公司实施破产，富饶宾馆、第二粮店、第三粮店实施出售，友谊宾馆、县制粉厂实施关停。到2005年底，全县共建立股份制企业7家，国有企业15家，集体企业4家，外商投资企业2家。

第四节　招商引资

1986—1992年，嘉荫县主要是各单位立项目，对口争取资金。为加速县域经济快速发展，县委、县政府决定于1992年7月成立嘉荫县经济技术开发区管理委员会和招商引资管理委员会。当年，全国有24个省（市）463个团（组）到嘉荫县考察洽谈，共签订协议、意向合同书73份，意向性投资额达1亿多元。当年到位资金为1 014.9万元，出让土地17 283平方米。县开发委共印发《开发区简报》13期、近3 000份，印发贺年卡500份，发信函、电报2 000份。1993—1995年，全国有28个省、832个市（区）、局、厂、矿的769个团（组）3 708人次，到嘉荫考察洽谈，共签订意向合同书154份，意向性投资11 723万元；到位资金1 886万元，出让土地60 838平方米；建立外区办事处23个，创办实体55个、边贸公司29个；外国（地区）29个团组到嘉荫考察，创办中外合资公司1个。1994年，全县发出联系电函212份，为客户办实事19件52人次。

1996—1997年，由于受资源、环境及经济形势的影响，开发区及招商引资工作受到制约。

1998年5月，经县政府研究决定，将县招商引资管理委员会职责纳入县经济委员会。当年引进资金4 442万元，开发腐植酸、面粉加工、旋切单板、餐具、装饰条等10个项目。外地客商到嘉荫投资办实业的48户，投入固定资金500万元，注入流动资金400万元。

1999年，伊春市政府下达嘉荫县招商引资工作指标2 000万元。按照这一指标要求，县委、县政府把招商引资工作纳入"860工程"，列为第24项推进工作，并要求县经济委员会抓好落实。当年实现引资项目13个，引资额2 000万元，协议引资额为3 000万元。

2000年，伊春市下达嘉荫县招商引资指标为2 000万元，县内自定招商引资计划为5 500万元。当年，实际完成5 896.9万元。

2001年初，经县政府决定，将招商引资工作职能纳入县计划委员会。11月，又将原县计划委员会承担的指导全县招商引资的行政管理职能纳入县贸易发展委员会。当年，招商引资实际到位资金12 422万元，引进加工业项目28项，其中有天达细木加工厂、腾飞制品厂、白山头矿泉水厂、丰实绿色食品厂等；引进养殖业15项，绒山羊存栏量达6万只。

2002年，县政府将绒山羊、民有林作为县域经济发展的主导产业进行重点扶持，实施优惠政策，鼓励发展绒山羊养殖。截至2005年末，全县绒山羊存栏量由2001年6万只，发展到36.2万只；民有林发展到6.68万公顷，其中流转4.62万公顷，吸引外资2 000万元。哈尔滨经济贸易洽谈会及黑龙江森林生态旅游节期间，嘉荫县签订实质性经济技术协议7项，签约额近3 000万元。当年，在"哈洽会"期间签订的朝阳镇商服一条街开发项目，仅哈尔滨市港务有限公司就投资3 500万元，在朝阳镇开发建设新城街商服住宅楼、林业住宅楼等商服住宅5万平方米。

2002—2005年，嘉荫县对县供热公司、友谊宾馆、县自来水公司等企业实施产权出售，既盘活大量闲置资金，又解决部分下岗职工的就业问题；特别是对县供热公司、县自来水公司进行产权出售，变国有为民营，共收回产权出售资金800万元。其间，全国先后有10家房地产开发企业到嘉荫县投资，累计投入资金6 865万元，开发各类商服房和经济适用房10万平方米。2004年，引进北京中联盛佳房地产开发公司新建嘉荫商务宾馆，总投资达2 000万元。

2003年，由于受非典型性肺炎疫情的影响，嘉荫县没有参加各种洽谈会，采取网上招商。

2004年，嘉荫县先后参加"哈洽会"、黑龙江国际生态旅游节，并赴广东、福建、浙江、江苏、辽宁等省和上海市开展招商引资活动，取得好成效，意向签约总额达到2.47亿元。

2005年9月，嘉荫县已到位资金达4 180万元，引进世界生态村天然食品有限公司，引资1 100万元，主要生产白桦汁系列饮品及对大豆、北药进行深度开发；引进辽宁客商开发乌云温河水库，已投入资金300万元，建成集旅游、餐饮、服务、养殖一体化度假村。几年里，相继引资建设天达细木加工厂、宏泰木业公司、新春工贸公司、华泰经贸公司、世界生态村、鄂尔多斯集团等十几个资源开发企业，切实加快嘉荫县由资源优势向经济优势的转变。至2005年，全县累计完成招商引资2.86亿元，每年均超额完成市下达的指标，连续四年获得伊春市招商引资工作先进单位。

第五节　对俄边境贸易

　　嘉荫县城面对前苏联阿穆尔州和哈巴罗夫斯克边区的结合部。边境线长249.5公里，有连接两个州9（区）的地缘优势，嘉荫县西北部的乌云镇与俄阿穆尔州的阿尔哈腊区音诺肯基耶卡相对，县城朝阳镇近郊永安村与俄联邦哈巴罗夫斯克边区比罗比詹犹太自治州的奥布卢奇耶市巴斯科沃相对。两岸民间贸易历史悠久，据《嘉荫县志》记载"1929年以前，乌、佛两设治局商业以对俄贸易为主，受其影响很深，市面以俄货为多，货币以俄币羌洋为主，度量衡悉为俄制，甚至温河镇、乌云站的商店铺面也多仿俄式"。1989年中俄边贸开展以来，下列宁斯阔耶、布拉戈维申斯克的海关和港口负责人，多次到巴斯科沃考察，召开联席会议，确定口岸设施场地和项目，并落实有关部门进行设计。为实现口岸正常开通，在口岸设施建设上采取两步到位方案：先借二栋砖房进行维修并安排两节车箱活动房，作为口岸开通临时查验场所，再全面完善口岸设施工程建设。

　　改革开放以来，县委、县政府在认真抓好口岸开通准备工作的同时，坚持把对俄边境贸易作为"强县富民、繁荣嘉荫"的战略措施抓紧抓实，利用已经开通的对俄边贸口岸，走"借船出海""借梯上楼"之路，大力发展边境贸易。从1989年起，嘉荫县开始向俄方输出技术与劳务人员，合作生产蔬菜，并以此为突破口，积极开展易货贸易。双方通过多次组团互访考察，加深理解，增进友谊，经济技术合作和易货贸易伙伴不断增多，规模和领域不断扩大，到1991年末已与俄方39个经贸单位建立了经济技术合作与易货贸易关系，签订合资建厂、蔬菜种植、劳务输出和边贸易货等22个项目的合同书和40余份意向性协议。1989年，嘉荫县与俄犹太自治州彼德洛夫斯基国营农场签定合作生产蔬菜合同一项，输出技术与劳务人员66人，种地40公顷，总收入50万瑞郎，换回化肥200吨，过货额25万瑞郎。1990年，继续与俄彼德洛夫斯基国营农场签定合作生产蔬菜合同。输出技术与劳务人员61人，种地45公顷，总收入125万瑞郎，换回叶尼塞联合收割机8台，德特75拖拉机5台，化肥350吨，过货额50万瑞郎。1991年，分别与俄彼德洛夫斯基国营农场和沃洛恪也夫斯基国营农场签定两份合作生产蔬菜合同，输出劳务人员248人，种地170公顷，创产值330万瑞郎，我方收入142万瑞郎，换回化肥4 100吨，叶尼塞联合收割机20台，大型拖拉机50台，播种机30台。1991年，签订易货贸易合同和协议20份，成交额1，400万瑞郎。易货贸易进出口总额108.6万瑞郎，其中出口65万瑞郎，进口43.6万瑞郎。我方出口货物主要品种是：玉米、花生米、白糖、小型拖拉机、电线及纺织、家电等产品。进口产品主要有：汽车、化肥、钢材、水泥、大型农业机械等。

　　1986—2005年，嘉荫对外贸易主要是对俄罗斯（1991年前是对苏联）的边境易货，外贸进出口总额560万美元，呈现逐年扩大出规模的趋势。

1992年，为进一步加强边境经济贸易管理，成立边境经贸管理局；同年8日，又设立县边境贸易公司。当年实现出口贸易额9万美元。

1993年，在县边贸公司注册的挂靠公司、分公司达到123家。其中，外地委托代理公司25家。全年实现进出口13.4万美元。在进出口商品结构中，以钢材、木材、大豆、蔬菜、水果为主。

1995年，在县边贸局注册的公司22家。其中，外地委托代理公司三家。县边贸公司在伊春市政府和县委、政府的支持下，在俄犹太自治州州府比罗比詹市以"金龙"子公司命名的第一家独资企业宣告成立；犹太自治州第一副州长库巴列夫签署第546号命令，为中国"金龙"子公司注册。这标志着嘉荫县第一家独资企业在俄取得法人地位，获得对外进出口的经营权。"金龙"子公司已在俄银行开设了卢布和其他外汇的账户。"金龙"独资企业的建立为嘉荫县和伊春市开拓与俄贸易及经济技术合作领域打下一个良好的基础。嘉荫县的其它注册公司也都取得很大进展。当年，全县共实现进出口贸易额27万美元。

1996年，国发〔1996〕2号文件下发，参照国际通行规则，确定边民互市贸易和边境小额贸易两种过货管理形式，其优惠政策是：通过互市出口的商品，每人每日交易额在1 000元以下的，免收进口税和进口环节税；超过1 000元的，对超出部分按法定税率照章征税；边境小额贸易企业通过边境口岸进口毗邻国家的商品，除烟、酒、化妆品以及国家规定必须照章征税的商品外，"九五"前三年（1996—1998年）进口税和进口环节税按照法定税率减半征收。

1997年，根据中俄边贸政策的调整和企业自身的优势，以及国家赋予边贸企业的优惠政策，嘉荫县积极发展边境小额贸易及边民互市贸易，中俄边境贸易活动日趋活跃。当年，全县具有小额贸易经营权的企业15家，享有经济技术合作经营权的企业1家。全县边贸企业共实现进出口贸易额32万美元；在进出口商品结构中，以钢材、大豆、蔬菜为主。

1998年，嘉荫县具有小额贸易经营权的企业15家，享有经营技术合作经营权的企业一家。全县边贸企业共实现进出口贸易额30万美元；在进出口商品中，以钢材、木材、大豆、饲料为主；其中嘉荫县边贸公司3月份与俄罗斯波亚尔科沃公司签订贸易废钢1 500吨的合同，第一批废钢900吨于当年5月28日运达嘉荫口岸。

1999年，嘉荫县与俄罗斯犹太自治州奥布卢奇耶区签订建立友好地区协定，为双方经贸活动的开展创造有利条件。同年，全县具有小额贸易经营权的企业8家，享有技术合作经营权的企业1家。全县边贸企业共实现进出口贸易额3万美元；进口商品以木材为主；出口货物主要有大米和红砖。

2000年，全县的边境贸易陷入低谷。全县具有边境小额贸易进出口经营权的企业5家，享有经济技术合作经营权的企业1家。全县边贸企业共实现进出口贸易额1.4万美元；进口商品以木材、旧轮胎为主；出口货物只有些旧机床。

2001年，全县具有小额贸易经营权的企业5家，享有经济技术合作经营权的企业1家。全县边贸企业共实现进出口贸易额9.2万美元；进口商品以木材、旧轮胎、废钢等为主；出口货物是机械设备。

2002年，全县具有边境小额贸易经营权的企业增至9家。全县进出口贸易额实现47.8万美元，其中，进口额47万美元，出口额0.8万美元；进口商品以原木、板材、旧轮胎等为主；出口货物是机械设备。

2003年，为进一步活跃边境经济，壮大嘉荫县的边贸企业队伍，又有3户企业申办边境小额进出口经营权。截至12月末，全县具有小额进出口经营权的企业共12户。全县进出口贸易额实现62.1万美元，同比增长29.9%；其中进口贸易额37.2万美元，出口贸易额24.9万美元，出口贸易额比上年增加30倍。主要是：（1）嘉荫县新春工贸有限责任公司，进口原木5 246立方米、实现贸易额161 764.37美元，进口板方材500立方米、实现贸易额150 000美元；出口健身器材120件、泡沫垫子900件、集材拖拉机3辆、柴油机3台、圆锯机6台，实现贸易额7 060美元。（2）嘉荫县口岸劳动服务公司，进口轮胎153.33吨，实现贸易额40 676美元；出口服装3.2吨，实现贸易额14 390美元。（3）嘉荫县正海工贸有限责任公司，进口板方材41立方米，实现贸易额8 169.63美元。（4）嘉荫县边境经济贸易公司，取得大米出口经营权，并在经贸厅申领2 000吨大米出口许可证，在绥芬河出口大米950吨，实现贸易额22.8万美元。

2004年，全县进出口贸易额完成82.64万美元，其中进口贸易额12.17万美元，出口贸易额70.47万美元，出口贸易额比上年同比增长183%。主要是：（1）嘉荫县新春工贸有限责任公司，进口原木1 929.14立方米，实现贸易额10.81万美元；出口农业机械设备32.61吨，实现贸易额2.43万美元。（2）嘉荫县口岸劳动服务公司，进口板材133.88立方米，实现贸易额1.36万美元。（3）伊春万通祥木业有限公司出口柞木地板块3万立方米，实现贸易额68.04万美元。

2005年，全县边贸进出口额245.34万美元，其中出口140.2万美元，进口105.14万美元；实际创汇30万美元。嘉荫口岸进口木材2.1万立方米，其中万通祥木业有限公司进口板材1 600立方米；出口地板块10.7万立方米，实现产值130.3万美元，创汇100

万美元。

第六节 旅游业的兴起

旅游业开发 改革开放以来，随着旅游业的发展，2001年11月10日，根据《嘉荫县党政机关机构改革实施意见》的安排，设立嘉荫县旅游局为主管全县旅游工作的县政府直属事业单位，核定事业编制3名、领导职数2名。

县旅游局于2000年11月28日单独设置后，即组织有关人员对境内景区进行全面细致的勘察，并委托东北师大和吉林省城乡规划设计院分别完成《嘉荫县旅游业发展总体规划》，确定茅兰沟等10个开发项目。

2 001—2005年，从国土资源部、省国土资源厅、省旅游局等部门争取资金5千多万元，自筹、引进资金3千万元，分别对神州恐龙博物馆、茅兰沟国家森林公园、永安东湖、太平岛、江边广场、侏罗纪公园、儿童游乐园、龙骨山漂流、朝阳镇活动式码头等景点、景区进行开发建设，使嘉荫旅游景点、景区初具规模。在此期间，邀请多家新闻媒体对嘉荫县进行宣传报道。专题片《与恐龙同行》在中央电视台四套《走遍中国》栏目和省、市电视台先后播出。2005年，建立恐龙之乡——嘉荫的旅游信息网页，用中俄文印制《恐龙之乡嘉荫》和《嘉荫旅游》宣传画册2本，参加省内外举办的多种旅游文学会。嘉荫旅游名声雀起，开放以来，各地游客慕名而来，呈逐年上升之势。

旅游景点景区 龙骨山国家地质公园位于嘉荫县城西部9公里处，在黑龙江右岸的太平河口与二号渔亮子之间，沿黑龙江右岸延伸12.75公里，占地面积38.48平方公里。龙骨山临黑龙江而立，因埋藏丰富的恐龙化石而斐声中外，是中国发现最早并经科学记录的恐龙化石发掘地。1981年1月，省政府将龙骨山确定为省级自然保护单位。

1998年4月6日，龙骨山经黑龙江省人民政府批准为省级自然保护区。2001年12月10日，龙骨山被国土资源部批准确定为国家地质公园。经4年建设，共投资1.3亿元，于2005年8月6日，建成嘉荫神州恐龙博物馆，正式挂牌对外开放。

神州恐龙博物馆。嘉荫神州恐龙博物馆是一座集科普、娱乐、观光、休闲于一体，将自然科学和人文景观紧密结合的大型综合博物馆，占地面积5万平方米，建筑面积4 650平方米，坐落在龙骨山国家地质公园内，是中国自四川自贡、云南禄丰、江苏常州、内蒙古二连浩特后的第5座恐龙博物馆，也是唯一一座集保护区和展览馆于一处的博物馆。

茅兰沟国家森林公园。茅兰沟位于嘉荫县向阳乡，距县城67公里，沿东北方向距黑龙江15公里；景区面积为60平方公里。2001年11月23日，茅兰沟被国家林业部批准为国家级森林公园。茅兰沟河为地壳变迁的褶皱断裂而形成的构造深谷。河谷长15公里，现已开发2公里。它集地貌、水文、生物等多种景观于一体。从地貌景观上看，大自然的鬼斧神工塑造了这里丰富多样的构造，如石老妪、观音峰、骆驼峰、马鞍峰、石龟探海等。从水文景观上看，发源于小兴安岭深处五子旗大岗的茅兰河受地形影响，形成跌水而发育成众多瀑布和深潭。前者如茅兰瀑布、迷你瀑布、袖珍瀑布，后者如黑龙潭、三阶潭、五阶潭、仙女池等。从生物景观上看，这里沟深林茂、野趣浓厚，不仅分布有大面积的原始森林和天然次生林，还有多种野生动物，至今仍可见到山鸡、野鸽、飞龙等飞禽类动物和马鹿、山兔、狍子、野猪等走兽类动物。鄂伦春民族在这里留下的渔猎遗迹也给风景区增光添色。山奇、林茂、水秀、潭幽、景美是对茅兰沟风景区资源的最好概括。茅兰沟，春天漫山杜鹃争奇斗艳，夏日参天林海波涛荡漾，秋季五花山色层林尽染，冬日玉叶琼枝傲雪凌霜，一年四季不失姝容，是旅游度假、科考探险的理想胜地。

界江风光。黑龙江在嘉荫县境内为中俄界河，北起葛贡河口，南到嘉荫河口，全长249.5公里。该段江道的主航线中国一侧，分布着大小25个岛组、64个单岛。嘉荫段的黑龙江两岸大体可分为两部分。从葛贡河口到永安东湖江段，两岸主要为平原，水面宽阔，可达800~1 000米；从永安东湖到嘉荫河口，黑龙江进入峡谷段，两侧山势高耸，江中水流湍急，江面最窄处300多米，嘉荫境内一侧以观音山最为著名。黑龙江在峡谷段将内外兴安岭一分为二，形成三段峡谷，因其景色各异，分别为龙门峡、金龙峡和金满峡。两岸的自然风光，星布于两岸的城镇、村庄，还有江中盛产的60多种鱼类，江水炖江鱼以及秃尾巴老李的故事，吸引游人逐年增加。

太平岛东西长1 600米，南北宽510米，枯水位变化于0.8~1.2平方公里。该岛拥有太平滩、岛中湖、清凉山、沧浪屿、垂钓台等幽雅别致的景观。在清凉山中有黄榆、黄柏、水曲柳等30余种珍贵树种，形成珍贵的原始林带。

新发岛西距县城2公里，素有阳光岛的美誉。该岛枯水期与岸线相连。岛上森林密布，充满原始野趣，沿岛江沙细软、水深适中，是理想的天然浴场。新发岛可为人们提供观光、休闲等功能，但依其原始野趣而向个性化发展，将占据嘉荫旅游市场中独特的"生态位"。

永安东湖。永安东湖位于嘉荫县朝阳镇永安村东1.5公里处，距县城9公里；北部与黑龙江相接。永安东湖系由落马湖水常年注入及黑龙江倒灌而成，湖区面积约0.5平方公里。该景区是黑龙江嘉荫段平原与峡谷地貌的转折点。山、湖、江、村庄、农田相依相伴，景观层次分明。东湖水面宽阔，湖底为沙质，盛产鲤鱼、鳊鱼、鲢鱼、鲫鱼等多种鱼类。此外，在湖东临江而立的山顶上，还有一个奇特的山顶小型湖泊，湖水终年丰盈不竭。

鄂伦春风情园。嘉荫县鄂伦春族聚居地位于乌拉嘎镇胜利村。鄂伦春族是黑龙江省5个人口较少的民族之一。至2005年，在中国东北地区居住的鄂伦春族人口有4 000~5 000人，主要居住在内蒙古鄂伦春自治旗和黑龙江省呼玛、塔河、逊克、爱辉等县。胜利村是嘉荫县乃至伊春市唯一的鄂伦春族居住地，现有人口143人。历史上，鄂伦春族是游猎于大、小兴安岭和黑龙江流域的渔猎民族，藉猎犬、猎马的狩猎、用"桦皮威虎"捕鱼和逮狍、蹲碱场捉鹿、居住的"撮罗子"、兽皮衣冢等，都代表着这个民族的生产和生活习俗。为了改善鄂伦春族的生活环境，在国家和地方政府的关照下，生活在嘉荫县的鄂伦春族居民于1953年下山定居，但直到1997年才转以农业为主。胜利村就是政府资助的鄂伦春族聚居地。胜利村的鄂伦春族居民有相当一部分与汉族通婚。鄂伦春族的风俗至今还有保留，桦皮工艺制品、民族服饰等在鄂伦春族聚居地胜利村随处可见。

白山头森林生态（矿泉）景区。白山头森林生态景区位于嘉荫县乌云镇沿黑龙江向上8公里处。该景区林木葱郁，植被覆盖度高，山间小溪清澈，且形成较小的跌水，具有树茂、水秀、溪幽、景美的特点；在山中还有涌量为每小时20吨的矿泉（黑龙泉）1处，水质甘洌，清纯爽口，水中偏硅酸含量为52.8，其他对人体有益的矿物质如锂、钙等微量元素含量也十分丰富。黑龙泉的各种理化指标符合《饮用天然矿泉标准》，现正在开发中。景区内沙林临江而立、形态各异，沙质色白坚实，白山头因此得名。

嘉荫河谷。嘉荫河谷位于嘉荫县与萝北县交界处。嘉荫河发源于小兴安岭东脉的927高地和903高地东麓，于嘉荫河口汇入黑龙江。因河底富藏沙金，俗称"夹金河"。下游河道穿行于崇山峻岭中，岸边至今仍保留着原始森林。嘉荫河口风景秀丽，嘉荫河岛更是起着分割景色空间、增加景观层次的作用。此外，位于嘉荫河右岸有古城遗址。

观音山。观音山位于嘉荫县保兴乡的黑龙江畔，距县城朝阳镇50公里。观音山海拔高度319米，整个山体林木茂密；在面迎黑龙江的山坡下，有一"狐仙洞"，洞深数丈；在面江的山腰上，遗留有当年采金人祭祀神明、占卜凶吉的观音庙遗址。一百多年来，观音山一直以"山光水色、灵仙之气"而著称。嘉荫县原称佛山县，即因此山而得名。

第七节　城镇建设成效显著

1992—1998年，县政府和所属粮食、交通、邮电、银行、税务等单位，开始集资建造商住楼房，共建商住楼房5.8万平方米，解决了800户职工的住宅。

1999—2005年，伊春市中植集团、万路房地产开发公司等进入嘉荫县建筑市场，商住楼开发建设出现高潮。外来开发的单位越来越多，县内的开发单位也陆续加入进来，有些有房场的单位和个人，也采取开发出售的办法，经营房地产开发。约2 999户城镇的危房得到改造，职工和居民的住宅数量有了大幅度增长。到2005年末，朝阳镇实有住房面积40.88万平方米，居住人口21 090人，人均居住面积达到19.4平方米。居住在砖木结构平房的户数2 600户，住在草泥结构平房的户数仅余30户；其余户都住进了集中供热、装修完善的单元式住宅楼内。改革开放以来，全县居民的住宅质量、居住环境、使用面积均有了大幅度的提高。与此同时，完成公用设施建设工程项目229项18.5万平方米；城镇基本建设总面积达到56.6万平方米。

2001年后，新建了一大批具有代表性的城标式建筑。如嘉荫购物中心、嘉荫商务宾馆、嘉荫第一中学、第一小学、第二小学、嘉荫县党政办公楼、公安局办公楼、文体活动中心、博物馆、龙骨山国家地质公园、国家恐龙博物馆、茅兰沟国家森林公园、人民医院、中医院、财政宾馆、交通宾馆、海华宾馆、老年颐养中心、热电厂、海源公寓、江畔广场、俄罗斯风情园、侏罗纪公园、音乐喷泉、钟楼广场和繁荣街、江山路、商业街等景观大道。

与城镇建设同步进行的是全面启动国家生态示范区建设。相继把县域内的各类自然保护区、森林公园、地质公园、风景名胜区、生态功能保护区、水源保护区、封山育林地等13个保护区，全部纳入生态示范区保护范围，由政府制订年度实施方案，经县人大十四届十次常委会审议通过，分别制定管理办法，落实责任管理单位，坚持"在开发中保护，在保护中发展"的原则，进行开发建设。

第八节　农田水利建设

改革开放以来，嘉荫县水务局加快实施以改善民生为重点的水利建设，对上争取和筹集水利建设资金80 000万元，扩建大型堤防1处，成功改造水电站1处，建成护岸工程3处、农村饮水工程53处，灌溉水源工程13处，为振兴嘉荫地方经济、推动全县老区新农村建设、加快老区建设小康社会，做出了贡献。

一、情系老区，全力加快老区水利工程建设步伐

水务局以实现"以水富民、以水兴业、造福老区"为目标，全力加快重点水利工程建设。一是完成了黑龙江干流朝阳堤防主城区扩建工程建设任务。黑龙江干流朝阳堤防2002年竣工，堤防防洪标准为50年一遇，工程总长19.35里。2007年以来，连续4年共投入资金80 000万元，对黑龙江干流朝阳堤防主战区进行扩建，迎水面采取混凝土护坡，背水面采取混凝土圈护坡，堤顶铺设彩砖，扩建后主城区堤长度达4 306米，使朝阳堤防集防洪、休闲、娱乐、观光于一体，成为嘉荫一条靓丽的风景线，标志着嘉荫水利工程建设工作向前迈进了一大步。二是实施了国土防护工程建设。开工建设了黄鱼卧子护岸工程，工程总长4 200延长米，总投资917万元；建设了雪水温下段护岸工程，新建护岸长度1 500米，总投资288万元；开工建设了二号亮子护岸工程，新建护岸长度3 750米，工程总投资1 412万元；工程建成后有效地遏制了国土流失，取得了很好的工程效益和社会效益。三是投资173万元建设了永安东湖水库溢洪道工程，促进了永安村水产养殖和旅游事业的发展，推进了永安村新农村建设步伐。四是对红石砬子水电站进行了改造，投入资金1 000万元，建成了装机容量1 200千瓦的水电站，并开展了水利生态旅游。五是2010年投入资金400余万元新建永安东湖水闸工程、新发下江道工程、乌云堤防城区段加固工程。

二、心系农民，稳步实施农村饮水工程建设

为了认真贯彻党和国家关于加快老区建设的方针、为老区办实事、办好事。嘉荫县水务局通过深入调查研究，对部分老区群

众存在着饮水难、水质不达标等饮水不安全问题开展了整治。他们以解决饮水安全为切入点，加大饮水安全工程建设投入力度，先后解决63个村屯的饮水安全问题，受益人口2.1万人。特别是在2006年，县委、政府实施"饮水安全"工程中，着力解决33个村屯的饮水困难。水务局紧紧围绕建设社会主义新农村，把解决农村饮水安全问题作为水务工作第一任务，加强组织领导，落实建设规划，积极对上争取资金，克服了时间紧、任务重、资金短缺等不利因素，完成了33个村屯的水源井工程，有1万多老区农民喝上了安全的自来水，使全县农村自来水入户率达到71%，乡村饮水合格率达到56%。"十一五"开局之年建成饮水工程的数量相当于前15年的总和，有力推动了全县新农村建设和农民生活条件的改善。

三、真情奉献，扎实推进老区村帮建工作

几年来，水务局先后与朝阳镇永安村、青山乡结烈河村、沪嘉乡福阳村结成帮建对子，立足村情，动真情、办实事。2006年，与永安村结成帮扶对子以来，共为永安村投入帮扶资金621万元，使永安村生产生活环境得到明显改善，全村住房砖瓦化率、道路硬化率、自来水入户率、有线电视入户率达到100%。永安村也先后被评为省级文明村、全省新农村泥草房改造先进村、县级新农村建设示范村等荣誉称号。在生产发展方面，新建了永安村东湖水库溢洪道工程和永安泵站工程，修建了300平方米袋栽食用菌加工车间。在改善村民居住条件中，新建农村住房16栋，面积1 280平方；硬化村内道路14 261平方；建环村水泥边沟3 000延长米；对自来水进行了改造，安装了变频一套，扩建和改造了水房；安装铁栅栏4 000延长米、路灯20盏；累计完成村周绿化11 500平方，设置卫生箱31个、改厕193个。同时，为村委会

更新了会议室桌椅，建设了村级图书室、1 100平方停车场和70平方仓库。进一步完善结烈河村的基础设施，为该村株种植松树2株，绿化了巷道，新修建了144平方村委会办公室。在沪嘉乡福阳村帮建中，水务局多次到该村实地调查研究，与村两委班子和村民代表座谈，找准制约该村发展的瓶颈问题。调查中了解到福阳村过去由于路况不好，一到春季冰雪融化和下雨天村民无法出行耕种土地，严重制约了该村的经济发展。针对村民种地出行难问题，水务局为福阳村修筑了一条4.5公里的沙石路，村民称之为致富路，彻底改变村民种地出行难的历史，进一步推进福阳村新农村建设步伐。同时，水务局积极参加青山乡大砬子村扶贫开发工作。青山乡大砬子村是老区贫困村，为全面提高大砬子村村民生活水平，促进大砬子村健康发展。水务局通过调查研究，派出技术人员对大砬子村附近的河道进行了踏查、走访和测量。依据踏查和测量结果，确定了大砬子村扶贫项目两项。一是结烈河支流河道治理工程，长度2 003米，主要实施河道拓宽和截弯取直，严防河水危及村民生命和财产安全，总投资21万元。二是新建一眼饮水井，保证村民的饮水安全。工程竣工后，彻底解决了由于水利建设滞后，制约该村的经济发展问题。

四、科学谋划，逐步完善农田水利基础设施建设

几年来，水务局紧紧围绕农村现代化建设目标，不断提高农业综合抗灾能力，科学谋划，改善农村水环境面貌，全面推进农村水利工作。一是建设水田灌溉水源井工程。为支持农业生产，改良土埌结构，按照县委、政府部署，在全县发展大面积水稻种植项目。水务局派出技术力量对改良区域进行了前期踏查勘测，共建成了26眼水田灌溉井，购置水田供水设备6台套，修建水渠200延长米。二是开展节水灌溉工程建设。为满足广大农民利用

节水灌溉发展经济作物的需求，进一步提高经济作物的产量和质量，增加农民收入，本着"因地制宜、科学规划、注重效益"的原则，加大节水灌溉工程建设力度，积极推广喷灌等节水新技术，兴建了一批标准高、效益好的节水灌溉工程，促进了农村生产发展和农民增收。近年来，先后投入资金105万元，建成黑木耳园区节水灌溉工程12处，受益群众达2万余人，农民人均增收1 165元；投入资金200万元，建成了国家级节水灌溉示范项目区1处。灌溉面积3 600亩，与传统灌溉方法相比，新增产值64万元。

第九节　构建交通新格局

"十二五"期间，嘉荫老区规划实施公路提升行动，推进公路网络化建设；实施港泊兴建行动，推进水运一体化；实施城乡统筹行动，推进场站功能化；努力提高交通运输保障服务能力，全力构建全县交通新格局。

实施公路提升行动，推进网络化建设　目前，嘉荫县有一级公路伊嘉路嘉荫段76.74公里、一级公路口岸至县城段8.77公里、二级公路口岸至保兴山段12.20公里、三级公路戈贡河至嘉荫河口里程231.61公里、四级公路建华村至上马村，里程28.50公里。农村公路49条，总里程280.30公里。待改建公路638.12公里，待改造省道危桥16座847.5米。农村公路危桥改造45座1 032.06米。

"十二五"期间，一是力争完成全部改护扩建和改造项目，使全县公路密度达到18.5公里/百平方公里，形成全县"一横三纵三连九环"骨架公路网布局。二是公路管理站进一步强化养护员工技术技能培训，努力提高干部管理能力和一线员工养护水平。做好黑嘉、绥嘉两条边防公路管理养护工作的同时，积极探索公路养护体制改革的新举措，加快推进养护市场化运作。三是对上争取清雪设备和超限检测车，保证到位并及时投入使用，提高养护效率，降低养护成本。继续深入开展公路治超整治行动，加强路政管理，维护好路产路权。科学摆布，按时完成省路黑嘉、绥嘉8座危桥改造和两个交通服务区的建设。"十二五"期间，省路优良路率实现62.3%。不断拓宽公路系统筹资渠道，力争实现一线养路员工的人均工资达到2 000元水平。四是农村公路管理站以《黑龙江省农村公路条例》实施为契机，加大学习、宣传、贯彻力度，做到"有路必养"，确保养护计划落到实处。争取将农村公路危桥改造列入财政支出计划，延长农村公路使用寿命，更好地服务"三农"。同时，完成乡路9座危桥改造任务，协助新农办对50公里农田道搞好设计、指导和施工验收。

实施港泊兴建行动，推进水运一体化　充分利用水运条件优越、运价低的特点，以及对俄友好往来频繁的有利契机，建设功能完善、设施齐全，集仓储、装卸、贸易为一体的物流中心，形成水运、公路、铁路的衔接，适应现代综合运输的需要。一是完成嘉荫港口改扩建工程，年吞吐量由现在的75万吨提高到175万吨；建码头4个，20吨货运泊位5个；建设办公及航运客运站400平方米、硬化场地500平方米；建浮动式客运趸位2个；购置巡航艇一艘，救助船一艘，建立江上视频监控系统。二是抓好口岸货运站开工建设的各项准备工作和航务管理站、口岸国际道路运输管理站建设。进一步理顺体制、完善职能，认真履行发放和检查出入境运输相关证件、统计口岸客货运输量、监督检查出入境运输经营行为和协调出入口岸运输车辆通关等管理职能。积极推动"旅贸兴县"战略，更好地为全县经济社会发展服务。

实施城乡统筹行动，推进场站功能化　"十二五"期间，全县实施城乡统筹，水陆并进，统筹摆布，强化管理，合力攻坚，稳步推进"建、养、运、管"协调发展，确保"十二五"开好局、起好步、求突破。一是城市公共交通方面：建设公交停靠站20个，成立公交公司并完成办公室、车库2 000平米及停车场地1万平米的基础设施建设。二是客运站建设方面：国际口岸客运站1.6万平米；朝阳客运站扩建2 400平米；6个乡级客运站2 800平米；新建村级停靠站79个，车库2 400平米。三是货运站建设：新建朝阳口岸货运站、朝阳货运站、农场货运站、乌云货运站，计6.3万平米。四是交通信息化方面：建设以服务和管理为导向、信息资源共享、系统全面整合的统一平台。建成覆盖客运、公交、出租汽车行业的公交应急指挥、行业监管、运营调度和乘客信息服务系统，建成覆盖县城的道路货运信息系统和停车信息系统，向社会提供多元化、专业化、全过程的交通信息服务；建设交通安全网络平台。

提高交通运输保障服务能力 一是积极筹备组建出租车公司和城市公交公司。逐步淘汰到期的出租车，利用两年时间引进一家管理经验丰富、实力雄厚的出租车公司，配置一批节能、环保、低碳的出租车（轿车），提高车辆档次和旅游城市品味。抓好公交公司引进前的市场调查和线路开通时机、线路走向的科学论证。二是完成乡（镇）客运站、村（屯）客运临时停靠点建设。2011年，在青山乡、红光乡和乌拉嘎镇建成客运站。对新建的客运站项目要加强管理，建设一个、成熟一个、规范一个、收效一个。要抓好20个村（屯）客运临时停靠点建设的前期工作。要设计的美观、简洁、坚固、实用，成为公路边上的一道靓丽风景，服务于乡村农民安全便捷出行。三是加大规范客运市场准入关，加快调整市场经营结构和规范管理客运班线，探索建立符合我县客运发展的"招标准入、期限经营、严格监管、依法退出"的市场运行新机制。四是继续清理整顿客、货、修和出租车市场秩序。加强道路运输从业人员资格的监督检查，取缔"黑车"、"黑户"，"抓好""治超"工作的源头监控，道路运输安全责任事故控制在规定指标以内。在增产增效方面，一要在保证原有客运班次及旅客流通量上，适当增加客运班次、线路，加大客流量。二要在货运量和国际口岸货运量，不低于往年平均水平的同时，做到有增无减。在机动车维修管理方面，重点整顿乡镇机动车维修经营业户，提高维修质量，使维修程度达到制度化、规范化。三要在运输管理基础设施建设方面，着手建立客、货及出租车安装CPS监控管理，有效防止和遏制危险源的发生，真正做到"人便于行、货畅其流"。五是强化客运企业管理，力争提高服务与增加收入"双赢"。一要在保证企业正常运营和严格履行职责的基础上，教育引导干部职工正确处理社会效益和经济效益的关系，通过规范支出，降低成本，增收节支。二要在推行首问负责制和售票限时制的同时，加强与省、市同行业的沟通联系，大胆引进和借鉴通过拓展服务而形成新的经济增长点，逐步推行送票上门、电话订票及非旅客同行货物取送业务，早日实现与省、市和友邻地、市联网售票，提高客运服务水平，最大限度满足不同层次旅客的需求。

第十节　大投入、惠民生，办好优质教育

改革开放以来，嘉荫县委、政府面对农村城镇化使教育发生剧变的现实，转变经济发展方式，加强对教育的重视力度，把教育事业摆在优先发展的战略地位，坚持将最大财政投入、最优的人才投入、最先进教学设施设备投入，改变过去教育资源缺乏，教育质量低下带来的种种问题，探索出一条经济欠发达县办好优

质教育的新路径。

一、抓投入，建设施，全力改善办学条件

嘉荫县将改善办学条件、优化教学环境作为重点民生工程来抓，筹巨资更新改造校区。累计筹资6.76亿元，先后对全县所有学校的基础设施进行了更新完善。

一是对教学楼、宿舍楼、操场、食堂等基础设施进行了更新完善，开展了外墙保温和供暖设施改造，建成了室内卫生间，并新建了舞蹈室、美术室、计算机教室、多媒体教室、语音室、学科实验室、图书室，幼儿学校实现了休息室和活动室分区专用。2010年以来，全县改造校舍6万多平方，新建校舍2.97万平方。其中：幼儿园10 073平方、小学8 326平方、初中6 407平方、高中4 800平方。同时，对各校校园的附属设施进行了改造，修建了混凝土操场、跑道，种植了花草、安装了校园路灯等。全县修的最漂亮的房子是学校，环境最优美的是校园。

二是大投入完善教学设备。进一步加大教育教学设备设施的投入力度，所有任课教师每人配备了一台专用笔记本电脑，所有学校购置了美观实用的学生桌椅，班级配置了班班通设备和多媒体教学设备，配齐了音、体、美和各科教学器材，这些设备设施的投人应用，使嘉荫教育逐渐走向了现代化"光、电、声"远程动态多选的大教育。

三是建场馆丰富学生课余生活。先后建设了4 000平方米的文体活动中心、980平方米的射击场、7 000平方米的专用塑胶跑道和人造草坪足球场。定期组织各学校开展乒乓球、羽毛球、篮球、足球和射击等比赛，并先后承办了全省市（县）乒乓球比赛、全省柔道资格赛、全国少年柔道锦标赛等赛事。在丰富学生课余生活和实现学生德、智、体、美全面发展的同时，提高了全

县体育竞技水平。

二、定政策，惠民生，大力改善学习环境

一是立足嘉荫实际，先后制定出台了一系列惠及学生、惠及百姓的政策，切实改善了教育发展的"软环境"，政府投入让孩子免费完成12年教育。在推行营养餐的基础上，嘉荫县于2012年制定推行了《嘉荫县免费教育实施办法（暂行）》，实现了从学前到高中的免费教育。每年平均为每个家庭减轻负担3 500元。

二是2010年秋季，在中小学全面实施了营养餐工程，专门制定了《嘉荫县营养餐工程管理实施办法》《嘉荫县营养餐检查评估标准》等一整套管理办法，切实保证了营养餐工程落到实处。随着生活水平的提高，营养餐补助标准由刚开始的2元/人天、3元/人天、6元/人天，提高到现在的10元/人天。补助范围由最开始的中小学扩展到幼儿园、高中和职高。县财政每年拿出营养餐补助和临时工工资就超过500万元。

三是推陈出新，让宝贝穿漂亮装。县委、县政府创新观念，广泛征求学生、教师、家长意见，由县财政公开招标购买，包括春秋装、夏装和冬装，配发了皮鞋、运动鞋、拉杆书包等，每人每年平均标准都达到1 200元。而且校服样式青春时尚又富有朝气，学生对现在的校服非常喜爱。以前穿校服是负担，现在穿校服是时尚，消除了学生之间穿衣服的攀比心理。

三、重培养，强队伍，努力打造一流师资

按照"引人才充实队伍、抓培养提升素质、提待遇留住名师"的思路，全面加强师资队伍建设，不断提高教师整体素质。

一是引入人才，全面充实教师队伍。县委、县政府为改变师资短缺的状况，利用各种渠道、各种方式招聘优秀人才，先

后通过国家"特岗计划"招聘特岗教师22人；通过"三支一扶"和"大学生志愿者"录用17人。鼓励县一中、职高去全省高校自主招聘，两所高中自主招聘专业教师22人。此外，还通过外地引进人才、毕业生安置，为教育系统分配各专业教师45人，包括舞蹈、音乐、外语、体育、美术、计算机等专业性强的短缺学科人才；全县学科教师短缺问题基本得到缓解。

二是注重培养，不断提升教师素质。县委、县政府将教师专业素养提升作为一项长期的战略性工作，通过"请进来"和"走出去"两条腿走路相结合的方式，不断扩大受训面。几年来，先后邀请了北京、上海、江苏、山东等地名校的特级教师、优秀班主任来嘉荫举办讲座，分批组织教师赴各大名校交流考察学习，参加各级各类培训班，组织全县校长、业务校长举办嘉荫县中小学校长论坛活动，互相交流教育经验和心得，通过这些行之有效的培训交流，教师队伍实现了教育观念和教育方法的与时俱进，涌现出了一大批名师、骨干教师、学科带头人、教学能手。

三是提高待遇，激发教师工作热情。县委、县政府高度重视提高教师待遇，在兑现上级规定的教师待遇基础上，结合全县教育工作实际，将班主任津贴提高到350元/月，任课教师提高4元／课时的课时补贴，舍务教师发放350元/月的工作补贴，乡镇教师发放100元/月的特殊补助和20元/天的伙食补助，每名教师每年培训费500元、差旅费1 000元。每年县里都要拿出30~40万元，用于奖励高考、中考及小学测试成绩优秀的学校、教师，全面激发和调动了教师的工作热情。此外，县委、县政府还通过召开会议、走访、慰问等形式，帮助教职员工解决工作、生活中遇到的困难，先后解决了民办代课教师享受教龄补贴等多项问题。

第十一节 实施"强村富民"工程，加快老区新农村建设步伐

　　嘉荫地处小兴岭北坡高寒山区，森林茂盛、湖泊湿地密布、多名山大川，素有"八山半水半草一分田"之称；年平均气温零下1.5度，极端绝对气温零下47.8度，是个以农业为基础的老区县。面积6 739平方公里，人口8.1万（不含国营嘉荫农场和13个林场、所），其中农村人口5.3万，耕地122.33万亩；全县4镇5乡73个行政村中，有4镇1乡42个老区村。受自然条件制约，开发历史短、发展滞后。改革开放以来，农村经济有所发展，但广种薄收，单一粮食作物种植的产业结构没有根本改变。至2005年末，全县农村年均纯收入仅3 700元，有年均纯收入2 000元以下的贫困村24个（其中老区村11个）；大部分村（屯）泥草房遍布，道路狭窄泥泞，障子七倒八歪，绿化参差不齐，牲畜随处散放。农村基础设施薄弱，环境"脏乱差"局面依旧。

　　推进新农村建设中，县委、政府多次深入基层，调查了解情况，寻找切入点。依据当时的农村形势，确定从四个方面着手，加快新农村建设。一是随着全县经济战略的调整，广大农民盼望致富，农村经济发展进入了快车道，急须从"优化农村产业结构，增加农民收入"着手，引导农民改变贫困落后局面。二是从"加快农村基础设施建设，改善村（屯）环境"着手，增加投入，加快社会主义新农村建设步伐。三是"治贫先治愚"，依椐农民科技知识缺乏，科学致富观念滞后，着力培训人才，从智力帮建入手，培养新型农民；以一批致富典型和

227

科技示范户，引导农户解放思想，转变观念，走科学种田的致富道路。四是要想在短时间内改变农村落后面貌，单靠农村自身的力量很难实现。广大农村的发展必须借助外力，以城市反哺农村的形式引进外力，在财力、物力、智力和优惠政策牵动上，给予实在而有效的帮建，促进农村经济社会快速发展。为此，自2006年开始，县委、政府抓住新农村建设历史机遇，围绕中央提出的"生产发展、生活宽裕、乡风文明、村容整洁、管理民主"二十字方针，总结文明示范村帮建工作经验，在新农村建设中，实施了"以城带乡'一帮一'，强村富民"工程。

2006年以来，全县完成帮建工程146个，实施帮建工作533项。各帮建单位累计投入资金1 484万元，其中投入物资折合851.27万元，帮建物资有种子、化肥、农药、农机配件、路灯、水泥、铁杖子、健身器材、电脑、图书及光盘、绿化苗木等；有力加快了农村发展步伐。至2010年末，全县农村总产值实现14.5亿元，是2005年的2倍，年均增长14.4%；粮食总产量达到20.8万吨，是2005年的2.7倍，年均增长22.4%；农民年均纯收入达到8 907元，是2005年的2.3倍，年均增长18.2%。全县73个村的农民年均纯收入全部达到6 500元以上，24个年均纯收入2 000元以下的贫困村年均纯收入普遍翻了一番多，全县100%村（屯）实现了脱贫；达到年均纯收入8 000元以上的富裕村58个，占全县村（屯）总数79%；其中，老区村29个，占老区村（屯）总数69%；出现年均纯收入10 000元以上的小康村（屯）5个。农村基础设施薄弱、村（屯）环境面貌"脏乱差"的局面，得到基本扭转；为"十二五"全县经济社会进入跨跃式发展阶段，打下了良好基础。

一、立足实际，创新机制，开创以城带乡帮建新局面。

（一）创新机制，开创帮建工作。组织帮建队伍，由点带面，逐步扩大帮建范围

为加快农村经济总量增长、各项社会事业发展及文明村创建进程，嘉荫县委、政府借鉴外地经验，结合当地实际情况，从2006年开始，由县委宣传部牵头，老区建设促进会、扶贫办、精神文明办共同参与，协调全县市级以上文明单位中的26个部门，组成老促会成员单位，与26个村结成帮建对子，针对农民关注、关心的热点、难点问题，开展了以"文明示范村帮建"、"老区贫困村脱贫"为主题的帮建活动。为加大帮建力度，县委、政府在财力紧张的情况下，每年拿出8万元，以奖代投，奖励在帮建活动中取得突出成绩的村（屯），要求参与帮建的单位每年投入帮建资金1万元，拉动帮建工作。

（二）组织帮建队伍，由点带面，逐步扩大帮建范围

对上争取省水利厅、环保厅，市水务局、交通局、公安局、环保局、检察院、商务局、农村信用社、技术监督局10个机关事业单位和国有企业乌拉嘎金矿、联通公司、保险公司等，协调发动当地有实力的民营企业华银供热公司、万通祥、亿通木业公司等参与，形成了50个单位帮建50个村屯的"一帮一"帮建队伍，并以点带面逐步加大力度，采用县属交通、水利、民政、林业、城建等有实力部门"帮一带一的一帮二"办法，扩展到73个村（屯），帮建覆盖面达100%，展开了全县规模的以城带乡帮建工程。形成"村村有帮建单位，村村有驻村联络指导人员"的帮建局面。

（三）纳入"一把手"工程，建立考核奖罚制度，出台惠农政策推进

2006年，县委、政府将帮建工作列入新农村建设"十项工程"之一，纳入重点工作推进范围，列入"一把手"工程，实行目标管理。做到"帮建工作目标明确，责任清晰，年年有计划，年初有目标，年中有检查，年末有评比，每年有奖罚"。通过省水利厅、环保厅等市级以上单位帮建的典型带动，全县各直属机关事业单位、部分有实力企业纷纷投入到新农村帮建工作中。为拉动帮建工作深入开展，县委、政府连续五年制定出台了"九补两免""十二补两免""十八项三十一条"等优惠政策，仅2 010财政年度用于惠农的资金就达1.02亿元，其中直补资金6 323万元，拉动农户消费、增加生产或建房等投入；累计拉动新农村建设投入5亿元以上，极大地促进了农村经济和社会各项事业快速发展。

二、坚持"四个促进"，强化"四个帮建"，推动帮建工程深入发展

（一）促进农民增收，在发展生产上帮建

一是以结构调整为动力，大力发展特色农业。把调整农村产业结构作为提升农业产值比较效益，优化农村各项产业比重，加速了农村经济发展和农民增收步伐。二是大力发展以优质大豆和高产水稻、绒山羊、民有林、袋栽木耳为主的"四色经济"，实行农、牧、林、副四业并举。三是扩大北药、绿色食品为主的农村特色产业，积极探索土地集约化经营道路，大力调整农业产业结构，优化产业布局，促进现代农村产业格局形成。四是流转土地10.5万亩，机械代耕70.5万亩，土地集约化经营5.2万亩，流转农村劳动力5 984人；承包经营俄罗斯土地18万亩，赴俄农民年均

纯收入达到6.3万元。

交通局自2006年帮建青山乡建华村，为大力发展袋栽木耳种植，先后投资57万元，为建华村修建了面积达18.2万平米的木耳园区，购置了喷灌设备，修建了304平米的菌房，帮建起一栋600平米、功能完善的木耳集储库，极大促进了该村黑木耳项目的发展。使处于汤旺河林业施业区内，既少耕地又无林地、草原、水面资源，年均纯收入不足2 000元的建华村，每年种植袋栽木耳502万袋，年人均纯收入达到1.85万元，比2005年增长9.5倍；从贫穷后进村，一跃成为全县闻名的首富村。水务局帮建朝阳镇永安村旱田改造水田660亩、建育秧大棚20栋、打机井4眼、安装水泵4台、离心泵1台，促进全村实现了水稻高产。利用永安村江、山、湖水的资源优势，帮建了"集度假休闲、旅游观光、渔业养殖"于一体的东湖度假村；使这个村的人均纯收入突破了万元关。扶贫办争取各类扶贫资金228.8万元，帮扶常胜乡勤俭村、乌拉嘎镇胜利村、金丰村发展养牛、"双高"大豆种植；为青山乡结烈河村购置大型农机具1台，配套农机具3套。县老促会通过牵线搭桥，经省、市老促会协调，争取扶持老区贫困村基础设施改善和脱贫资金159万元，帮助乌云镇双立村、乌拉嘎镇金丰村、保兴乡庆丰村发展绒山羊、肉牛养殖和袋栽木耳栽植等特色产业，引导农户多种经营，优化产业结构，实现脱贫。

（二）促进解决农民群众最关心的问题，在改善农村基础设施和生活环境上帮建

从村民最关心、最期盼、最急需解决的基础设施薄弱、环境"脏乱差"问题入手，组织被帮建单位在改善村屯基础设施和环境整治上下功夫。落实每年的帮建方案中，各帮建单位派班子成员驻村抓科学规划、切实落实基础设施项目，充分发挥各帮建单位自身优势，在资金、物资、技术及人才上给予大力帮助。在落实村（屯）房、路、水、能、绿化、亮化、美化"七小"工程的同时，着力解决村（屯）环境卫生"脏乱差"问题，集中清理村内柴草垛和垃圾，努力为群众营造干净、整洁的村容环境，创建文明风尚。

一是通过对上争取、财政投入、农民自筹和帮建单位直接投入，促进农村基础设施建设进一步改善。修筑通村路710.28公里；村（屯）通畅率和通达率达到100%；硬化村（屯）道路182公里，全县73个行政村，13个农场连队，12个林场（所）的主次干道，全部实现了硬化，有46个村道路硬化率达到100%。二是完成农田水利及饮水工程项目123处、低产田改造65 898亩；完成安全饮水工程185项，其中，打井91眼，管网铺设75个村，水质处理20个村，农村自来水入户率达到86%，比2005年高出39个百分点。三是农村社会事业有了新发展，农村环境面貌和农民生活发生了巨大变化。全县新建农村住房1 584栋2 258户，面积18.2万平米，农村住房砖瓦化率达到82.5%，比2005年提高18.4个百分点。修建水泥边沟8.26万延长米、村（屯）绿化730亩；93%村（屯）实现电视光缆联网，农村有线电视入户率达到85%；安装户用沼气626户、完成小区沼气工程1处、联户沼气工程5处、秸秆燃料示范点1处、安装太阳能热水器2 233个；完成村屯及道路两侧绿化14 219亩、植树139万株；安装路灯1 573盏、农村改厕3 685个。四是农村教育与医疗卫生条件大幅改善，老区农村中小学危房改造全部完成并实现了砖瓦化；农村儿童入学率达到96%，初中教育普及率达到95%。农村卫生院（所）医疗条件和环境得到明显改善；新建和维修乡、村卫生院（所）33个；县、乡、村三级卫生服务网络基本形成。

省水务厅帮建乌云镇旧城村，两年投入资金198.39万元，完成旧城村内道路硬化1.4公里、街旁边沟建设2 090延长米、更换彩钢栅栏10 232延长米、建设10万袋木耳园区1处、改扩建江边公园1处、栽植绿化树1.32万株、铺设自来水管线3 100延长米，完成了旧城村自来水改造升级。帮建期间，省水务厅主要领导，多次来旧城村实地考察调研，帮助制定规划，谋划项目，过问建设中遇到的问题。同时，委托县水务局派工作人员进驻旧城村，督促施工进度，监督工程质量。在省水务厅帮扶下，全县人口最多的旧城村面貌焕然一新，受到旧城村群众一致好评。农户说："帮建让我们农村人，也过上了城里人的好生活。"

　　林业局为平阳河村和茅兰沟村投入67万元，帮平阳河村改善村基础设施，修建了3公里的农田道，安装彩钢栅栏300延长米，并对主要街道及巷道进行了维修，在街道两侧修建边沟900延长米，使平阳河村容村貌得到彻底改变。同时，将茅兰沟村40余户居民整体搬迁至向阳乡雪水温村，改善了老区贫困村生产、生活条件；为大碇子村50户农户提供建房所需木材。县老促会为乌拉嘎镇中、小学校建设争取老区帮扶资金92万元；为修建老区红色人文标志，向省烈士基金会争取资金25万元，修建了嘉荫县烈士纪念碑和乌拉嘎镇烈士纪念碑。财政局投入7.5万元，帮建东湖村建设铁栅栏1 600延长米、铺混凝土路面200平米、安装路灯20盏、为87户村民接通了有线电视。卫生局投入3.9万元为红光乡星火村村路建设购置涵管，硬化村路。水务局投入帮扶资金10万元，新建了农道桥二座，方便了福阳村村民的出行和农田作业。扶贫办争取55万元，帮扶乌云镇大沟口村维修通村路、建农机服务队、卫生所、完成自来水入户；为乌拉镇金丰村硬化村路、安装路灯、建村委会办公室。广电文体局为45个村接通了信号传输光缆，使3 322户村民实现有线传输，使100%村（屯）可以接收电视节目。建设局投入7.5万元、40吨水泥帮建燎原村康居工程、安装彩钢栅栏、建公厕、解决2 000株绿化树苗和花卉苗，捐赠图书300册。帮扶乌云镇大沟口村基础设施建设，确保了该村"康居工程"的建设质量。帮建红光乡燎原村过程中，利用自身优势，帮助规划村（屯）整体布局，加大了绿化、美化力度，使燎原村成为道路齐整、绿树环抱。同时，将村外河水引入村中，修建了人工湖，形成了河水绕村、碧波荡漾的景象，全村呈现了"环境清洁、规划齐整、绿树繁花、纯朴清新"的新景象。

（三）促进智力扶贫，在培育新型农民上帮建。

一是各帮建单位坚持以农民夜校为主阵地，通过丰富多彩、群众喜闻乐见的各种活动，对农民进行多种形式的科技培训。通过连续开展了十六届旳"科普之冬"活动，编印下发《科普之冬活动教材》《嘉荫县实用技术汇编》《绒山羊养殖技术》《民有林种植技术》《北药种植实用技术》等几十套实用技术资料60 000余份。各帮建单位配合涉农部门，利用农闲时节组织农民参加农业实用技术讲座、学习科学耕作、科学养殖，面对面解决农民生产中遇到的科技问题。二是通过职业学校、农科教培训班等形式，举办科普班、科技讲座、农村适用技术培训等383场（次），培训农民62 500人（次）、培训优质水稻、高产大豆种植、大棚蔬菜、北药与食用菌栽培和对俄劳务输出等农村适用人才6 200余人，农民整体素质得到提高；实现了每家都有一个懂技术、会经营的科技明白人。改变了闲遐时农民打麻将、摸纸牌的旧习惯，纷纷走进图书室，参加科普培训班、科技讲座、农村适用技术培训、上网查询致富信息等，逐渐成为人们追崇的新时尚。三是大力开展思想道德教育、法律法规知识普及和党的各项方针政策宣传，培养农民成为有道德、有文化、懂技术、会经营，综合素质不断提高的新型农民。通过帮建，带来了"村民观念变新，村貌民风变好，农村环境变优，科学发展变快，村级班子变强"的新变化。

（四）促进文化设施建设，在活跃文化生活、树立文明新风上帮建

一是针对农村缺少文化设施、农民文化生活单调贫乏，帮建单位在帮建中组织农民义务出工16 700人次，为被帮村帮建、维修村级文化活动室、村级文化活动广场、休闲广场、公园绿地，使村村建起文化活动室、休闲广场等。目前，全县有农村剧场1个，村级活动室73个，1.99万平方米；村级活动广场77个，9.3万平方米；图书室32个，1 628平方米，藏书87 060册；文艺器材175件；体育器材231件。二是各帮建单位多方筹集资金200余万元，为各村更新了VCD和彩电，赠送了乐器、音响、桌椅等文化设施；全县73个行政村全部配备了电脑，实现了宽带上网和有线电视光缆联网，广大农户都可以看到中央及各省的37套节目。三是组织文化下乡活动，发挥乡镇文化广播服务中心作用，帮助村民组织文化演出队伍、创办文化大院，挖掘民间艺术人才，在农闲及重要节日为村民无偿演出。秧歌赛、农村文艺汇演等文艺表演活动逐渐普及，让广大群众经常看到喜闻乐见的文艺节目，既满足了农民文化娱乐的需要、丰富了农村文化生活，也有效遏制了玩麻将、打扑克赌博等现象，使村民们从丰富多彩的文化活动中汲取健康的精神营养。四是自编自演身边事形成时尚。以向阳乡农民杨胜才为代表的农民业余演出队在当地政府和帮建单位的帮助支持下，活动花样不断翻新，自编自演节目不断增多。目前，全县已有秧歌队、合唱队31个，农民文艺演出队6个，民间艺术团体1个，约1 800人参与文艺演出活动。五是通过开展"讲政策、讲法规、讲道德、讲文明、除陋习、树新风"和"五好""十佳文明户"评比活动，促进农村民风更加淳朴，乡风进一步文明；广大农村形成了一股文明向上的浓厚氛围。

第十二节　抢抓对俄经贸战略升级契机，开展对俄农业合作

俄罗斯地跨欧亚两大洲，农业资源丰富，人口基数少，与耕地面积相对应的劳动力明显不足，特别是西伯利亚和远东地区更为突出，我国内地农村剩余劳动力较多。随着中俄关系的不断加强，特别是"一带一路"战略的推动与实施，新形势下中俄农业合作既是共赢之举，又是大势所趋。

近年来，嘉荫县委、县政府抢抓国家实施"走出去"和黑龙江省对俄经贸战略升级有利契机，依托俄罗斯丰富的土地资源，按照"政府主导、企业运作、农民经营"发展模式，把对俄农业合作作为转移农村剩余劳动力，增加农民收入的有效途径予以强力推进，通过采取政策扶持、项目引导、境内外联动等举措，深度开发利用俄方资源潜力，对俄农业合作取得了可喜成效。

一、以对俄农业合作为核心，构筑"强县富民"之基

2004年，嘉荫县经六次赴俄考察论证，决定大力开展对俄农业开发，与俄方签订了长期土地耕种协议。为加大对俄农业合作开发力度，于2005年1月成立了嘉荫县对俄经贸工作办公室，2006年初改名为嘉荫县对俄农业合作开发办公室。在俄方注册了公司，并依托境外公司采取"五统一"运营管理模式，即在对俄农业合作开发中，统一租赁土地，统一办理涉外经营手续、统一购置生产资料、统一组织物流通关、统一结算合作往来资金，对内保护了分散的农户利益，对外形成了集团式的经济效益，对俄农业合作开发取得优异成绩。

2017年，嘉荫县赴俄农民合作耕种俄方土地规模，由2005年的2 400亩扩大到38.4万亩，是2005年的160倍，比2016年增加6.6%，种植面积与规模排在全省县级对俄农业开发单位前列。其中种植大豆38.2万亩、瓜菜0.2万亩、棚室27个、生猪饲养300头。赴俄从事农业开发的农民由2005年的21人增加到29个作业组445人，是2005年的21倍，比2016年增加2.3%。作物种植由最初的单一大豆种植发展到目前的大豆、马铃薯、蔬菜、西瓜种植、生猪养殖等多种经营模式，收到了良好效果。2017年赴俄农业总产值实现10 991万元，赴俄农民人均纯收入达到10.3万元，拉动全县农村人均收入增加8个百分点，赴俄农业开发工作走在全省前列。

为此，历届县委、县政府多次带领农民，去俄方布拉戈维申斯克市和滨海边疆州乌苏里斯克区广泛考察，鼓励赴俄农民奔赴适合的农业合作开发地区。目前，嘉荫县赴俄农民在阿穆尔州创办对俄农业合作开发作业组织21个，在比罗比詹犹太自治州创办3个、在滨海边疆州创办5个，共有29个独立核算的作业组织。其中滨海边疆区全部是新建的开发作业组。嘉荫赴俄农业合作开发已成为转移农村剩余劳动力，增加农民收入新亮点，并不断发展壮大。

二、以服务"最后一公里"为目标，创优质对俄农业合作环境

2017年，面对俄罗斯政策的调整，以及不确定因素的影响，对俄农业开发办带领全体赴俄农民，积极应对，扬长避短、扬长克短、扬长补短，力争有效破解不利因素，有效促进对俄农业合作开发。

一是强政策、重扶持，鼓励农民赴俄开展农业合作开发。

2005年至今，嘉荫县实施赴俄农业开发农机补贴优惠政策，赴俄农民优先享受农机具补贴政策，赴俄农业开发每采购一台大型农机具县政府补贴购置费用的三分之一。截至目前，共发放购机补贴600万元，采购农机具70台套。

2016年嘉荫县出台了新的优惠政策，由县财政为每名赴俄农民补贴1 000元，对赴俄农业开发各作业组长每聘用一名嘉荫县籍人员给予补贴2 000元，用于该小组办理赴俄手续费。同时，设立10万元奖金，奖励对俄农业合作开发先进集体或先进个人，赴俄农民积极性高涨、劲头十足。2016年符合标准的赴俄农民共计263人，发放补贴26.3万元；符合经济独立核算的赴俄生产单位共计29个作业小组，发放作业组长补贴36.4万元。

二是强体制、避风险，提升赴俄农民作业组织独立创业能力。随着俄罗斯经济与社会的发展，俄方不断加强对外企的管理，出台了一系列法律法规，使得我们深感想要继续生存发展下去，就必须带领工作人员开动脑筋，创新工作机制，转换管理方式，提升赴俄工作的灵活性。针对实际形式和农民意愿，从2014年开始积极创新，尝试将统一管理机制逐渐向分散式经营模式转变，鼓励支持嘉荫各作业组农民直接与俄罗斯企业或地主签订土地租赁合作合同，一些事宜可由俄方合作伙伴办理，如果生产中出现"违规"事宜可由俄罗斯合作伙伴承担相应处罚。通过几年来的观察，这种宏观管理，化整为零的方式显著增强了赴俄农民独立创业能力，既规避了风险，保护了农民利益，又实现了管理体制平稳转变，有效促进了赴俄农业合作开发工作稳步发展。

三是强沟通、解难题，简化赴俄农民通关手续。按照俄罗斯法律规定，在俄劳务人员需持有劳务签证，犹太自治州和滨海边疆州均足额批复了劳务大卡指标。阿穆尔州给少量3年劳务大卡，但无法满足劳务大卡需求，只能通过办理技术服务签证。俄有关部门管理严格，办理时间长、价格高。针对存在的困难，经过多方沟通，最后决定由各作业组赴俄农民所依托的俄方农场主办理，对俄方帮助把关协助办理，虽然签发地是布市，但是可由俄方农场主开出差证明落地到各生产点，虽然人数有限，也增加了难度，但为赴俄农民降低了近三份之二的办理手续费用，而且办理速度较快，所有赴俄农民签证在2017年4月30日前全部办结，保证了赴俄农民顺利过境。

四是强服务、拓渠道，保障赴俄农民及时投入农业生产。为提高工作效率，让农民安心赴俄进行农业合作开发，嘉荫对俄办加强沟通，尽心尽力为赴俄农民做好各项服务工作。

其一，做好出国前培训。按照嘉荫县出国人员行前教育工作联合会议要求，对出境务工人员做好培训，并结合嘉荫对俄农业合作开发实际，编发了1 000册《出国农民行前教育》读本，其中还编入大豆生产栽培技术为农民科技种田提供指导。

其二，为赴俄农民提供全方位服务。2017年春，布市海关管理非常严格，过境物件必须报关通过，导致延误农时。为解决农民过境物件难的问题，嘉荫对俄办赴萝北名山至俄罗斯阿穆尔捷特口岸与相关人员多次沟通、洽谈，开辟了新的过境物件渠道，保证了赴俄农民2017年春季顺利过境生产。

其三，做好信息咨询服务。为赴俄农民提供俄相关法律、法规等方面的咨询服务，定期发布俄方种植业方面的有关信息，有针对性地提供生产、市场需求等农产品需求信息。

其四，与俄方化肥厂沟通，帮助农民采购化肥1 900吨。化肥采购均在境外，俄方市场在元旦前采买化肥比四月份价格相差10%～20%。指导赴俄农民预防低温、雨雪、冰雹等自然灾害，并在灾后及时选种补种，降低在俄生产损失。

其五，与俄政府及相关部门搞好沟通协调，为嘉荫农民在俄农业合作开发提供优良环境。为加强赴俄农民和嘉荫商贸人员服务质量，2012年在俄犹太州奥布卢奇耶区，建一处经贸服务中心，上下两层，面积398平方米。2017年又在阿穆尔州阿尔哈腊区新建一处经贸服务中心，面积205平方米；便利了为嘉荫农民在俄农业合作开发提供优良服务的环境。

五是强管理、遵法纪，树立赴俄农民良好形象。在带领农民赴俄农业合作开发的同时，要求农民遵纪守法，与俄方村民友好相处，树立中国农民良好形象。嘉荫对俄办要求各作业组农民每年都要及时维修好农业耕种时损坏的农田路，赢得了俄方村民的好评。每逢"六一"儿童节，给村里的小朋友送礼物，每年春天赴俄农民帮助俄村民翻耙园子，帮助村民种植土豆等蔬菜，解决了俄方村民生活难题。赴俄农民的爱心、善良、勤劳感动了俄罗斯村民，在俄期间，他们给赴俄农民送鸡蛋、牛肉，农民回国后，他们帮助打扫卫生、照看房子。俄罗斯阿穆尔州州报、莫斯科电视台、犹太自治州电视台等俄官方媒体多次报道嘉荫县农民在俄生产情况，并给予高度好评。

三、抢抓有利契机，扩大对俄农业合作思路

一是边陲变中心，末梢变前沿。对接国家"一带一路"，积极参与"中蒙俄经济走廊"建设，位于祖国东北角的黑龙江，当前正以更加开放的姿态推动形成以对俄合作为重点的全面开放新格局。边民备案、入境审单、数据统计、信息综合等多项功能上线运行后，将实现绥芬河、黑河、东宁、抚远、同江、萝北、嘉荫等10个边境口岸互贸货物入境监管信息化、网络化、数据化，大幅提升互市贸易区检验检疫监督管理水平，创新互市贸易商品申报、查验、放行方式。一方面，中俄关系已经提升为"全面战略伙伴"，两国关系全面提升下的政策优势已然突显，黑龙江沿

边开放发展规划上升为国家战略。省委、省政府把对俄经贸确定为全省对外开放中的重中之重，将出台一系列支持口岸发展的优惠政策。俄罗斯方面加入市贸组织后，表现出了积极参与国际农业合作开发的积极性；俄罗斯现行法律已经允许土地长期租给外国人耕种，无疑为中俄农业合作带来新的契机。

二是嘉荫口岸建有立壁式、滚装式码头各一处，拥有最现代化的装卸设备，年货物吞吐能力达100万吨，年出入境旅客通过能力达20万人次，是伊春市唯一的对俄开放口岸，距离具备水、陆、空三位一体交通体系的省会城市哈尔滨市仅500公里；有高铁和全国铁路主要干线相连。与阿穆尔州首府布拉戈维申斯克市公路、铁路距离仅为350公里；与俱有900万亩以上可开垦黑土荒原和450万亩以上闲置耕地的原生态结雅河、布列亚河中下游平原隔江相望，咫尺相隔；而且两岸边民依衣带水，双方合作潜力巨大，具备优势的农业合作开发条件。

三是与嘉荫口岸相邻100—200公里的俄方土地上，有阿尔哈腊林木资源富集区，煤炭资源丰富的赖奇欣斯克煤城，拥有大型的下布列亚水电站，有俄罗斯远东大铁路枢纽站扎维京斯克和远东最大的基姆坎铁矿。中国工行和俄"彼得罗巴甫洛夫斯克"矿业公司达成协议，决定向该公司提供4亿美元贷款以开采储量数十亿吨的基姆坎铁矿。下布列亚水电站项目是中俄远东全面战略合作的一个重要合作项目，该项目位于嘉荫中俄农业合作区的布列亚河上，装机容量320MW。下布列业水电站是目前俄罗斯在建的最大水利枢纽工程，位于俄罗斯阿穆尔地区的布列亚河上。水利枢纽工程包括大坝、泄洪建筑和电站等，工程建成后主要用于俄罗斯远东地区的供电、布列亚河、阿穆尔河的防洪以及15 000 h㎡农田的灌溉，为俄方结雅河—布列亚河中下游平原的经济开发提供电力保障。

四是俄罗斯的远东地区，是中俄两国的农业与经贸合作的重点区域。俄罗斯远东是一个富有吸引力的地区，该地区的经济发展将对我国东北地区产生有利的影响。我国振兴东北等老工业基地和"走出去"战略的实施，对中俄区域劳务合作提出了新的要求。关注和研究区域劳务领域的合作，预测前景，对促进中俄劳务合作的持续快速发展和强化21世纪中俄战略协作伙伴关系以及拓展人文地理和国际贸易地理的研究领域，都有着一定的理论和现实意义。

五是俄罗斯与中国是互补的一对。俄罗斯有资源，而这些资源正是中国所需要的。俄罗斯需要资金，而中国有较多的外汇储备；二者是互补的一对。随着经济全球化、生产要素流动障碍的逐步消除和生产要素大流动阶段的到来，生产要素流动的影响以及如何刺激流动，已成为区域经济学和人文地理学理论及实践所面临的一个重大课题。生产要素中的劳动力要素的国际流动作为增加收入和人口就业的手段，在我国的对外经济关系中发挥着越来越重要的作用。

四、拓宽合作领域，实现对俄农业合作升级。

通过多年的经营和实践，嘉荫县委、县政府逐步摸索和建立了"政府搭台、企业牵动、农民参与"的对俄农业合作运行机制，构建了对俄农业合作体系，为对俄农业合作奠定了基础。当前的主要目标是如何扩大对俄农业合作领域，实现对俄农业合作进档升级。

一是加强对俄农业科技合作。尽快与俄罗斯农业科研所建立合作关系，双方共同进行种子试验、农化技术、种植标准等方面的技术合作；筛选适合俄罗斯种植的超早熟大豆优良品种。融和中俄种植品种，技术和产品标准，建成整体推进的有机农产品示范作业组和超早熟优良大豆良种繁育基地，繁育供俄罗斯远东地区第四、第五积温带种植的超早熟良种，为一江两岸提供大豆优质高产的种子保障。

二是加强农业项目合作。其一，依托绿色生态农业的优势和嘉荫对俄办与俄方的联动，不断集聚对俄农业合作经营主体，引进规模经营的农机专业合作社、有经营实力的家庭农场等本地农业企业，进入俄方租赁经营土地，扩大对俄土地租赁规模；并参与中俄农业科技合作园区经营，积极整合涉农资金和吸引社会资金，扩大果蔬种植面积的产品进档升级。其二，引进北京和上海等外销平台资金与项目介入，通过基础设施建设与进出口销售能力的提升，为对俄农业合作发展提供销售市场等硬件保障。

三是加强对俄农产品进出口合作。其一，在嘉荫县对俄办与俄方达成回运大豆、小麦等农产品合作项目的基础上，开展代储俄方大豆业务，进行国内精选分包销售，并进行深度合作。其二，在北京京东、上海西郊国际农产品直销中心，设立俄罗斯农产品馆，为俄罗斯农产品进入我国一线城市建立销售平台，设立销售分店；经过经贸增值，提高对俄农业合作的经济效益。其三，通过引龙头、建基地、带农户，促进"种养加"配套、产供销联动，放开入口，解决出口，实现对俄农业合作整体进档升级。

第十三节　举办中俄青年国际集体婚礼，推动旅游业快速升温

龙乡嘉荫是"神州第一龙"的挖掘地，与俄罗斯阿穆尔州、犹太自治州隔黑龙江相望，在中俄文化与经济交流方面有着得天

独厚的区位优势。中俄青年国际集体婚礼被纳入中俄界江文化交流和旅游活动十大项目之一，推动嘉荫界江文化提档升级，助推旅游业快速升温。

中国·嘉荫中俄青年国际集体婚礼活动，已成功举办六届。第一届22对新人，其中俄方新人5对；第二届55对新人，其中俄方新人11对；第三届99对新人，其中俄方新人18对；第四届77对新人，其中俄方新人18对；第五届50对新人，其中俄方新人15对；第六届36对新人，其中俄方新人10对。先后有中国、俄罗斯、乌克兰不同国家的345对新人，在中国的龙乡嘉荫喜结良缘；让旅游新城嘉荫成为中俄界江文化交流的嘉年华。

2012年是中国传统的农历龙年，也是中俄两国互办的首届旅游年。在龙年农历二月初二，俗称"龙抬头"这天，嘉荫县恐龙国家地质公园内，鄂伦春族猎民打鼓舞狮、架起篝火、支好铁锅、煮上肉块、捧出美酒，以鄂伦春民族特有的歌舞，为正在这里参加"情定龙乡，有缘一生"首届中俄青年国际集体婚礼的新人们，送上最真诚的祝福。据主办方的嘉荫县县委书记金达人介绍：嘉荫县位于黑龙江南岸，与俄罗斯隔江相望，两岸中俄边境文化交流活动频繁。有很多年轻人到了适婚年龄，为了方便新人们，促进中俄两国的友好文化交流，我们举办了本届中俄青年国际集体婚礼和中俄文化嘉嘉年华活动。婚礼上有来自俄罗斯、乌克兰、鄂伦春族和边防驻军官兵等身份的22对新人，共同步入婚姻殿堂。

在婚礼上，22对新人充分体验了嘉荫县恐龙之乡的城市魅力。鄂伦春民俗舞蹈、大锅炖手把肉、俄罗斯婚庆民俗等节目，让新人们尽享了中俄集体婚礼的热烈氛围。

中国小伙子李晨和他的乌克兰新娘尤利娅格外引人注目。七年前，在北京读书的李晨在一次中俄文化交流演出中，结识了乌克兰姑娘尤利娅，经历了七年的爱情长跑后，李晨将尤莉娅带回了自己的家乡伊春市嘉荫县，并报名参加了这次中俄集体婚礼。

嘉荫旅游局方面介绍，黑龙江省将以"中俄旅游年"为契机，举办一系列的旅游文化活动，这场在素有"恐龙之乡"美誉的嘉荫举行的首届中俄国际集体婚礼仅仅是一个美好的开端。

来自俄罗斯的阿尔焦姆和娜斯佳是通过当地嘉荫朋友的帮助，报名参加这场集体婚礼的，虽然室外是零下二十六摄氏度的低温，可幸福始终洋溢在他们脸上。娜斯佳通过翻译向她的中国朋友们说："今天是中国的一个跟龙有关的节日，我们能来这里参加集体婚礼特别高兴！"。

"二月二，龙抬头；大仓满，小仓流"。吉祥的节日，自然伴着好事，喜事。2013年3月13日，中国·嘉荫第二届"情定龙乡，有缘一生"中俄青年国际集体婚礼，在嘉荫恐龙国家地质公园举行。来自俄罗斯、国内各省、市和嘉荫驻军官兵等55对新人步入婚姻殿堂。

参加集体婚礼的11对俄罗斯夫妇表示，来中国参加集体婚礼，特别是来嘉荫"恐龙之乡"举行婚礼，感到非常幸运。这里有山、有水、有真龙，他们希望在龙的见证下，走向银婚、金婚、钻石婚。新郎阿杜尔说，虽然婚礼结束后，他与妻子就要返回俄罗斯，但他们不会忘记这里的美景和真龙，有机会他还会带娜斯佳重回龙乡嘉荫，因为这里是他们爱情的首发站。

看到其他新人都纷纷"晒"幸福，新人杨立群和爱人韩玮也向记者打开了"话匣子"。杨立群是伊春边防支队乌云边防派出所民警，韩玮是嘉荫县第二小学教师，他们在嘉荫县相识、相知，自2010年6月1日起，历经近三年的相恋相爱，终于走向幸福的殿堂。由于工作关系两人见面的机会并不是很多，但两人的恋情没有被时间和距离打败。杨立群说："我们没有史诗般的爱情故事，但经历的每分每秒都将是我脑海中最美好的记忆。我是一名军人，为祖国站岗值班是我的责任和义务，感谢韩玮这些年来对我的鼓励和支持。从今天起我的身份不只是一名军人，也是一个丈夫。"参加那次集体婚礼的边防军人还有孙春光夫妇、李玉涛夫妇，三对边防军人夫妇都是因为工作出色，被特邀参加此次集体婚礼的。

黑龙江省旅游局市场处处长高山表示：2013年是中俄两国政府互办"旅游年"的关键一年，嘉荫作为黑龙江省重要沿江口岸，在对俄旅游和文化交流方面做了大量的工作，希望这次集体婚礼的成功举办，可以让更多人了解嘉荫，也希望这样的活动能够进一步增进中俄两国人民的友谊。

2014年开始，中国·嘉荫"情定龙乡，有缘一生"中俄国际集体婚礼，按中国的民俗改为农历七月初七——"七夕节"举行。8月2日，中国·嘉荫第三届"情定龙乡，有缘一生"中俄青年国际集体婚礼活动，在中俄界江——黑龙江江滨广场隆重举行。来自俄罗斯、国内各省、市和嘉荫驻军官兵等99对新人，其中包括18对俄罗斯新人在"神洲第一龙"出土的圣地"海誓山盟"，步入婚姻殿堂。

嘉荫县人口8.1万，行政区域面积6 739平方公里，是"国家级生态示范区、国家级园林城、国家级卫生城、国家级文明县城、全国特色旅游名镇"，与俄罗斯阿穆尔州、犹太自治州隔江相望，两地政治、文化、经贸、体育等领域交往频繁。2014年是中俄两国文化、经济合作实现跨越式发展的一年，借此契机嘉荫县举办第三届中俄青年国际"情定龙乡、有缘一生"集体婚礼，增进两国人民友好情谊，扩大两国合作交流。

在婚礼上，99对新人充分体验了嘉荫恐龙之乡的城市魅力。游界江、观恐龙、采摘园观光、看鄂伦春风情歌舞、参加中俄联谊会等丰富多彩的婚礼流程，让中俄新人们深深感受"嘉荫山美水美人更美，此生不虚此行"。

婚礼现场，很多中俄双方新人们虽然语言不通，但靠着无国界的肢体语言和几天来的接触很快打成一片，气氛十分融洽。婚礼结束后，他们纷纷合影留念，虽然俄方新人将会在不久返回俄罗斯，但是美丽神奇的龙乡嘉荫为他们留下了终生难忘的友谊和爱的印记。

2015年8月20日，中国-嘉荫第四届"情定龙乡，有缘一生"中俄国际集体婚礼在嘉荫县隆重举行，77对中俄新人在此步入婚姻殿堂。

中国农历七月初七"七夕节"，被称为"中国的情人节"。很多新人选择"七夕节"举行婚礼，象征着对爱情的执着与坚贞。中俄两国新人共同"缘定七夕"，是中俄边境大省黑龙江的亮点。在集体婚礼上，新人们身着红色龙凤喜服，在婚礼进行曲的交响乐中走进婚礼殿堂，在中俄两国人民亲情与友谊的共同见证下，许下一生一世爱的誓言。

2016年8月9日（农历七月初七），中国·嘉荫第五届"情定龙乡，有缘一生"中俄青年国际集体婚礼，以传承节日为宗旨，以婚庆活动为载体，大力倡导移风易俗、婚事新办的社会文明新风。在风格上采取中式婚礼典礼的形式，在保留中俄界江游、恐龙文化体验及农业观光园采摘等各项活动的同时，增添了大型民族情景歌舞剧《鄂伦春神话》的演出盛况；典礼增加诸多的中国元素。在婚礼现场，婚礼以舞龙为开场背景，用"颠花轿"的形式引出50对新人，其中15对是俄罗斯新人。新郎身穿蓝色满族长袍，新娘身着红色旗袍，佩戴民族古典的"秀禾凤掛"，头顶红盖头。小夫妻手捧合卺，祈福百年好合。

中国·嘉荫中俄青年国际集体婚礼活动，受到国家外交部的高度重视。已经纳入中国与俄罗斯旅游活动和文化交流嘉年华的十大项目之一。第一届至第五届黑龙江电视台派出直播车对婚礼全过程进行了电视直播。期间，嘉荫县旅游、教育、经贸等部门相关人员先后走进黑龙江电视台直播间，畅谈嘉荫经济社会发展。同时，婚礼盛况由新浪网面向全球网民全程直播。

2017年8月28日（农历七月初七），中国·嘉荫举办了"第六届'情定龙乡，有缘一生'中俄青年国际集体婚礼暨中俄界江文化交流嘉年华"活动，26对中国新人和10对俄罗斯新人在恐龙之乡嘉荫喜结连理。

本次活动以自行车队迎亲的方式，传递环保、健康理念；以花车巡游的方式，营造喜庆浪漫的氛围；以俄罗斯艺术家、中俄联姻夫妻、少年儿童、嘉荫县888位群众代表、8万龙乡人民以及数万网民送祝福的方式，真实反映百姓的"幸福梦""和谐梦"。

直径十几米的"喷泉蛋糕、象征和和美美的蜜塔、36种嘉荫特色美食、俄罗斯风情演绎、鄂伦春情韵民族歌舞表演、浪漫星空帐篷露营、龙乡生态之恋景区互动"等活动内容成为本届集体婚礼暨中俄文化嘉年华活动的亮点。

除了双方互派文艺演出团体进行文艺交流外，为彰显地域文化、民俗文化魅力，这届中俄国际婚礼暨中俄文化嘉年华活动的举办双方，以覆盖嘉荫恐龙国家地质公园和茅兰沟国家森林公园两个国家4A级景区及界江、东湖、俄罗斯风情园等景点，用花车、喷泉、草坪、帐蓬、气球营造浪漫氛围，让新人和千百名来宾尽享嘉荫美景。

中央电视台《朝闻天下》、黑龙江卫视《黑龙江新闻联播》、人民网、中新网、《香港文汇报》、《香港大公报》、《黑龙江日报》、《黑龙江经济报》、《伊春日报》、《林城晚报》等多家主流媒体和莫斯科、海参崴、阿穆尔州、哈巴罗夫边疆区、比罗比詹犹太自治州、滨海边疆区等俄罗斯主流媒体报道活动盛况、相继报道了中国·嘉荫"第六届'情定龙乡，有缘一生'中俄青年国际集体婚礼暨中俄文化嘉年华"活动盛况。手机新浪网视频直播、龙江要闻区头条推荐，网络话题阅读量达7 200万人次，直播累计观众340万人次，新闻事件曝光量达9 500万人次，荣登2017年"全国旅游榜单"总榜之冠。

中国·嘉荫中俄国际集体婚礼，自2012年至2017年的6年来，每年二月二"龙抬头"或"七夕"节举办一届，已连续举办了6届。先后有中国、俄罗斯、乌克兰不同国家的345对新人，在中国的龙乡嘉荫喜结良缘；让旅游新城嘉荫成为中俄界江文化交流的嘉年华。

2017年第六届中俄青年国际集体婚礼、中国恐龙发现115周年纪念大会、第二届冰雪节、53场（次）的鄂伦春民俗歌舞和中俄双方举办的嘉年华文艺演出；特别是与中央电视台《朝闻天下》、黑龙江卫视《黑龙江新闻联播》、人民网、中新网、《香港文汇报》、《香港大公报》、《黑龙江日报》、《黑龙江经济报》、《伊春日报》、《林城晚报》等多家主流媒体的加深合作，特别是中央电视台一年内五次赴嘉荫，推出《中国影象方志第50集"黑龙江嘉荫篇"》，有力促进了嘉荫旅游产业的市场化、规范化、诚信化发展，旅游产业在接力营销中快速升温；文化软实力有力推动嘉荫旅游业持续发展。

一是文化圣火点旺嘉荫人气。每年中俄青年集体婚礼举办期间，慕名而来的国内外游客络绎不绝，经常出现机票、车票一票难求的现象，许多婚礼参加人及其中外亲友、游客选择自驾游来嘉荫体验中俄青年集体婚礼的文化魅力，特别是境内外中俄两民族婚礼的民俗风情；极大提升了嘉荫国内外旅游文化的层次、规格和市场号召力。

二是文化传播提高了嘉荫的美誉度。新华社、中央电视台、《经济日报》、《黑龙江日报》、黑龙江电视台、腾讯网、新浪网、《伊春日报》、《林城晚报》，以及俄罗斯信息报和俄罗斯哈巴罗夫边疆区、阿穆尔州、比罗比詹犹太自治州、滨海边疆区和海参崴新闻网等30余家层次高，影响大，宣传面广的中、俄主流媒体，众多记者的参与报道，完美诠释了中俄青年集体婚礼和中俄文化交流嘉华年活动的内涵、主要意义和广阔前景。让嘉荫在中俄两国人民的心中点亮，让更多的人走进嘉荫，了解嘉荫，展现了边城嘉荫的俊美和旖旎风光，树立了嘉荫的良好形象，有力地提高了嘉荫的知名度和美誉度。

三是中俄文化交流深化了中俄两国人民的友谊。通关以来，嘉荫与毗邻的俄罗斯莫斯科、海参崴、阿穆尔州、哈巴罗夫边疆区、比罗比詹犹太自治州、滨海边疆区等俄罗斯主流媒体、交往频繁、愈加密切，中俄友谊已植根于两国两地人民心中，黑龙江两岸已成为两国人民共同缔造的美好家园。特别是正值中俄友好合作最佳时期，中俄青年集体婚礼和中俄文化交流嘉年华活动，使中俄两种文化共融于一江碧水。在中俄经贸文化交流的大背景下，两国两地多民族执手相牵，相扶相融，载歌载舞，传递友谊，互助共庆，共同繁荣，展示了嘉荫口岸边城独特的魅力，进一步巩固了中俄人民世世代代的传统友谊。

四是文化软实力助推了嘉荫旅游业快速升温。改革开放以来，嘉荫是因中俄边贸而兴的口岸城市，有百年的边贸历史，边境文化底蕴醇厚，有浓郁的欧陆风情，纯真的生态文化，鲜明的民俗文化，难忘的知青文化，厚重的红色文化，独特的鄂伦春民俗文化与淘金创业文化、恐龙地质文化。经过多年培育凝炼，已逐步形成了一系列独具特色的文化品牌，为嘉荫打造边陲旅游名城提供了文化支撑。经过加大重点景区、城市街区和交通基础设施建设，市场影响力愈来愈大。"嘉荫龙骨山国家地质公园""黑龙江大峡谷探秘""龙江九寨沟"等旅游品牌声誉日隆，旅游产业成为嘉荫经济发展中新的支柱和经济增长点。2017年嘉荫接待游客67.8万人次，旅游收入达到4.78亿元，分别比中国·嘉荫中俄青年国际集体婚礼暨中俄文化嘉年华举办前，同比增长了2.64倍和3.73倍。

第十四节　不断深化改革，为经济社会持续发展注入新活力

嘉荫县委、县政府，全面落实省委、市委深化改革工作部署，按照"有利生态保护、有利经济发展、有利民生保障、有利社会和谐"的要求，把全县经济社会发展的难点重点作为改革创新的主攻方向，推出了具有全局牵引力的改革措施，为全县经济社会稳定发展注入新活力。

一是户籍改革。2015年，嘉荫县全面实施户籍制度改革，取消了非农业人口和农业人口的分别，统一改为居民户口，城镇和农村户口的属性划分只按照居住地域划分；促进了农村富裕劳动力流动，加速了农民出外打工、赴俄罗斯承包土地进行外向型农业开发，进城自主创业或参与商业、服务业经营等，加速了农村经济转型；大幅度地增加了农民收入。例如保兴镇采取土地直接入股加入合作社的方式，促进土地流转最大化；农民通过土地流转的方式，把承包地以资本的形式进入到农业产业化体系。这个合作社集约化经营土地27 960亩，为周边村屯代耕土地12 000亩，实现粮食总产5 000吨，全社纯收入564万元。参与合作社土

地规模经营的入社农户，每年人均纯收入达到21 086元，比土地流转前翻了一番。

二是行政审批制度改革。完成全县责任清单编制工作，组织相关单位主管领导和具体业务人员，参加了全省责任清单电视电话会议，全力推进责任清单编制工作。政府办下发了《嘉荫县人民政府办公室关于推行政府责任清单制度的通知》（嘉政办发[2 015]16号），对责任清单工作总体要求、主要原则、编制范围和时间安排等做出具体要求。召开了全县责任清单培训会议，开展全县责任清单编制工作。

围绕落实权利清单和责任清单制度，完成工商行政、质量监督、食品药监"三局合一"，卫生、计生"两局合一"的机构改革工作；商务登记实现"四证合一"。对全县现有行政审批事项逐一核准，摸清家底，找出薄弱环节，建立基础台账；清单制度涉及37个部门，其中政府序列部门35个，县委序列部门1个、社会团体1个。经过与有关单位反复沟通、现场纠错，对行政权力及项目前置审批条件进行了逐一确认，三报三审，全县相关部门共报送县级行政权力事项4 137项，精简1 585项，保留行政权力事项2 552项，精简率为38.31%。保留的行政权力事项为行政许可409项、非行政许可审批66项、行政处罚1 772项、行政强制66项、行政征收11项、行政给付14项、行政确认55项、行政奖励10项、行政裁决1项、行政监督检查71项、年检1项、行政复议2项、税费减免2项、其他权力69项。全县行政权力清单清理工作基本完成。

三是深化财政制度改革。在保证税收应收尽收、及时入库的基础上，深化国库管理和政府采购改革，强化审计和财政监管，全面规范财经秩序。全年共评审项目71个，审减资金2 945万元，审减率16.6%；政府采购金额3 504万元，节约资金376万元，节约率9.7%，政府采购率达90%以上。同时，严格支出管理，落实《党政机关厉行节约反对浪费条例》、《党政机关国内公务接待管理规定》的各项要求，从严控制"三公"经费，全年因公出国（境）、公务接待经费同比压缩5%。全面停止了办公楼堂馆所建设，清理超标公车12辆，清理腾退超标办公用房2 003.79平方米。在巩固自有财源的基础上，准确把握政策落实对接点和产业转移承接点，积极对上争取政策、对外吸引资金，增加经济发展和社会进步的活力。全年累计对上争取资金5.1亿元，引进资金3.5亿元，有力地支持了县域经济社会发展。

四是推进教育制度改革。严格执行《嘉荫县免费教育实施办法》，除必要的伙食费外，免除幼儿园到高中所有应收取费用；投资5 294.3万元，持续改善办学条件、提高教师待遇和中小学校住宿生伙食补助标准，让全县农村的贫困户学生都能100%的完成中小学学业。

五是提升乡、镇农户致富目标。组织农户参加各种类型的合作社，收拢五指、攥紧拳头，拧成一股绳、扎堆闯市场。至2015年末，县工商部门登记的农民专业合作社已达199个。其中，种植业合作社136个，占合作社总数的76.4%；服务业合作社24个，占合作社总数的13.48%；畜牧业合作社13个，占合作社总数的7.3%；渔业合作社4个，占合作社总数的2.25%；其它类型的合作社1个，占合作社总数的0.056%。合作社成员1 391人，占全县农业总人口的3.378%；全县合作社注册资金达到2.8亿元。其中，常胜乡、乌云镇、向阳乡、保兴镇都出现了注册资金1 000万元以上的大型现代农机专业合作社。保兴镇现代农机专业合作社，把分散的农机联合在一起，采取以高于市场价10%租赁费、国家粮补等多项惠农政策仍归农户所有的方式，扩大土地流转规模；采取土地直接入股加入合作社的方式，促进土地流转最大化；使农民通过土地流转的方式，把承包地以资本的形式进入到农业产业化体系。这个合作社集约化经营土地27 960亩，为周边村屯代耕土地12 000亩，实现粮食总产5 000吨，集约化经营每亩纯效益可达200元，全社纯收入564万元。参与合作社土地规模经营的入社农户，每年人均纯收入达到21 086元，比土地流转前翻了一番。合作社把分散的农机联合在一起，实行排民忧、解民难的一条龙作业；提高了个体农户的劳动生产率，也为实施订单生产，促进了农业种植、养殖业的特色化经营拓宽了道路。

六是健全矛盾纠纷"大调解"工作机制。切实加强民主法制建设，继续开展全方位普法学习活动，提高广大人民群众的法律意识及学法、用法、守法的自觉性；及时化解矛盾。全面落实"小事不出村，大事不出镇"的维稳机制，实行维护稳定工作"一票否决制"和"责任追究制"。落实干部包村制度，深入基层、把握动态，及时发现社会不安定的苗头，化解各类矛盾纠纷，防止了集体访、进京访等事件的发生，并以增强人民群众安全感为目标，扎实做好矛盾纠纷排查和调处工作。全县呈现团结、和谐、稳定，发展持续加快的大好局面。

七是以改善民生为宗旨，持续提升群众福祉。以开展党的群众路线教育实践活动为契机，尽最大努力回应人民群众的诉求和期盼，在财力较为艰难的情况下，强化民生保障；坚持民生投入只增不减，集中力量办成了一批老百姓最关心、最迫切、最期盼的事。全年财政资金直接投入民生事业7.3亿元，占全部财政支出的65%。公立医院严格执行药品零差价销售制度，新农合政府补助占筹资额比例达到81%。邀请哈医大一院眼科专家16人来嘉荫，为全县城乡的70名贫困家庭白内障患者实施复明手术，70名患者100%得到复明；全面启动了朝阳镇社区卫生服务中心和红光乡卫生院，实现了全县城乡居民基本医疗和公共卫生服务全覆盖。制定完善了《基本公共卫生服务项目绩效考核实施办法》11类43项，公共卫生服务落实到位。开展了城乡居民健康建档工作，全县共有50 262人建立档案，建档率达到77%；新农合补助标准年度封顶线提高到10万元，并将22种重特大疾病报销比例起付线提高到800元，核销比例达到治疗费用的70%。

八是全年累计发放城乡低保、五保供养、临时救助2 966.9万元。加大贫困群众住房保障力度，发放廉租房补贴784户213.1万元；加大了贫困群众住房保障力度，累计发放廉租住房补贴129.6万元，配租公共租赁住房20套；加大对社会困难群众及弱势群体的救助力度，提高了城乡困难群众最低生活补助标准，城镇低保金由月人均235元提高到282元，农村低保金年人均补差由1 236元提高到1 483元；遗属补助标准由原来每人每月301元提高到376元；60年代精减退职老职工生活救济标准提高到每人每月376元，发放率达到100%。特别是结合党的群众路线教育实践活动，继续深入开展了"转作风、走基层、送温暖"活动，全年走访7 067户困难群众，发放慰问金424万元。

九是实行"一人多岗、一专多能，敞开大门、办理千家事"工作机制。社区、村委会全体组成人员进行综合业务交叉培训，每周汇报工作情况，交流政策更新情况，了解工作重点，增强工作人员"敞开大门、办理千家事"的能力；探索实施"AB岗服务模式（A岗在服务大厅接待群众时，B岗主动深入到居民院落中，送服务上门，真正让居民群众感受到"家"的温暖。）实施以来，做到了A、B岗互相衔接，互为补充，拓宽了"一专多能"的工作体系，确保服务居民"不断档"。各社区、村委会加强对健身操表演队、夕阳红秧歌队、兵乓球协会、象棋协会、台球俱乐部等群众性业余文化体育团体的队伍建设，组织开展了"瞻仰抗联遗址，重温入党誓辞""游龙园、唱红歌、赞咱家乡美""庆七一，共圆中国梦""不忘初心，牢记使命"主题演讲会等，注入正能量的各类社会活动。

第十五节　脱贫攻坚成果

2016年脱贫攻坚工作启动后，嘉荫县对贫困人口按标准和程序进行了重新识别，共识别贫困人口1 077户2 198人，通过2017年回头看及逐年动态调整，目前全县省级贫困村7个，贫困人口916户1 791人；其中，老区贫困村4个，贫困人口194户404人。几年来，我县始终不断加大精准扶贫工作力度，以不忘初心的意志，坚持"六个精准"开展脱贫攻坚工作，通过扶贫产业项目、危房改造、小额贷款、转移就业、政策兜底、教育资助、医疗救助等政策带动，全县7个贫困村全部脱贫出列，其中2016至2017年度脱贫出列3个村、2018年度脱贫出列4个村；建档立卡贫困人口实现全部脱贫退出，其中2016至2017年度脱贫351户713人，2018年度脱贫565户1 078人。

一、脱贫攻坚工作开展

嘉荫县从压实责任、发展产业、巩固基础、宣传扶智四个方面下功夫，举全县之力推进精准扶贫、精准施策、精准脱贫，决不让一户一人掉队。

（1）勇于担当责任，层层压实推进，上下一心坚决打赢脱贫攻坚战。嘉荫县牢固树立"四个意识"，以高度的政治自觉、思想自觉和行动自觉开展脱贫攻坚工作。2018年度，共召开扶贫开发领导小组会议10次，县委常委会、政府常务会、县长办公会议15次，各类培训会议6次，远程教育视频培训7期，确保了中央和省市脱贫攻坚各项决策部署在嘉荫落地生根、开花结果。一是坚持三级联动。全县9个乡镇划分为9个战区，设立脱贫攻坚指挥部，采取常委负责制，常委包乡镇（战区），任战区总指挥，处级干部包村屯，把问题解决在乡镇，解决在基层。同时，成立了由主管县处级领导为组长，行业部门为成员单位的12个专项工作推进组，认真抓好各行业部门扶贫任务的推进落实。在县直各单位、中省直单位抽调精干力量组建脱贫攻坚定点驻村工作队，担任驻村干部及帮扶责任人。目前，全县选派驻村工作队77支、164人覆盖所有有脱贫任务村屯，帮扶责任人916名覆盖所有贫困户，驻村第一书记两批次共73人，并与9个乡镇签订了脱贫目标责任状。切实做到把脱贫主体责任到人、任务到人、目标到人，全面构建横向齐头并进、纵向一抓到底的县乡村三级主体责任落实体系。二是坚持整改到位。全县对照省、市检查罗列的脱贫攻坚工作存在问题，在全县范围内开展问题整改工作，召开专项推进会议，下发整改方案、建立整改台账、落实整改责任、规定整改时限，对照检查，对号入座，迅速开展整改任务分解工作，组织各牵头行业部门，着手研究制订本部门牵头的整改方案，通过层层落实，圆满地完成了各项整改工作任务。三是坚持组织保障。为了加强驻村帮扶工作对和帮扶责任人的自身建设，进一步改进扶贫干部的工作作风，提高扶贫工作的精准度，打造素质高、作风硬的扶贫干部队伍，成立了4个工作组对县级驻村工作队进行了半年考核，对综合考核得分在80分以下的驻村工作队队长进行了约谈，并开展明察暗访，对驻村工作情况进行了三次随机抽查，批评教育2人。对市县两级77支工作队199人，采取工作队员逐人现场扶贫政策问答形式进行了考试。通过检查考核查问题、查不足，改进了驻村工作队工作方法，提高了工作水平。

（2）合理谋划产业，健全利益机制，确保扶贫产业惠及每个贫困户。全县建立可带动贫困户的产业项目共37个，总投入5 130万元。共带动建档立卡贫困户924户1 819人，户均实现一项以上扶贫产业覆盖，产业平均覆盖率达到231.1%。其中，一层覆盖189户312人，覆盖率20.5%；二层覆盖277户559人，覆盖率30%；三层及以上覆盖458户948人，覆盖率49.5%。同时，2018年4月以来，共安排生态护林员等公益性岗位240个。实现户均增收6 169.19元、人均增收3 133.77元，叠加土地收入、转移支付、政策性补助及教育医疗等扶贫政策后，年户均纯收入可达到14 903.78元，年人均纯收入达到7 570.7元。为确保2019年贫困人口收益得到进一步巩固提升，全县新增了木耳产业联盟、红光乡菌包厂、保兴镇嘉泽园养殖场等16个产业项目，计划总投资3 281万元，目前正在实施。预计2019年度，通过产业项目、公益性岗位、小额贷款扶持等措施带动，可实现每个贫困户至少有两个以上增收项目，为稳定脱贫提供了长远保障和支撑。

（3）精准实施政策，补齐脱贫短板，确保惠贫政策实现全覆盖。2016年以来，结合全县实际，在危房改造、饮水安全、教育医疗、社会救助、金融扶持、社会帮扶等方面出台了多项扶贫优惠政策。在"两不愁三保障"及"三通三有"政策落实上。累计投入4 039万元，实施了危房（无房）改造372户，饮水安全巩固提升工程41处，资助学生1 511人次，"一站式"救助1 176人次，核销医药费1 277人次，民政医疗救助1 718人次，门诊医疗费用一次性补助1 109人次，由县财政承担建档立卡贫困人口城乡居民医疗保险和大病保险个人缴费部分，小额意外伤害险实现全覆盖，城乡居民养老保险参保1 549人，为575户建档立卡贫困户13 912亩土地进行免费参保，为7个省级贫困村建设了卫生室，购置了医疗设备；完善了7个省级贫困村文化活动场所，完成了省级贫困村上马村8.1公里通村路建设。其中2018年度，累计投入2 330万元，实施了危房（无房）改造191户，饮水安全巩固提升工程35处，资助学生670人次，"一站式"救助581人次，核销医药费445人次，民政医疗救助686人次，门诊医疗费用一次性补助1 109人次，免费体检1 187人次，开展巡诊6 643人次，由县财政承担建档立卡贫困人口城乡居民医疗保险和大病保险个人缴费部分，小额意外伤害险实现全覆盖，城乡居民养老保险参保1 549人，为355户建档立卡贫困户8 472亩土地进行免费参保，完成了省级贫困村上马村8.1公里通村路建设。目前，"两不愁三保障"全部已得到落实，"三通三有"目标均已实现。在金融扶贫上，实行"创业小额贷款+风险补偿金"模式，利用财政扶贫资金投入1 000万元，撬动信用社小额扶贫贷款1亿元，已完成847户贫困户4 123万元小额贷款发放工作，其中2018年发放小额扶贫贷款113户，贷款金额598万元，县财政贷款贴息146.53万元，实现应贷尽贷。在帮扶工作上，采取社会帮扶、帮扶单位扶持、小菜园营销等帮扶形式，进一步提升贫困人口致富增收效能，2018年度共计51名非公企业代表、77个帮扶单位、924名帮扶责任人投入到帮扶工作中，累计帮扶资金227.85万元。同时，联合全县各群团组织，组织扶贫志愿服务团队62支640余人，开展扶贫志愿服务1 259小时。

（4）创新工作方法，宣传教育扶智，巩固提升贫困人口致富能力。一是立足实际，主动作为，切实发挥思想引领、舆论推动、精神激励和文化支撑作用，通过精神扶贫，输血与造血并举，扶贫与扶志并重，激发贫困群众的主动性、积极性和创造性，避免了"越穷越要、越要越懒、越懒越穷"的恶性循环。在电视台开设《脱贫攻坚在行动》新闻专栏，在《嘉荫有话要说》、嘉荫先锋网、嘉荫门户网站等县内主流网站、政务微信微博平台，编发脱贫攻坚工作信息，宣传脱贫攻坚解困。采取设计张贴脱贫攻坚宣传海报和图文宣传册1 500份、印制政策宣传手册2 000册、绘制85面扶贫主题内容彩色墙等多种形式，不断提高政策知晓率。二是组建宣讲团队，深入7个省级贫困村进行主题宣讲活动。组织文艺"轻骑兵"25人，深入各乡镇、村屯进行文艺巡演。组织"小龙人"志愿服务队、巾帼志愿者服务队等48支志愿服务队伍，开展扶贫解困、关爱孤寡老人等志愿服务。同时，在7个省级贫困村选取致富带头人21名，共带动贫困户221户，实现户均增收2 578元。开展"爱心超市"试点工作，设立了9个"爱心超市"，建立起了脱贫攻坚慈善捐助常态机制。此外，通过整合各类培训资源，组织开展了3期技能培训班，培训30名贫困人员，为有创业意愿的贫困人口提供了技术保障。

二、扶贫攻坚工作亮点

（1）在压实责任上取得良好成效。嘉荫县始终牢记习近平总书记"全面建成小康社会，一个不能少；共同富裕路上，一个不能掉队"的庄严承诺，以高度的政治自觉、思想自觉和行动自觉来开展脱贫攻坚工作。实行"双组长"制，在县委书记、县长任总指挥以及县副处级领导包村包片的基础上，采取常委负责制，把9个乡镇划分为9个战区，设立脱贫攻坚指挥部，并成立了12个专项工作推进组，切实做到把脱贫主体责任到人、任务到人、目标到人，全面构建横向齐头并进、纵向一抓到底的县乡村三级主体责任落实体系。2018年11月份，为了全面提升我县脱贫攻坚工作成效，在全县开展了互检互评互学为载体的"三互"活动，各驻村工作队相互学习，取经验、找差距、比成效，从而最大限度地激发各驻村工作队推动整体工作落实的主动性、创造性。

（2）在产业扶贫上实现全覆盖。嘉荫县以产业带动为抓手，结合农村产权制度改革和乡村产业振兴，发展壮大农村集体经济，从光伏发电、生态旅游、农业种植、畜牧养殖、食用菌、企业带动六个方面入手，加大了扶贫产业项目建设力度。目前，带动贫困户的产业项目达37个，实现多层覆盖，平均覆盖率达到231.1%。为全县建档立卡贫困人口全部脱贫奠定了基础。同时，利用我县资源优势，设计公益性岗位，安置224名建档立卡贫困人口，加入生态护林员行列，既增加了贫困人口的收入，又提升了资源养护效能。在产业项目扶持带动上，乌云镇康达种植养殖合作社，五年来累计投入资金1 150万元，主营肉牛养殖、土地规模化、集约化经营、原粮烘干、白酒酿造等业务。该合作社致富的同时不忘穷苦人，2018年带动贫困户98户182人，人均增收1 000元。保兴镇保安村村民刘士磊养殖专业户家禽孵化场，每年孵化鸡、鸭、鹅雏30万羽，年收入达到100余万元，在自己致富的同时带动保安村29户贫困户以及全村农户，充分发挥成型企业的示范带动作用。

（3）在激发内生动力上下足功夫。嘉荫县立足实际，主动作为，切实发挥思想引领、舆论推动、精神激励和文化支撑作用，通过精神扶贫，输血与造血并举，扶贫与扶志并重，激发贫困群众的主动性、积极性和创造性。设计张贴脱贫攻坚宣传海报、精心编印脱贫攻坚图文宣传册1 500份，在73个行政村绘制扶贫主题内容彩墙，深入村屯进行文艺巡演，组织开展扶智技能培训班3期，设立爱心超市9个等多种扶贫扶志措施加强了群众文明礼仪知识教育，养成好习惯，形成好风尚，建设治穷扶智的精神家园。同时，依托家庭教育直播课堂，开通了教育精准扶贫扶智直播课堂，对扶贫政策进行讲解宣传，为家长与教育专家提供一个交流平台，进一步提升了贫困家庭受教育程度。此外，伊春市驻嘉荫县青山乡上马村第十七扶贫工作队，采取村民喜闻乐见的方式进行宣传和引导，为他们讲解创建文明家庭的重要意义，涌现出多个遵纪守法、尊老爱幼、绿色节俭、敬业诚信的典型。青山乡建边村贫困户崔志宝在帮扶责任人帮助下，不断激发内生动力，为其办理小额贷款3万元用于黑木耳种植，崔志宝主动学技术、勤劳肯干，年户均增收可达3万元；保兴镇共荣村贫困户曲哲在帮扶责任人的帮助和引导下，为其办理小额贷款3万元用于发展养蜂，目前已发展到57箱，年户均增收达到2万元。

（4）在脱贫基本保障上出台新政策。嘉荫县医疗救助方面，开拓创新将乡镇卫生院纳入"先诊疗、后付费"基本医疗，大病保险、医疗救助和社会慈善救助"一站式"结算机制，给贫困人口带来了便利。在此基础上，为进一步减少贫困人口医疗负担，对贫困家庭发生的门诊医疗费用给予500~1 500元一次性补助。同时，为鼓励贫困户外出务工增加收入，出台了县域外务工，且年收入1万元以上的贫困人员，给予500~1 000元奖励政策，提升了贫困人口致富动力，避免了"越穷越要、越要越懒、越懒越穷"的恶性循环。

三、巩固提升阶段的规划

虽然全县扶贫攻坚工作取得了长足进展，但距省、市工作要求，以及全面实现小康还有一定差距。一是在内生动力上进一步加强。虽然我县在宣传扶志扶智上采取了一些有效措施，但全县贫困户老弱病残占比大，受教育程度普遍偏低，生产经营能力弱。随着贫困人口年龄的增长，扶持难度还将不断加大。个别贫困群众早日摆脱贫困的积极性、主动性和紧迫性不够强，只想着依赖政府，存在"等、靠、要"思想。二是在乡村振兴上进一步加快。虽然全县建档立卡贫困人口均已脱贫出列，但农业人口的整体收入情况较发达地区还有很大差距，需要进一步加大农村集体经济建设力度，提高村集体和农民收入，增加农村居民幸福指数。三在帮扶工作上进一步提升。驻村工作队、帮扶责任人已实现全覆盖，政策宣传、帮扶措施也很到位，但在发展田园经济、务工就业等方面还有欠缺，需进一步与贫困户对接，因人施策改变简单发钱发物、送钱送物式帮扶，拓宽增收渠道。

2019年，全县脱贫攻坚工作重点将转入巩固提升阶段。为此，我们将采取有效措施，进一步谋划产业项目、加强宣传教育、强化干部培训，确保脱贫成果稳固提升。一是在产业带贫上下功夫。2019年度，通过产业项目、公益性岗位、小额贷款扶持等措施带动，实现每个贫困户至少有两个以上增收项目。确保新增的16个产业项目2019年生产达效，并进一步建立利益联结机制，严格执行公示公告制度，确保贫困人口的知情权与参与度。同时，进一步谋划扶贫产业项目，完善扶贫产业项目库建设，增强扶贫产业带贫和抗风险能力。二是在内生动力上下功夫。采取多种形式，开展贫困人口扶志扶智教育，组织技能培训班，把农民脱贫致富的积极性调动起来、潜力发挥出来，增强主动性，依靠自身努力摆脱贫困、勤劳致富，克服"等靠要"的惰性思想。同时动员更多贫困群众参与小型基础设施、农村人居环境整治等项目建设，吸纳贫困家庭劳动力参与保洁、治安等，增加劳务收入。此外，将精准扶贫政策宣传作为重点，强化政策宣传引领，统一群众思想认识，切实将精准扶贫政策原汁原味地宣传到群众当中去，奠定工作推进的扎实基础。三是在干部管理上下功夫。加强对驻村工作队帮扶力度，通过引导贫困户发展小菜园经济、务工就业、扶志教育等多种形式，改变简单发钱发物、送钱送物式帮扶，拓宽增收渠道。加强对县乡村干部教育培训、监督和管理，教育干部强化认识，督促干部集中精力开展脱贫攻坚，提升创新干事意识，增强履职尽责能力。四是在乡村振兴上下功夫。逐步开展农村人居环境整治工作，因村施策确定人居环境整治目标，加大以硬化、绿化、美化、净化为主的农村环境卫生整治力度，深入开展饮用水源保护、生活污水和垃圾处理、农村面源污染治理，稳步提升贫困村人居环境水平。同时，深化农村集体产权制度改革，率先在7个省级贫困村启动农村集体产权制度改革，推动贫困村资源变资产、资金变股金、农民变股东改革，把有效的资产资金盘活，增加集体经济收入。

第十六章　栉风沐雨谱新篇　展望未来著华章

　　改革开放四十年来，是嘉荫经济和社会各项事业取得空前发展的四十年，是县域群众生产生活发生"东海扬尘"巨大变化的四十年，是贫穷落后边远"大村屯"发展成为美丽宜居的现代化城镇的四十年。嘉荫县委带领全县广大干部群众，以毛泽东思想、邓小平理论、三个代表重要思想、科学发展观和习近平新时代中国特色社会主义思想为指导，深化改革开放，激发创新活力，拓宽发展空间，县域经济和社会各项事业取得了前所未有的辉煌成就。全县地区生产总值由1978年的2 309万元增长到2017年的24.3亿元，增长了105.1倍；一般公共预算收入由1978年的486.5万元增长到1.2亿元，增长了25.4倍。城镇居民人均可支配收入由1978年的165元增长到22 035元，增长了133.5倍。农村居民人均可支配收入由1978年的106元增长到15 193元，增长了143.3倍。

　　（1）调结构、夯产业，现代生态农业提质增效。嘉荫县始终将农业作为县域经济支柱产业，以发展现代生态农业为主攻方向，不断优化产业结构，重点推进"五个换位"。理顺经营体制，培育了10个运营规范、经济效益好、示范带动作用强的样板合作社。打造绿色品牌，申请了地理标识3个、绿色产品2个、无公害产地67处产品22个，绿色黑木耳品牌"福地龙乡"已获批复。2017年，全县农业总产值实现11.8亿元，是2000年的5.5倍。

（2）强招商、育新产，地方工业企业稳步回升。嘉荫县始终把工业作为县域经济根基，按照做好"三篇大文章"发展思路，引进和培育了一大批具有一定规模及较强发展能力的民营企业，推动了工业经济的快速崛起。以万通祥木业、华银热电等企业为主体的地方工业体系初步形成。永金畜牧、林大牧业生猪养殖、标准化肉牛养殖、菌包厂建设等种养殖稳步推进。生物质热电联产等新能源项目有序开展。2017年，全县工业增加值完成8 969万元，是2000年的2.3倍。

（3）展优势、塑精品，全域旅游品牌逐步打响。嘉荫县始终把旅游业作为县域经济发展的新兴产业和宣传嘉荫的有效载体，抓景区建设，累计投资近5亿元用于旅游产业发展，相继建设了嘉荫恐龙国家地质公园、茅兰沟国家森林公园等景点景区，嘉荫恐龙国家地质公园和茅兰沟国家森林公园先后晋升为国家4A级旅游景区。强化对外宣传推介，开展了七届中俄国际集体婚礼、中国恐龙发现115周年纪念大会、恐龙文化节等多项旅游宣传活动，"游界江、观恐龙、探峡谷、赏冰雪"旅游名片进一步彰显。

（4）强交流、促复关，对外开放合作逆势推进。已与俄方就口岸恢复通关的路径和程序达成共识。继续完善口岸基础设施，推进港口码头、延伸公路、客货监管区等重点工程项目。不断扩大对俄农业开发规模，2017年组织赴俄农民445人，耕种俄方土地面积38.4万亩，赴俄农民人均纯收入达10.3万元。2017年全县进出口贸易额实现760万美元。

（5）补短板、急民需，民生政策红利持续释放。嘉荫县始终将脱贫攻坚作为"一号工程"和政治任务。截至目前，已脱贫人口718人。利用财政扶贫资金投入1 000万元，撬动信用社小额扶贫贷款1亿元，带动扶贫产业项目146个。在全省率先推行了十二年免费教育，为学生提供营养餐补助、医疗保险、校服等。县、乡、村三级公共卫生服务网络日益完善，新建了标准化县医院、中医院和龙乡颐养中心，县医院升级为国家二级甲等医院，中医院升级为二级乙等医院。自"十二五"规划以来，累计为全县城乡30 753户51 480人发放低保资金1.27亿元，发放高龄津贴、残疾人补贴等1 300万元。

新的历史时期，嘉荫县将高举习近平新时代中国特色社会主义思想伟大旗帜，不忘初心，牢记使命，锐意进取、埋头苦干，向着富裕美丽幸福新嘉荫的建设目标奋勇前进！2019年全县经济社会发展的主要预期目标是：地区生产总值增长5%以上，公共财政预算收入增长8%，固定资产投资增长8%，城乡居民收入增长与经济增长同步。为实现上述目标，嘉荫将重点做好六个方面工作：

第一，奏响乡村振兴主旋律，为决胜全面小康奠定坚实基础

按照乡村振兴"20字方针"总要求，科学制订乡村振兴战略规划，坚持在"巩固、深化、提升"上做文章，推动资源要素向农村倾斜、公共设施向农村延伸、公共服务向农村覆盖、文明新风向农村辐射，加快补齐农业农村发展短板，让农业强起来、农村美起来、农民富起来。

巩固提升脱贫成果，稳步迈向全面小康目标。按照政策不变、标准不降、力度不减的工作思路，重点在确保贫困户持续增收上下功夫，持续推进16个新增扶贫产业项目尽快达产达效，继续谋划一批新的扶贫产业项目，培育壮大一批辐射带动力强、市场前景广的集体经济和龙头企业，不断增加贫困户现金收入，实现持续增收不返贫。实施乌云镇旧城村、常胜乡江南村等10个村屯饮水安全巩固提升工程，扩大农村安全饮水覆盖面。完善返贫预警和脱贫成果巩固长效机制，关注贫困边缘户，继续实施"两不愁三保障"扶贫政

策，试行《嘉荫县农村贫困人口外出务工奖励办法》，增加"爱心超市"数量，提升贫困户内生动力。2019年，通过产业项目、公益性岗位、政策性补助等措施带动，争取实现每个贫困户至少有2个以上增收项目，年人均收入预计实现8 250元，同比增长10%，确保全面小康路上一户也不能少、一个也不掉队。

深化农业供给侧改革，推进现代农业提质增效。发挥我县"黑土、净土、冻土"优势，大力发展大豆、玉米、水稻等高值高效作物，提高农产品供给质量和效益。全县计划种植大豆85万亩、玉米25万亩、水稻2.5万亩、其他经济作物5.9万亩。落实国家耕地轮作试点，推广农业"三减"面积55万亩、测土配方施肥面积113万亩。建设高标准生产基地，打造省级示范园2个、市级示范园5个、县级示范园2个。培育绿色品牌，申报"三品一标"农产品认证4个。全县种植食用菌4 000万袋，新建乌云镇大沟口村、红光乡燎原村液体菌种菌包厂2处，升级改造沪嘉乡黎明村、向阳乡育才村等4个村黑木耳菌包厂，在红光乡燎原村、青山乡结列河村建设吊袋大棚园区2处，新建吊袋大棚290栋，挂袋菌包占比由3%提高到15%。完成农产品质量安全示范县创建，组建成立嘉荫县综合检验检测中心，农产品质量安全检测达标率保持100%。以"两牛一猪"为重点，继续扩大肉牛养殖，建成千头标准猪场一个、规范化牲畜屠宰场2处，做好非洲猪瘟疫情防控，畜牧业产值比重年均递增7%，让嘉荫百姓吃上放心肉。抓好"粮头食尾""农头工尾"，实行"百企千户"行动，培育龙头企业，扶持壮大保兴镇、向阳乡水稻主产区加工合作社，积极引进大豆加工企业，引导合作社和养殖户建立饲料加工厂，实现就地加工转换增值。加强"沪嘉知青"品牌培育，形成区域特色品牌带动效应。

全面深化农村改革，加速释放农村发展活力。在全面完成土地承包经营权颁证基础上，加快集体产权制度改革步伐，推进全县73个行政村成立股份经济合作社。加强粮食生产能力建设，打造保兴镇高标准农田1万亩，完成全县"两区"划定和建设工作。与省农业担保公司合作，建立完善农业农村投入保障机制，降低我县金融机构贷款风险和农民贷款负担。继续实施种植业保险，全县耕地参保面积达到97万亩。通过就地培养、吸引提升等方式，大力培育新型职业农民，发展壮大一批爱农业、懂技术、善经营的新型经营主体带头人。

建设美丽乡村，提升农村各项事业发展水平。深入开展"三清一绿"专项行动，完成49个村屯绿化任务，新增绿化面积178万平方米。实施乌拉嘎镇政府、中心校、团结社区等供热系统改造，承接好乌拉嘎金矿各项社会职能移交工作。完成农村改厕3 000户，切实改善农村人居环境。按照"四好农村路"标准，重点实施农村公路整修4.9公里、安防工程3.4公里。大力推进数字乡村建设，实现4G网络全覆盖。做好全县文明村镇创建工作，建立法治、德治、自治相结合的管理机制，教育和引导群众树立良好的乡风、村风、民风、家风，充分发挥村两委班子和农村党员的带头作用，提高乡村治理水平。

第二，厚植生态优势，让绿水青山常在、绿色资源生金。坚决打好污染防治攻坚战，强化生态保护，为可持续发展留足空间，为子孙后代留下天蓝、地绿、水清的家园。

加强生态系统保护。以宣传实施《黑龙江茅兰沟国家级自然保护条例》为重点，进一步完善保护区基础设施建设，不断提高保护与管理能力。深入实施大气、水、土壤污染防治计划，开展建成区10蒸吨及以下燃煤锅炉"清零"行动，突出抓好农作物秸秆禁烧工作，提高空气质量监测水平，打好蓝天保卫战。深化落实"河长制"，统筹推进山水林田湖草综合治理，重点完成采砂和水域岸线规划，开工建设朝阳镇集中式水源地污水治理工程，打好碧水保卫战。大力推广秸秆固化燃料技术，续建新建农作物秸秆固化成型燃料站10个，秸秆收集点21处；做好农药包装废弃物回收工作，严控农业面源污染，打好净土保卫战。

严厉打击破坏生态环境行为。实行最严格的生态环境保护制度，严厉打击非法采砂采石、侵占林地、秸秆露天焚烧、捕捉林蛙及其他破坏野生动物资源等违法犯罪行为，积极配合上级做好环保督查工作。常态化整治林地"三乱"，完成植被恢复1万亩、争取森林抚育13万亩、培育良种苗木100万株。继续加大森林防火力度，确保不发生重特大森林火灾。建立健全环保责任追究和环境损害赔偿等制度，实行源头预防、过程严管、后果严惩，全力保护生态环境和森林资源安全。

完善绿色发展指标体系建设。加快推行排污许可制度，落实企业治污责任，重点完成华银热电厂超低排放改造，各类工业污染源持续保持达标排放，全县污染物排放总量持续下降。全面供应符合国六标准的车用汽柴油，彻底清除黑加油站点。完成农用地土壤污染状况详查。建成区道路机械化清扫率达到70%以上，全县畜禽养殖粪污综合利用率达到90%以上，规模养殖场粪污处理设施装备配套率达到100%，森林覆盖率保持82.5%，城市空气质量继续保持全年优良。

第三，高位对接共赢，倾力打造全域旅游"升级版"。以承接好全省旅发大会为契机，全力提升嘉荫整体形象，推动旅游产业升级。

实施精品工程，打造最美旅游目的地。加快推进恐龙2号馆建设，对1号馆进行重新布展，积极开展恐龙国家地质公园5A级景区申报工作，完善茅兰沟和县城游客服务中心功能，提升景区整体接待服务能力和质量。加强与龙建集团沟通合作，促成投资入股东湖度假区。全线开通以恐龙化石挖掘现场展示、恐龙文化长廊为主的界江观光科普研学线路，将中俄界江旅游区打造成省级旅游度假区。积极开发体育赛事游、知青故地游、抗联红色游等特色旅游产品，打造江边旅游接待一条街，提升旅游业供给质量和发展效益，不断满足游客多元化、个性化需要。

精准宣传营销，全力提升品牌形象。系统策划旅游营销，举办第二届"恐龙文化节"。充分发挥自媒体作用，加强与新浪网、去哪儿网、携程等主流线上旅游服务平台合作，推广我县精品旅游项目。充分发挥龙游国际旅行社作用，积极与南方地区旅行社建立联系，实现客源地营销。拓展"三县两区"旅游互通合作领域。继续举办"中俄国际集体婚礼""龙行雪野"嘉年华等精品活动，不断丰富旅游内涵，构建旅游品牌，凝聚旅游人气。

优化管理服务，满足游客高品质旅游需求。加强旅游市场监管，重点打击服务行业随意加价、制假售假等失信行为，促进旅游市场规范化、诚信化管理。引导旅游企业做好市场开发、产品升级、线路拓展及文化传播，实现旅游开发、管理与运营统一协调发展。出台鼓励发展旅游民宿的评定标准和奖励政策，将旅游产业触角延伸到千家万户，打造具有乡土特色的乡镇旅游产品，促进城乡旅游协调发展。

第四，提升发展格局，彰显"恐龙之乡"特色小镇优势。立足推动区域协调发展，进一步优化"一核、四区、七点"空间布局，全力打造"精、特、美"的恐龙文化特色边境名城。

全面加强城市管理。坚持用"绣花精神"管理城市，用心用情用力解决市民关心关注的城市热点难题。重点清理整治乱搭乱建、乱停乱放、乱贴乱画、乱堆乱占"四乱"行为，切实规范"八小行业"、建筑工地、集贸市场秩序，建设室内综合农贸市场。拓展数字城管覆盖领域，建立地上地下、线上线下综合大数据库，提升城市核心竞争力。健全物业管理机制，完善小区物业管理的检查评比、奖励政策，规范物业企业运行，优化小区生活空间，让居民生活更加舒心。发挥物流园区集聚功能，实现货车不进城，引导城区内汽修汽配、物流、建材等个体工商户集中到园区内布点经营，规范市容秩序，优化人居环境。加大文明城市创建力度，不断加强基础创建活动，开展市民素质提升教育，营造全民参与城市管理的浓厚氛围。

完善城市基础设施。新上二热源170吨锅炉一台，铺设改造供热管网22公里，保证供热安全；升级改造净水厂、污水厂和垃圾场，铺设给排水管网5公里，新增压缩式垃圾桶、特色果皮箱380个，进一步提升"三供三治"能力。借助嘉汤公路升级改造契机，全面翻建恐龙大道，扮靓入城口形象。在建设街、新城街新增候车亭7座，合理设置停车场，完成临江街风貌改造五栋，实施口岸小区、市政楼等五处住宅楼节能改造，配套完善江山花园、新民小区等老旧小区基础设施。全面提升城区绿化水平和档次，新增块状绿化公园三处，城区新增绿化面积9.36万平方米。

逐步拓展城市发展空间。全面启动《嘉荫县城市总体规划（2019年—2035年）》编制，实现与恐龙文化特色小镇建设深度融合，做好县域乡村建设规划，适时开展"多规合一"编制工作。完成房屋征收收尾和泷浦居、水岸华府棚改小区配套项目。加快永安渔港项目建设，推进朝阳港区和旅游客运码头通航运营。重点做好南湖公园江湖连通项目，新建10公顷生态湖，恢复12.3公顷湿地，打造城区南部景观，提升城市整体形象和品味，展示生态宜居城市新风貌。

第五，集中力量抓好重点项目建设。围绕解决制约发展的瓶颈问题，加大重点项目推进力度。积极对上争取政策和资金支持，努力形成洼地效应，吸引有实力的企业落户嘉荫，为县域经济发展注入动力和活力。

重点推进三大项目。嘉汤公路已由争取期进入到施工期，要保证按时开工，保质完工，做出经得起历史和时间检验的精品工程，修出一条致富路、旅游路、风景路。全方位加大对俄沟通协调力度，力争拿到俄联邦恢复口岸通关许可，尽快启动相关基础设施建设，重新打通我县对外开放的"国际大门"。继续推进通用机场手续审批，力争早日完成机场选址批复工作，尽早启动项目建设，逐步构建起"水、陆、空"三位一体的立体交通格局。

加大对上争取和招商引资力度。精细研究国家和省相关政策，紧盯乡村振兴、兴边富民等重点领域，千方百计、竭尽全力向上争取政策资金支持，形成项目谋划储备一批、开工建设一批、投产达效一批的梯次格局。加大现有企业扶持力度，提档升级工业园区基础设施，投资4 000万元，在园区内建设污水处理厂一座。修订完善《嘉荫县招商引资优惠政策（试行）》和《嘉荫县鼓励投资促进民营经济发展若干政策（试行）》，编制2019年全县经济合作项目册，借助"中国—俄罗斯博览会"等大型招商活动，积极推介我县优势项目。积极开展以商招商、园区对接招商、点对点招商，努力提高招商实效。争取6月末之前启动生物质热电联产项目建设，加快推进农村物流园区二期工程。全年计划引进资金2.3亿元。

第六，聚焦群众期盼，让嘉荫百姓共享美好生活。坚持在发展中保障和改善民生，多谋民生之利、多解民生之忧、多办民生之事，最大程度满足人民群众对美好生活的需要。

提升社会事业，让发展更有深度。加快县第二小学教学楼项目建设，新建县第二幼儿园，维修改造县三中教学楼和食宿楼，新上教室护眼灯和校园照明路灯，持续改善办学条件。继续实施十二年免费教育，稳定教师绩效工资管理，巩固义务教育均衡发展成果，提升全县教育整体水平。启动"健康促进县"创建工作。为县医院、中医院新购置彩超、制氧机、生化分析仪等医疗设备。新增职工体检项目。实施"文化惠民"工程，以广播电视台为主导力量，成立县级融媒体中心，推进县级媒体转型升级，更好地引导群众、服务群众；筹办县第十六届全运会，升级改造文体中心、博物馆和图书馆，配建游泳训练设施一套，推进乡村文化广场和活动室建设，满足全民健康健身需求。

完善保障体系，让发展更有温度。坚持兜底线、织密网、建机制，推进实施机关事业单位养老保险制度改革，加快全民参保登记，力争实现城镇职工和城乡居民基本养老保险、医疗保险全覆盖。提高城乡低保标准，强化分档动态管理，实现应保尽保，为低保人员提供医疗及意外政策性保险服务。实行更加积极的就业政策，全方位开展就业技能培训，实现更高质量和更充分就业。统筹推进养老、慈善、殡葬等公共服务，完善老年公寓配套设施，升级改造南山公墓道路，大力发展面向残疾人、儿童福利事业，健全农村留守儿童、妇女和老年人关爱体系，努力让每一位身处困境的群众都能得到关爱。

日行不怕千里，常做不怕万事。2019年是新中国成立70周年，是决胜全面建成小康社会的关键之年。做好今年政府工作，要坚持以习近平新时代中国特色社会主义思想为指导，全面贯彻落实党的十九大以及中央和省市经济工作会议精神，聚焦贯彻落实习近平总书记对东北振兴、视察黑龙江重要讲话精神和对伊春特指要求，按照县委工作部署，全力以赴做好乡村振兴、生态保护、全域旅游、恐龙特色小镇升级、民生福祉改善等各项工作，抓好社会稳定，为全面建成小康社会收官打下基础，以优异成绩为新中国成立70周年献礼。

大事记

1860年，中俄《北京条约》签订。

1888年，清政府沿界河黑龙江设置卡伦（军事哨卡）16处。其中，在嘉荫江段的宝南镇（今保兴山下）、温河镇（今旧城村）、宝兴镇（今保安村）先后设置卡伦（军事哨卡）各一处。

1889年，漠河金矿总办李金镛赴观音山督理金厂，在观音山"祭山开矿"，采掘大马连河、嘉荫河两岸的砂金。

1891年，观音山黄金产量骤增至32 000两，翌年更增至37 739.5两，超越漠河（19 200两），成为黑龙江主要采金矿点。

1892年7月，清政府设置观音山督办衙门，衙址设在嘉荫河口的太平沟。从此，太平沟成为黑龙江沿岸采金重镇。

1900年7月26日，沙俄军队炮击观音山，侵占观音山金厂。

1902年，沙俄少校军官马纳金在龙骨山盗挖一批恐龙化石。

1906年，黑龙江将军程德全趁日俄战争俄军战败之机，派候补知府马六舟带兵与俄交涉，以12 000卢布索回观音山金厂。

1912年，民国政府设萝北设治局，把逊河以南、汤旺河以东地面划属萝北。此时，黑龙江沿岸的嘉荫段有聚落6镇（相当于村屯）500余人。分属同河镇、温河镇、双河镇、朝阳镇、宝兴镇、宝南镇。

1915—1917年，沙俄派人在龙骨山再次盗挖恐龙化石，组装成一具鸭嘴龙化石骨架，至今陈列于彼得堡地质博物馆。

1917年，民国政府设立乌云设治局，划嘉荫河以北、逊河以南、汤旺河以东地界属乌云。

1923年，乌云设治局从山东黄、掖两县招入移民130户。

1921—1924年，乌云设治局商人张明远、保卫团长焦宝善率人在乌云河上游的小云沟、西木拉罕探出金苗。

1927年，黑龙江省长公署决定，划乌云设治局结烈河以南、萝北县嘉荫河以北地界设佛山设治局，局址设在观音山下的佛山镇（今保安村）。

1929年4月，乌、佛两设治局同时升为三等县。9月，苏军越境烧毁佛山陆军防所、县衙、商号等。11月，苏军突袭常家屯，保卫团长焦宝善率众抵抗，伤5人亡3人。随后，苏军袭击同河镇、柳河镇。乌云县累计损失折合现洋80 429.9元。

1930年3月，黑龙江省公署批复将佛山县治迁至朝阳镇。

1931年9月18日，"九一八"事变发生，乌、佛两县政局动荡。

1933年3月，日军侵占乌、佛两县。5月，两县伪县公署先后成立。

1934年乌、佛两县改隶伪黑河省。

1935年4月，乌、佛两县设立"国境监视队"，各35人；5月，两县推行保、甲、牌制。6月，两县各建飞机场一处，1943年停飞。

1936年12月2日，抗联三军五师，在师长景永安率领下，光复佛山县城，开辟佛山—萨吉博沃国际通道。焚毁伪县公署、伪警察署，全歼伪国境监视队，缴获甚多。12月5日，北满临时省委青年部长朱新阳由佛山经萨吉博沃赴苏，向中共驻共产国际代表汇报北满临时省委成立及抗联三、六军对日作战情况。同日，抗联三军五师撤离佛山县城。两名抗联小战士行军至小河沿时，不慎失足踏入冰窟，行军至米罗果斯时，两脚冻伤掉队，被安置在当地农户家养伤。因汉奸告密被捕，英勇就义。

1936年6月，北满抗联司令部教导队开辟马连—拉宾站国际通道

1936年7月，抗联六军一师开辟通河—加里宁诺国际通道

1936年—1938开春，乌云商会集资，由张景臣探矿。张景臣带人从乌云出发，沿结烈河探矿，边按碃边走。翻越分水岭来到乌拉嘎河源头的北沟小乌拉岛按碃，一个溜出了6分来金，终于找到了乌拉嘎河上游罕见的富矿。

1937年3月，抗联三军留守一团政治部主任于保合和一连连长王玉生，率领抗联三军留守一团一连指战员40余人，经乌墨岭（即乌马岭），沿汤旺河北上到达结烈河，在现在青山乡大砬子村西翁泉河边的险峰屯附近建立了山边密营并以此为根据地，转战佛山老金沟。历时3个月，经历一打马连站、袭占嘉荫金厂、二打马连站、袭占金满沟金厂、苦战老沟等战斗。

1937年4月，抗联三军留守一团一连指战员30余人，袭击老沟金矿，遭遇100余日伪军顽抗，激战中抗联三军留守一团一连连长王玉生（原抗联三军五师师长）负伤后，为掩护部队撤退牺牲。6月，抗联三军留守一团一连返回小兴安岭根据地。

1938年1月，抗联三军九师七十四团团长宫庆祥牺牲于乌拉嘎河密营。

1938年9月，经猎人老桦皮报矿，伪太平沟采金株式会社组织武装探矿队，来到乌云商会张景臣发现金苗的乌拉嘎河鹿儿岛探矿。

1939年春，日伪成立乌拉嘎（北沟）金矿白石采金所，招

工放段，开采鹿儿岛金沟的黄金。

1939年6月28日，东北抗日联军总司令赵尚志将军，率司令部教导队110余人，从拉宾—马连站国际通道归国途中，袭击并占领乌拉嘎（北沟）金矿，毙伤日本武装技佐及伪矿警10余人，俘虏伪矿警20余人，缴获步枪40只、军用电台1部、面粉两千余袋及大量砂金。部分矿工、矿警参加抗联，队伍扩大到150余人。

1939年6月30日，抗联十一军军长祁致中将军，牺牲于向老白山密营的行军途中。

1940年，在日伪压榨下，乌拉嘎（北沟）金矿疫病流行，开春至8月共死亡2 600余人。

1941年1月—3月，抗联三路军总指挥李兆麟率从北野营挑选精干人员20余人，开辟旧城—音诺肯季耶夫卡国际通道。5月，北满省委书记金策，带领7名警卫人员从旧城—音诺肯季耶夫卡国际通道往返中苏边境，领导北满抗日斗争。10月，李兆麟率抗联三路军指挥部40余人，经旧城—音诺肯季耶夫卡国际通道撤入苏方，参加北野营整训。11月，抗联三路军指挥部参谋长许亨植，采取迂迴办法，集中六、九、十二支队150余名指战员，由六支队政委于天放率领，从旧城—音诺肯季耶夫卡国际通道撤入苏方，参加北野营整训。

1942年2月12日，赵尚志将军牺牲于伪梧桐河金矿警察分驻所。

1943年5月，日伪从桦川、桦南迁入开拓民1 000户5 000余人，在佛山（嘉荫）县落户；从宁安、穆棱迁入开拓民300户，在乌云县福民大岗落户。12月，抗联三路军开辟结烈河口—卡萨特金诺国际通道。

1944年冬季，日伪东亚产业在嘉荫河二道本营，掠夺红松木材4万立米，由黑龙江水道流送出境。

1945年8月9日，苏联红军攻克乌云县城；11日炮击佛山守备队驻地，当日光复佛山县城。不甘心失败的日伪残余和反动势力纠集一起，趁人民政权立足未稳，成立挺进军、保安队，与人民政权对立；乌、佛人民仍处于水深火热之中。

1946年2月下旬，鹤立中心县委书记、独立团政委刘忠甫，团政治处主任刘银希率独立团一连和两个新编骑兵连，与佛山县县长李巨川及10余名政府工作人员共200多人，从鹤岗出发，经萝北县城凤翔镇，取山道直奔佛山县城。部队走到兴东镇，得知据此不远有大股土匪活动的情报；用电台与拉宾站的苏军司令部联系，确知刘光才"挺匪"700余人正从逊河、奇克向乌云、佛山一带进犯，鉴于敌众我寡的形势返回鹤岗。9月，合江省军区抽调部队700余人，其中有老五团三个连（由副团长薛有良带领），军区警卫团三个连（由副团长吴升开带领），鹤岗独立团四连等，在省军区副司令员李荆璞率领下，12月初攻入凤翔。经梧桐河、王家店、炮台等地"三战金山"攻取乌拉嘎（北沟）金矿。又与黑河军分区南北夹击，在逊克县松树沟歼灭挺匪，活捉匪首刘光才。

1947年2月，乌拉嘎金矿解放，矿山行政中心设在现乌拉嘎金矿的北沟镇，佛山县与金矿政企合一，县址亦设在北沟镇。合江军分区独立团副团长史纯儒，率独立团四连进驻北沟镇并任金矿局长。

1947年8月，合江军分区派谷铁流、王德生率分区警卫连（因连队指战员多由朝鲜族组成，故称朝鲜连队）进驻北沟镇，史纯儒和四连调回军分区。同月，佛山县工委与县政府同时成立，谷铁流兼任工委书记，王德生兼任县长。县工委、县政府与乌拉嘎金矿合署办公。当年冬季，乌拉嘎金矿成立反奸清算委员会，在矿山开始进行反奸清算斗争，取消了采金把头，建立了工人自己当家的采金班。同时，组织土改工作队，到佛山村、宝南村、稻田村进行土改试点工作。5月，县工委、县政府组织翻身农民开展大生产运动。11月，县工委举办首轮干部培训班，为区、乡建政培训干部。发展郭兰亭、龙世清、赵玉玺等13名青年农民入党。接着，成立乌拉嘎区政府，下辖12个自然村；佛山、稻田、保安三个村下辖18个自然村（屯），开展民主建政；全县村委会成员全部经村民民主选举产生，各村设半脱产干部2人。

1949年1月，在全县农村组织变工组（互助组），发展农业生产。

1950年6月，县工委、县政府向全县人民宣传抗美援朝，声讨美帝侵略罪行。8月，县政府组织第一次搜山"打大烟"，捣毁大烟田150亩、收缴烟土70余两、捕获大烟户40余人。7月14日，县工委发出"增加生产，厉行节约，积极支援中国人民志愿军，打败美帝野心狼"的倡议，全县半月捐献东北流通卷1 362万元；乌拉嘎金矿工人一个月捐献东北流通卷7 000万元，与黑河、桦南金矿工人，共同捐献东北流通卷20 000万元，购置了喷气战斗机"黄金号"赴朝参战。

1951年9月，县政府组织第2次搜山"打大烟"，捣毁大烟田105亩、捕获烟毒分子16人。

1952年7月15日，县政府组织第3次搜山"打大烟"，捣毁大烟田172.5亩、收缴烟土24.4两、捕获烟毒分子11人，打死1人，打伤1人，逃跑3人。从此，佛山县境内数十年种植大烟的流毒基本铲除。

1953年9月23日，县政府在乌拉嘎区举行鄂伦春族定居庆祝大会。

1954年2月，在佛山村试办第一个初级农业生产合作社。

1955年1月，建立兴农、互助、群声、青年、前程、增产、振兴7个初级农业生产合作社。

1956年2月，全县掀起农业合作化运动高潮，历时1个月，建立尚志、黎明、保安、兴农、振兴、稻田6个高级农业生产合作社。5月20日—26日，召开嘉荫县首届党员大会，选举产生中共嘉荫县委员会，曹福田任县委书记。

1957年3月15日，稻田高级农业生产合作社划分为稻田、高升、双河三个高级农业生产合作社。

1964年11月11日，全长105公里的嘉东公路剪彩通车，为全县第一条三级公路。本年，国有嘉荫农场在双河大岗建成，县营双河农场并入嘉荫农场；乌拉嘎金矿改为中直企业。

1965年，筹建结烈河人民公社；由于国有嘉荫农场大量垦荒，全县粮食由差进转为差出。

1969年，先后有219名上海干部来嘉荫插队落户；全县接收上海、齐市等四省六城市知识青年3 500人（其中，来自上海市知识青年1 800人）。

1970年3月，嘉荫县改隶伊春地区。4月，建立地方国有沪嘉农场，9月改为集体所有制，11月又改称沪嘉人民公社。5月，开始纠正深挖扩大化。

1972年，富饶公社划分为常胜、向阳、富饶三个公社。

1973年11月，朝阳镇开始改由伊春地区新青电网供电。

1976年9月10日，全县各地群众集会，悼念毛主席逝世。10月12日，县城举行集会，庆祝粉碎"四人帮"。

1978年，省水利厅批准的雪水温护岸工程历时8年，耗资362.5万元，于1986年建成。9月，伊春地委工作组进驻嘉荫，开展揭批"四人帮"罪行，平反冤、假、错案，落实政策工作。

1979年2月，县委下发《关于"右派"平反的决定》，县委批准的"右派"全部改正。3月，建立红光人民公社。10月，红石水电站落成发电。

1980年3月，保兴、富饶等公社部分贫困生产队试行"口粮田"与"责任田"。5月，建平顶山、柳树河机械化开荒点，开荒2.5万亩。

1981年3月，县委批准保兴、富饶、沪嘉、红光、结烈河公社的19个贫困生产队试行"口粮田包干到户"为主要形式的"农业生产责任制"。

1983年1月19日—22日，县委、县政府召开农村工作会议，传达贯彻中共中央〔1983〕1号文件，研究落实农业生产责任制。2月，县委制定《农业生产联产承包责任制试行细则》6章42条。年末全县农业总产值、商品粮出售、农副业总收入、人均收入都创历史最好水平；同1978年相比，实现了四个翻番；跨入全国翻番县的行列；国务院奖励汽车一台。

1984年2月，县委、县政府召开农村工作会议，传达贯彻中央两个1号文件，进一步完善家庭联产承包责任制，搞活商品经济，发展农村生产力。5月，全县基层政权实行政社分开的体制改革，把人民公社改为乡人民政府和经济管理委员会，生产大队改为行政村。8月，黑龙江洪水持续上涨。8月21日朝阳镇新发村溃堤，洪水涌入县城；翌日主街道可通行汽船。省委书记李力安、省长陈雷、民政部副部长章明，先后飞抵县城视察灾情、慰问灾民。

1985年3月19日—22日，全县城乡经济改革工作会议届时召开，与会400人，分16个讨论大组；重点讨论县委、县政府《关于贯彻中央决定，搞好城乡经济体制改革的意见》。11月，装机容量3 000千瓦的嘉荫乌云火力发电厂竣工落成，一次试机成功投入运行。同年，省、县投资186万元，新建的8栋9 334平米教学楼，投入使用，改善了城乡中小学教学环境。

1986年1月1日，县委、县政府下发《关于大规模开发嘉荫经济若干决定》。2月14日，县委、县政府领导荣广明、傅金声、盖长良、何学义、吴德勤、刘全亭赴大马连河采金迹地踏查。5月20日，县委、县政府召开干部职工脱贫致富动员大会，宣读了县脱贫致富方案。

1987年9月8日，旅游船"嘉荫"号首航龙骨山。12月26日—29日，中共嘉荫第八次党代会召开。会议提出今后几年经济社会发展指导思是"依托资源和口岸，深化配套改革，加快科技进步，大力开发开放，保持农业持续增长，'工贸富县，繁荣嘉荫'"。

1989年1月18日，嘉荫与苏联哈巴罗夫斯克边疆区比罗比詹彼德洛夫斯基国营农场签订《中苏合作试验生产疏菜合同》。嘉荫拟派66人赴苏从事一年的蔬菜生产。4月，国务院正式批准嘉荫口岸为国际客货一类口岸，与俄巴斯科沃口岸相对应。

1990年3月16日，首批赴苏联哈巴罗夫斯克边疆区比罗比詹彼德洛夫斯基国营农场合作生产蔬菜的嘉荫县61名农工，从黑河市出境赴苏。5月10日—21日，应哈巴罗夫斯克边疆区比罗比詹犹太自治州农工委邀请，副县长吴德勤等7人，赴哈巴罗夫斯克边疆区进行友好访问。9月1日，县政府与黑河航运局签署嘉荫港务站动迁协议。11月11日，苏联犹太自治州农工委第一副主席基亚什卡，率7人代表团来到嘉荫，双方签定两份蔬菜、瓜果类生产种植合同。

1992年，中国黑龙江外轮代理公司嘉荫分公司成立。5月6日，伊春市市长张成义、副市长赵风来等17人来嘉荫，解决嘉荫口岸建设问题。6月1日，中华人民共和国嘉荫港港务监督设立；机构级别副处级，编制10人。7月21日，嘉荫口岸实现首次过货。10月20日，成立嘉荫进出口商品检验局，级别正处级，编制20名，由鹤岗进出口商品检验局共管。

1993年2月18日，俄犹太自治州第一副行政长官为首的政府代表团，到嘉荫考察口岸建设情况。8月11日，俄犹太自治州奥布卢奇耶区行政长官维克多·利特柯夫斯基等8人，来县洽谈过货、边贸事宜。10月9日—11日，中共嘉荫县第九次代表大会提出"以口岸为依托，以贸易为龙头，走以贸兴工，以工促农，以农稳县，注重开发，加快发展路子"的口岸经济发展战略。11月8日，经国家海关总署（署人〔1993〕1325号）文件批复，嘉荫海关正式开关并举行剪彩仪式。1992—2005年，共监管进出口货物28 400吨，征收关税和代征税160万元；监管进出境人员3 500人次，监管进出境运输工具1 100艘（辆）次。

1994年2月19日，嘉荫至俄巴斯科沃口岸举行开通仪式并首次过货，过货量60余吨。

1995年4月10日，嘉荫县医疗保险制度全面启动。8月8日，嘉荫有线电视台开播剪彩。

1996年8月26日，俄犹太自治州奥布户奇耶区行政长官维克多·利特柯夫斯基为首的代表团，来嘉荫谈判开通"五日游"事宜。

1998年12月9日，中共嘉荫县第十次代表大会召开，大会提出"在推进农业和农村工作、调整产业结构和发展支农型工业、发展非国有经济和第三产业、加速全方位开放、保障县域经济可持续发展、促进全县经济社会协调发展等6个方面实现新突破"。

1999年3月12日，县长孟庆杰随黑龙江省招商引资团赴南方招商。

2000年1月29日，召开十三届县政府第四次全体会议，表彰奖励招商引资先进个人、先进单位。5月，西起红光乡太平村，东至朝阳镇永安村的黑龙江干流19.35公里朝阳大堤破土施工。8月4日，代县长黄志伟赴鹤岗电业局冾谈金—嘉输变电工程事宜。

2001年2月18日，俄犹太自治州奥布户奇耶区副区长安娜到嘉荫访问，就加快巴斯克沃口岸联检厅建设事宜达成一致意见并签订备忘录。5月28日，赴恐龙山旅游船试航。7月18日，俄犹太自治州奥布户奇耶区代表团一行8人，经嘉荫口岸赴伊春参加黑龙江国际森林节。

2001年11月23日，茅兰沟被国家林业部批准为国家级森林公园。

2002年5月10日，举行朝阳镇堤防防浪墙开工奠基仪式。9月28日，嘉荫恐龙国家地质公园揭碑开园。

2003年9月9日，伊春市小城镇建设现场会在嘉荫召开。11月17日，中共嘉荫县第十一次代表大会召开；会议确定"强畜牧、调农业、壮林业、扩民营、兴旅贸、大招商、保就业"九个方面为发展重点。

2004年9月7日—13日，伊春市委书记杨喜军率团，经嘉荫口岸赴俄参加犹太自治州建州七十周年庆典。

2005年3月3日，俄犹太自治州奥布户奇耶区政府代表团来嘉荫访问。5月，总投资6 446万元，西起红光乡太平村，东至朝阳镇永安村的黑龙江干流19.35公里朝阳大堤，历经5年时间建设全部完成并进行竣工剪彩。8月6日，中国嘉荫恐龙博物馆举行开馆剪彩仪式，正式挂牌对外开放。

2008年10月，县老促会副会长顾曾撰写的《东北抗联在嘉荫开辟的五条国际通道》，在《世纪桥》（2008年10月总第163期）发表后，获清华大学人文管理学院人文创新一等奖；是伊春市党史类专著首次获得的国家级奖励。

2011年，县委、县政府开展《以城带乡"一帮一"强村富民》工程，历经五年由宣传部、扶贫办、精神文明办、老促会协调国企、民企、水务、交通、林业和12个省、市部门等社会力量帮扶38个老区村（后扩展到全县73个村），累计投入各种资金、实物等折合人民币1 484万元。

2012年，农历二月初二（俗称"龙抬头"）嘉荫举办了首届中俄青年国际集体婚礼和中俄文化嘉年华活动。俄罗斯、乌克兰、鄂伦春族和边防驻军官兵中的22对新人，步入婚姻殿堂。

2013年3月13日（农历二月二"龙抬头"），中国·嘉荫第二届"情定龙乡，有缘一生"中俄青年国际集体婚礼，在嘉荫恐龙国家地质公园举行。来自俄罗斯和国内各省、市，以及嘉荫驻军官兵等55对新人步入婚姻殿堂。8月，全县军民在党中央、国务院关怀与省、市、县委坚强领导下，万众一心、众志成城，斗洪峰、战恶浪，取得战胜黑龙江百年不遇特大洪峰的全面胜利。

2014年8月2日（农历七月初七"七夕节"），中国·嘉荫第三届"情定龙乡，有缘一生"中俄青年国际集体婚礼活动，在黑龙江江滨广场隆重举行。来自俄罗斯和国内各省、市，以及嘉荫驻军官兵等99对新人，其中18对俄罗斯新人在"神洲第一龙"出土的圣地步入婚姻殿堂。9月2日，由顾曾编剧，县委、县政府，市、县老促会，伊春电视台联合录制的五集抗战纪实专题片《小兴安岭抗日烽火》在伊春电视台首播，首映发布会上，县委书记闫立海致发布辞。

2015年7月，占地4.5万平米，主纪念碑高21米的嘉荫革命烈士陵园落成；9月2日，全国烈士纪念日，在新落成的烈士陵园举行了全县各界代表公祭活动。8月20日（农历七月初七"七夕节"），中国·嘉荫第四届"情定龙乡，有缘一生"中俄国际集体婚礼在嘉荫县隆重举行，77对中俄新人在此步入婚姻殿堂。同年，红光乡辽原村被评为国家级最美休闲乡村、中国乡村旅游模范村。

2016年1月16日，召开中共嘉荫县委十三届四次全委（扩大）会议。会议确定：2020年全县地区生产总值年均增长率达到6.4%，地方公共财政预算收入年均增长率达到5.5%，城乡居民人均可支配收入年均增长率达到9%；确保"十三五"规划预期目标全面实现。12月21日，中共嘉荫县第十四次代表大会召开，县委书记张奎做工作报告；会议确定到2020年地区生产总值达到33.7亿元，年均增长7%以上，公共财政预算收入突破1.66亿元，年均增长5%以上，全社会固定资产投资达到17.4亿元，年均增长32.6%；城镇和农村居民人均可支配收入分别达到28 700元和19 200元，年均分别增长6.5%。

2017年8月28日（农历七月初七"七夕节"），嘉荫举办了"第六届'情定龙乡，有缘一生'中俄青年国际集体婚礼暨中俄界江文化交流嘉年华"活动，26对中国新人和10对俄罗斯新人在恐龙之乡嘉荫喜结连理。经过加大重点景区、城市街区和交通基础设施建设，"嘉荫龙骨山国家地质公园""黑龙江大峡谷探秘""龙江九寨沟"等旅游品牌声誉日隆，2017年接待游客67.8万人次，旅游收入达到4.78亿元。

2017年，赴俄农业合作开发总产值突破亿元，实现10 991万元；赴俄农民人均纯收入达10.3万元，拉动全县农村人均收入增加8个百分点，赴俄农业合作开发名列全省前列。

2018年1月12日，召开中共嘉荫县委十四届三次全体会议，县委书记刘福军讲话，按照十九大和习近平总书记对黑龙江省及伊春市特指精神，总结一年来的常委会工作。